国际中文教育课堂活动设计

理论与实践

马晓文
主　编　钟舟海
谢秋恩

中南大學出版社
www.csupress.com.cn
·长沙·

图书在版编目(CIP)数据

国际中文教育课堂活动设计理论与实践 / 马晓文，钟舟海，谢秋恩主编．—长沙：中南大学出版社，2024.9

ISBN 978-7-5487-5834-1

Ⅰ.①国… Ⅱ.①马… ②钟… ③谢… Ⅲ.①汉语—对外汉语教学—教学设计—研究 Ⅳ.①H195.3

中国国家版本馆 CIP 数据核字(2024)第 090343 号

国际中文教育课堂活动设计理论与实践

GUOJI ZHONGWEN JIAOYU KETANG HUODONG SHEJI LILUN YU SHIJIAN

马晓文　钟舟海　谢秋恩　主编

□出 版 人　林绵优
□责任编辑　沈常阳
□责任印制　唐　曦
□出版发行　中南大学出版社
社址：长沙市麓山南路　　邮编：410083
发行科电话：0731-88876770　　传真：0731-88710482
□印　　装　广东虎彩云印刷有限公司

□开　　本　710 mm×1000 mm　1/16　□印张 22.75　□字数 395 千字
□版　　次　2024 年 9 月第 1 版　□印次 2024 年 9 月第 1 次印刷
□书　　号　ISBN 978-7-5487-5834-1
□定　　价　68.00 元

前言

经过近40年的建设和发展，国际中文教育学科已经初步确立了学科地位，明确了学科性质，也构建起了学科框架。党的十八大以来，随着中国经济的快速发展，中国在国际上的地位不断提高，在国际事务中的影响力也不断增强，国际中文教育随之迅猛发展。国际中文教育快速发展的新形势对学科建设提出了新的更高的要求。在新形势下，学界同人有义务担当起推动学科建设和发展的重任，用科学的态度、方法及视野来建设学科。

2021年江西理工大学汉语国际教育专业获批国家级一流本科专业建设点，本书即为该项国家级一流本科专业建设点成果之一。新的起点新的高度也促使我们进一步思考如何把人才培养落到实处，真正培养出能胜任日益发展的国际中文教育事业需求的人才。

在编写本书的过程中，编者始终在对活动教学及课堂活动设计、国际中文教师培养进行探索，本书内容也体现了编者对这些问题的思考。本书收录了130个基于活动教学理论、任务教学法、交际教学法，旨在培养和提升学生综合语言运用能力的中文课堂教学活动范例。活动教学包括任务法、交际法，关键是创建轻松愉悦、“以学生为中心”、具有丰富语义的教学环境，使学生的语言能力得以充分发展。本书的首要目的就是通过生动的有意义的教学活动推广活动教学理念，促进该理念和教学方式在国际中文教育中的运用。

作为语言教师，其首要任务就是激发学生的兴趣、调动学生的积极性、促进学生语言能力的提高。中文教师面临着一重挑战，即汉语本身是一种富有特色的语言，也具有一定难度。教师该如何使中文学习成为一种享受而不是一种折磨呢？在学生提高中文语言能力的过程中，教师应如何帮助学生维持浓厚的兴趣？如何帮助学生渡过种种学习的难关？有鉴于此，针对中文的语言特点，有的放矢，设计有意义、有趣味的教学活动，提升教师的课堂教学能力，助教师一臂之力，是本书的第二个目的。

对将汉语作为第二语言的学习者来说，学中文需要攻克四大难关：拼音的拼读和识别、汉字的识记和书写、词汇的积累和扩充、疑难语法的理解和运用。每个难关被攻破后，还需化零为整，从音素上升到音节，从写字发展到写作，从词汇扩展到句子再到段落。围绕这几个方面的若干个难点，本书共编写了130个课堂教学活动，让学生在活动中体验中文、操练技能、培养综合语言应用能力。

本书的特色主要体现在以下三方面：

首先，结合汉语语言要素和技能训练的特点设计课堂活动。课堂活动是实现教学目标的方式和手段，科学有效的课堂活动必须建立在充分了解教学内容——汉语特点的基础上。在进行课堂活动设计之前，本书对汉语语言要素和听、说、读、写技能训练的特点进行了归纳和阐述，并围绕该项教学内容在国际中文教育中的地位、教学原则进行阐释，希望为读者深入分析相关活动实例、自上而下设计相关课堂活动、从不同角度有意识地培养学习者汉语综合运用能力提供一些思路。

本书在活动设计中坚持开放、灵活的原则，在每个课堂活动的介绍中都包括“活动建议”“活动拓展”“注意事项”等可对该活动进行灵活调整的角度，就是希望教师在活动设计中能根据自己的实际教学对象与内容，寻找适合自己教学的解决方式。这也是我们的核心理念，为读者提供的实例仅仅是“鱼”，我们希望大家得到的是“渔”，即能自主地对本书提供的活动进行“改装”，进而得到适用于自己的、独一无二的课堂活动。

其次，密切关注国际中文教育的新局面和新课题。2020年突如其来的新冠疫情，暂时打乱了汉语国际教育的行进步伐。但蓬勃兴起的网络汉语教学证明，国际中文教育事业仍然充满了生机，也必将有新的发展。疫情期间，网络中文教育的飞速发展正在改变着国际中文教育的总体面貌，可以肯定的是，在当今全球化、科技大发展的背景下，中文教育的网络化一定会迅速发展，把国际中文教育事业引向一个更为广阔的天地。本书第七章、第八章分别聚焦国际中文教育线上教学现状、线上教学活动的设计以及汉语数字教材、App资源的运用，旨在帮助教师了解国际中文教育疫情后的基本面貌，掌握线上与线下相结合的教学形式，包括翻转课堂、课后作业、利用网络资源等。

疫情过后的网络教学不但不会取消，反而可能会以多种形式继续存在于汉语教学之中。我们也希望广大中文教师能关注国际中文教育这一发展的新课题，以中文输出国的责任感主动融入这一新局面。

最后，结合高校汉语国际教育专业人才培养目标，提升学生课堂教学能力。汉语国际教育专业是一个综合性、实践性很强的文科专业。在本科的人才培养期间，“以学助赛、以赛促学”成为检测汉语国际教育专业学生基础知识的一个窗口，也是增长和夯实其专业基础知识的重要途径。本书第九章围绕汉语国际教育教学技能竞赛的教学设计要素构成及实现，帮助学生培养基本的竞赛技能；并结合典型赛事中获奖选手的参赛教学设计，分析其设计理念、活动设计，提升学生的竞赛能力，进而促进其汉语教学能力的提高。

本书中的课堂活动都是编者在课堂教学中设计、实施并反复打磨的，都是经实践教学证明有效的，对海内外汉语教学均有借鉴价值。我们希望，本书对课堂活动的设计和探讨能够激发广大中文教师的热情，使他们参与到设计适合自己的课堂活动中来，共同为国际中文教育事业的发展贡献自己的力量。

目录

第一章

国际中文教育概述

第一节　国际中文教育相关概念辨析

我国的国际中文教育研究经历了一个较为漫长曲折的过程，其学科名称也几经变动。狭义上的国际中文教育重点在于强调其“国际”属性，广义上的国际中文教育则基本等价于汉语国际教育和对外汉语教学。虽然这些名称在实际使用中也存在混用的情况，但是它们之间仍然存在一定的差别。因此，在进一步了解国际中文教育前，我们有必要对国际中文教育与对外汉语教学、汉语国际教育之间的关系做简要了解。

一、国际中文教育与对外汉语教学、汉语国际教育

由于名称相近，国际中文教育与对外汉语教学、汉语国际教育经常容易混淆。这几个名词的含义大体相同，其共同部分即“汉语作为第二语言的教学”，只不过在取向上有所不同。简而言之，国际中文教育（international Chinese education）指面向将中文作为第二语言的学习者的教育，现在也被作为学科名称，而对外汉语教学、汉语国际教育是同一学科在不同时间或不同场景中的不同称呼。

国际中文教育与对外汉语教学是不同历史时期的称呼，对外汉语教学是本学科开创初期确定的学科名称，有着立足国内、面向国外的含义。那时世

界上还没有形成今天这样的“汉语热”，也没有出现汉语教学大发展的形势。在这种情况下，我们国内对来华留学生的教学自然成了当时这一学科的主要任务。

“汉语国际教育”出现在汉语加快走向世界、海内外汉语教学大发展的21世纪初。孔子学院如雨后春笋般涌现于世界各地，我国每年都要应很多国家的要求派出成千上万的志愿者教师和公派教师，帮助当地开展教学。在这一形势下，海外的汉语教学自然成了本学科关注和研究的重点。所以汉语国际教育除了泛指“汉语作为第二语言的教学”以外，还时常特指“在海外把汉语作为第二语言的教学”。而对外汉语教学一般特指“在国内对来华留学生进行的汉语教学”①。

而国际中文教育则是21世纪20年代初开始使用的名称，重点强调了国际属性，指面向国外的、在中国进行的将汉语作为第二语言的教学；也包括立足于国外的，依托孔子学院、孔子课堂等海外汉语教学机构的教学活动，两者的范围有明显差异。

“国际中文教育”这个术语在正式场合的使用始于2019年孔子学院总部召开的国际中文教育大会。首先，大会的名称就是“国际中文教育”；其次，国务院原副总理孙春兰的主旨演讲和教育部原部长陈宝生、原副部长田学军等领导的发言报告中均使用“国际中文教育”表述。从此以后，“国际中文教育”的使用次数日益增多，学界和大众对它逐渐形成了共识。

纵观国际中文教育学科的成长历程、发展，其学科内涵经历了两次大的拓展和升级。第二语言教学或外语教学一般涉及教学者、学习者、教学内容、教学环境等要素，即“谁来教”“教谁”“教什么”和“在哪教”。我们可以从以上四个要素来分析“对外汉语教学”“汉语国际教育”“国际中文教育”这三个学科名称的异同（表1-1）。

① 崔希亮. 对外汉语教学与汉语国际教育的发展与展望[J]. 语言文字应用，2010(2)：2-11.

表 1-1 对外汉语教学、汉语国际教育、国际中文教育概念比较

比较项目	对外汉语教学	汉语国际教育	国际中文教育
含义	对外国人开展的汉语教学，有着立足国内、面向国外的含义	在海外，为母语非汉语者开展的汉语教学。汉语国际教育除了泛指“汉语作为第二语言的教学”以外，还时常特指“在海外把汉语作为第二语言的教学”	面向将中文作为第二语言的学习者的教育，现在也被作为学科名称。也指中文在全球的传播与传承工作
开始使用的时间	20 世纪 50 年代	21 世纪初	21 世纪 20 年代初
教师	中国人	中国人；华侨华人；外国本土教师	中国人；华侨华人；外国本土教师
教学对象	外国人，以来华留学生为主	外国人，以海外母语非汉语者为主	外国人；第一语言非汉语的华侨华人及后裔
教学内容	汉语作为第二语言或外语	汉语作为第二语言或外语	汉语作为第二语言或外语
教学地点	中国国内	一般为海外	中国国内；海外；线上

二、国际中文教育与语文教学

国际中文教育与国内的语文教育虽存在一定联系，但仍然有本质区别。

在培养目标上，2022 年版语文课程标准明确指出应当培养学生的语文核心素养，即文化自信、语言运用、思维能力、审美创造四大核心素养，而国际中文教育则以培养汉语学习者综合语言运用能力为目标①。综合语言运用能力的形成建立在学生语言技能、语言知识、情感态度、学习策略和文化意识等素质整体发展的基础上②。

其中，语言知识和语言技能是综合语言运用能力的基础，文化意识是得体

① 中华人民共和国教育部. 义务教育语文课程标准（2022 年版）[M]. 北京：北京师范大学出版社. 2022.

② 赵金铭. 对外汉语教学理念管见[J]. 语言文字应用，2007(3)：13-18.

运用语言的保证，情感态度是影响学生学习和发展的重要因素，学习策略是提高学习效率、发展自主学习能力的保证。这五个方面构成一个不可分割的整体。国际中文教育要以培养学习者的综合语言应用能力为目标，教学才是更为全面和深入的。

在教学对象上，语文教学的教学对象主要是国内中小学生。他们除部分少数民族学生或其他特殊情况外，大部分都以汉语为母语，长期生活在汉语的语言环境当中，能够书写汉字，了解中国文化常识并且熟悉一定的汉语语法规则，有较好的汉语交流能力。而国际中文教育的对象以母语非汉语的外国人为主。他们大多长期生活在非汉语的语言环境中，汉语交流能力较差或完全未接触过汉语，需要从零开始。此外，语文教学面对的大多是年龄相仿、文化背景相近的学生，而国际中文教育可能面对的是由不同年龄、不同国籍、不同文化背景的学生组成的班级，这就使得语文教学中的方法未必能在国际中文教育中起作用。

在教学内容上，语文教学以文学类文本为主，除培养学生的交流能力以外，还提供培养学生文学鉴赏能力的教学内容，整体上更倾向于全方位培养学生的语言文学素养和文化素养；而国际中文教育的教学内容以语言知识和言语技能为主，重点倾向于实用的汉语交际能力培养，文化知识也以生活中的汉语交际文化为主，与语文教学存在本质区别。

三、国际中文教育与华文教育

华文教育，是指为掌握华文而兴办的教育，是主要面向海外华人华侨子女的教育，强调在华人华侨群体中传承和发扬中华文化。相比于国际中文教育，华文教育有如下特点：①华文教育是第二语言教学的发展；②华文教育是民族语言作为第二语言的教学；③华文教育是传承和传播中华文化的教学[①]。华文教育和国际中文教育的区别主要可以从教学对象、教学内容和性质以及教学环境三个方面来认识。

首先是教学对象。国际中文教育的对象包括所有第一语言非汉语的外国汉语学习者，也包括第一语言非汉语的华人华侨。华文教育的教学对象主要是海

---

① 彭俊. 华文教学研究[M]. 广州：暨南大学出版社，2009：20-25.

外的华人华侨，也包括少数非华裔学生[①]。

其次是教学内容和性质。在教学内容上，国际中文教育主要是语言教育，而华文教育的教育内容则既有语言教学，又有文化教学。华文教育主要肩负着在华人华侨群体中传承和发扬中华文化的责任，具备塑造华裔青少年的民族文化素质、传播中华文化、促进世界文化信息交流的重要意义。而国际中文教育的学生以非华人为主。它主要服务于他们生活、工作、学习等场景中的语言需求，以培养学生的语言交际能力为主。其中，文化教学主要为语言教学服务，也倾向于实用的交际文化。因此，整个教学中以语言技能的培养为主。

在教学性质上，华文教育有以下三种不同的类型：①第一语言教学；②第二语言教学；③介于第一语言和第二语言之间的华文教学。由于海外华人华侨语言面貌的多样化和复杂性，其教学性质也具有复杂多样的特点。在个别国家，华文教育一直保留着完整的教学体系，华人华侨子女仍将华语作为第一语言。同时，自 20 世纪 80 年代以来，海外华文教育的主体逐渐向第二语言教学方向发展，年轻一代的土生土长的华人华侨子女很大部分已经不会说华语，他们的第一语言是所在国的通用语，因此，华文教育就成了第二语言教学。而国际中文教育的教学性质则主要为第二语言教学。

最后是教学环境。华文教育的教学环境以海外为主，也有少数是在国内针对归侨子女开展的教育或在港澳台地区开展的教育。而国际中文教育的教学环境包括国内留学生教育中的汉语教学和针对来华工作人员的汉语教学，也包括海外的大中小学汉语教育、孔子学院与孔子课堂的汉语教育等。

第二节　国际中文教育的含义及特点

一、国际中文教育的含义

国际中文教育指面向将中文作为第二语言的学习者的教育。从这个定义可以解析出以下四个内涵要素：语言教学、第二语言教学、汉语作为目的语和外国人、第一语言非汉语的华人华侨及后裔作为教学对象。

---

① 贾益民. 华文教育学学科建设刍议——再论华文教育学是一门科学[J]. 暨南学报(哲学社会科学版)，1998(10)：46-53.

(一)语言教学

国际中文教育意味着要遵循语言教学的一般规律，这一含义可以从国际中文教育的学科基本任务、课程性质和语言教学与文化教学的关系三个方面来认识。

第一，国际中文教育的学科基本任务是研究汉语作为第二语言的教育原理、教育过程和教育方法，并用来指导教育实践。从而使学习者更好地掌握汉语这一交际工具。这表明了国际中文教育的语言教学属性。国际中文教育的研究和教学活动最终都要围绕着把语言教好这一最终目的而开展。

第二，国际中文教育的课程性质首先应当是语言教学课程，其教学的内容包含一定的语言知识和语言规律，且最终都是服务于掌握语言这种交际工具的。此外，语言教学不同于语言学教学。语言学教学是教授有关语言的理论知识以及相关的研究方法。

第三，国际中文教育中语言教学与文化教学的关系应当是以语言教学为主，文化教学的内容服务于语言教学，文化教学在内容选择上应当以实用的汉语交际文化为主。

总而言之，强调国际中文教育的语言教学属性可以从教学内容和方法上把它和包括其他语言学学科在内的学科区分开来。

(二)第二语言教学

对于这一含义，我们可以通过与母语教学的对比来认识。

从目的来看，美育是母语教学的重要目的，第二语言教学的目的则以交际为主。以语文教学为例。语文教学除了进一步培养学习者的汉语运用能力以外，还需要学习者掌握基础的汉语理论知识，并提高思想品德、文学修养、审美能力等。而大部分第二语言教学都较为直接地服务于学习者进行学习、生活或工作的实际需求，以技能训练为中心，以培养学习者运用目的语进行交际的能力为目标，只有当学习者达到一定水平后才可以通过目的语来接触文艺作品等内容。

从语言基础来看，母语教学的开展基于熟练的语言基础，第二语言教学所面对的教学对象则基本缺乏目的语的语言基础，甚至是零基础，也大多没有或只有简单的听说读写能力。因此，第二语言教学大多以基础阶段为重点，具有集中、强化、短期、速成等特点。

强调国际中文教育的第二语言教学属性，有助于将其与第一语言教学（母语教学）区分开来。

（三）汉语作为目的语

目的语是人们正在学习并希望掌握的语言。不论是本族语言还是外族语言，甚至是非第一语言的母语，只要成为一个人学习并争取掌握的目标都可以称为目的语。国际中文教育的目的语是汉语。国际中文教育不仅要研究和遵循第二语言教学的一般规律，还应该结合汉语的特点和汉语学习的特殊性来开展。强调国际中文教育以汉语为目的语，可以区别于其他语言的第二语言教学。

（四）外国人、第一语言非汉语的华人华侨及后裔作为教学对象

外国学生与本国学生相比有一定的复杂性，具有自己的特点，并主要反映在学习条件、文化背景和学习目的与动机上。

在学习条件方面，主要可以分为年龄、文化背景两个部分。国内的语文教学大部分是作为义务教育体系的一部分，面对的学生处于差异不大的年龄阶段。国际中文教育中，在班级编成上更倾向于以语言水平而非年龄为基础，如四十岁左右的中年人和二十多岁的青年人可能同样由于各种原因都从零开始接触汉语。不同年龄的人群有着不同的心理发展阶段也有着不同的观念，这都增加了国际中文教育的复杂性。

在文化背景上，若将外国学习者作为整体来看，他们的文化背景区别于国内少数民族。各少数民族都是中华民族大家庭的成员，他们共同创造了灿烂的中华文化，因此学习和使用汉语时文化差异小。而外国人在学习汉语时由于文化差异大难度较大。若将外国学习者进行内部划分，同一个班级的外国学生可能来自不同国家，学生群体间的文化差异同样很大。

在学习目的与动机上，外国学生也具有复杂性。国际中文教育可以分为学历教育与非学历教育。按照具体类型区分，它还可以分为汉语言专业教育、汉语进修教学、汉语短期教学、汉语速成教学、汉语预科教育、汉语国际教育专业硕士教育等多种不同的类型。接受不同教育的学习者学习目的和动机也不同，有一部分学习者是为了获得学位和学历，还有一部分学习者是为了在中国

开展其他方面的学习而打语言基础，也有学习者是为了工作和生活的需要，甚至有部分学习者是完全出于个人兴趣而学习汉语。不同的学习目的和学习动机也是外国学生的复杂性的体现。

二、国际中文教育的特点

从“对外汉语教学”到“汉语国际教育”再到“国际中文教育”学科名称范围不断扩大，学科内涵也越来越丰富。曾任教育部中外语言交流合作中心主任的马箭飞认为，国际中文教育要聚焦语言教学的主责主业，充分发挥相关学科在推动国际中文教育发展过程中的基础和先导作用；鼓励国内高校加大资源和政策倾斜力度，支持国际中文教育专业学位建设；加强内外联动，努力促进国际中文教育办学体系朝着多元化、多主体、多模式方向发展；推动中文多场域应用，继续加大“中文+职业教育”“中文+专业特色”实施力度，全面提升中文实用价值①。世界百年未有之大变局下国际中文教育发展呈现出以下特点。

（一）学科体系建设与标准体系建设并重

以往的汉语国际教育学科和对外汉语教学都以学科基础理论与教法研究为学科建设的主要任务。针对后疫情时代国际中文教育在教育、教学模式等方面发生的新变化，在学科建设方面需要加强学科理论研究，以实现国际中文教育高质量发展。此外，国际中文教育学科的重要特征之一就是国际性，必须将世界各国中文教育面临的各种理论与实践问题纳入研究范畴。中国是国际中文教育的母语国，我们需要主动承担有关中文国际标准的研究与制定。2021 年，由教育部中外语言交流合作中心组织研制的《国际中文教育中文水平等级标准》颁布实施，这是国家语委首个面向外国中文学习者，全面描绘评价学习者中文语言技能和水平的规范标准，是语言文字规范标准体系进一步完善的重要标志，将为国际中文教育事业的发展提供强有力的支撑。

（二）专门用途中文教育迅速成长，职业中文教育成为重要发展趋势

随着“一带一路”合作的不断深入和海外中文学习者的职业需求转型，通用基础性语言教学模式已无法满足工具性学习动机的需要。近年来，语言教学与

---

① 张译心. 国际中文教育呈现新气象[N]. 中国社会科学报，2022-03-18(3).

职业领域融合已成为国际中文教育的发展趋势。2019年，国际中文教育大会首设“中文+职业技能”论坛，关注语言教育主业融入本土职业需求，实现复合型语言人才供给。发展“中文+职业技能”教育，让中文与职业技能共同赋能人才培养，提升中文的国际语言服务能力，是国际中文教育转型升级的时代需求。这也是国际中文教育在发展方式方面从以规模增加为主的高速度发展模式转变为内涵式高质量发展模式的重要标志。

（三）中文教学模式趋向多样化

2020年快速席卷全球的新冠疫情给全球各行各业带来了严重冲击，国际中文教育亦不例外。国际旅行限制、社交空间隔离、校园持续封闭等诸多疫情防控措施，给传统的中文教育形态和组织方式带来了前所未有的影响。面对面的课堂教学在很大程度上被远程虚拟课堂所取代，直播、录播、录播直播并用等教学形式成为新的主要教学方式。腾讯会议、Zoom、Google Classroom、钉钉、雨课堂、超星、WeLink等成为使用较多的教学平台，微信、抖音、快手、Twitter、Facebook、YouTube等多种社交工具也开始被用于辅助中文教学。新兴国际中文教育平台快速成长，“全球中文学习平台”“中文联盟”“庞帝智能”“赛酷雅”“唐风汉语”“中文路”“沃动科技”等在线学习平台在数字化中文教育方面崭露头角。

国际中文教育既是一个朝气蓬勃的学科，同时也是一项为国家战略紧密服务的事业。从对外汉语教学到汉语国际教育，再到国际中文教育的发展与升级，这些变化给我们带来了困难和挑战，但同时也带来了一些发展机遇。只有把握时代脉搏，不断改革创新，才能使国际中文教育学科永葆学术活力，更好地服务国家战略，服务国际中文教育事业和学科发展大局，推动中文和中华文化加快走向世界，为构建人类命运共同体作出贡献。

第三节　国际中文教育的支撑理论

第二语言教学的基本问题是“教什么”和“怎么教”，研究和解决这个基本问题需要哲学、语言学、教育学、心理学、文化学等学科及其相关理论的支撑。哲学为任何一门具体学科提供认识论和方法论的指导。语言学、教育学和心理学是公认的第二语言教学的学科理论研究的基础学科。第二语言教学是一种跨文化的语言教学，文化学中的跨文化交际理论以及文化对比研究的成果，自然也就成为第二语言教学的支撑理论。因此可以说，哲学、语言学、教育学、心理学和文化学是国际中文教育最重要的支撑学科。

一、国际中文教育与哲学

哲学为不同的具体科学提供理论指导，当然也包括国际中文教育。哲学是国际中文教育最深厚的理论基础，主要提供了认识论和方法论的指导。第一，哲学帮助人们认识语言的本质，以及语言使用和语言学习的本质。比如，如何看待语言的工具属性、语言和思维的关系等，这都是需要从哲学层面思考的深刻问题。如何思考这些问题就可以反映不同的哲学观念，对语言认识上的不同哲学观点进而会影响到对于语言学习和语言教学的思考。第二，解决教学和科研活动中的各种问题需要哲学的指导。比如，如何处理教与学之间的矛盾，如何在跨文化交际中解决文化冲突等问题都需要哲学的参与。此外，哲学还对具体的教学研究等提供方法论的指导。第三，如第一点所说，哲学为不同的具体科学提供理论指导，在国际中文教育与研究当中也通过对其他学科的影响来间接地影响国际中文教育。

二、国际中文教育与语言学

语言学是语言教学的理论基础之一。可以说，如果没有语言学的研究成果，语言教学就寸步难行。国际中文教育是一种语言教学，它和语言学的关系最为密切。语言学及其分支学科普通语言学、理论语言学、社会语言学、心理语言学、应用语言学等的研究成果对第二语言教学，包括国际中文教育起着极其重要的作用。国际中文教育受普通语言学理论的指导，以汉语语言学为基础，并从其他分支领域汲取研究成果。

（一）国际中文教育与普通语言学

普通语言学对语言的性质、特点、功能的认识，对语言产生和发展的论述，对语言要素语音、词汇、语法的分析和研究，以及对人们运用语言的听、说、读、写能力的研究等，都有助于我们认识并掌握国际中文教育的目的和一般教学规律，给国际中文教育多方面的启示。

从宏观上看，普通语言学关于语言本质和特点的认识，对国际中文教育教学理论和教学方法的研究具有指导作用。如传统语言学和结构主义语言学重视形式和句内结构的静态分析，是听说教学法的理论依据；社会语言学、话语分析、语用学等重视功能和句子的动态分析，是功能教学法的理论依据。其研究成果从不同角度和不同方面，为国际中文教育提供了许多有益的滋养，促进国际中文教育在理论和实践上进一步发展。从微观上看，语言学对语言事实的描写和研究，对国际汉语教材的编写、课堂教学和测试等具体的教学活动也具有指导作用。

（二）国际中文教育与汉语语言学

国际中文教育以汉语为教学内容，属于语言教学，但它不是汉语母语教学的附庸，也不是汉语母语教学的分支。国际中文教育作为一门独立的学科，与汉语语言学关系最为密切。以语法为例。汉语语法研究从研究理论、研究方法以及研究成果等方面直接或间接地指导帮助国际中文教育；而国际中文教育又会推动汉语语法研究的深入与发展。国际中文教育对汉语语法研究成果的需求日益增多，我们需要深入细致地研究汉语语法，针对国人习焉不察而外国人学习汉语时比较敏感的语言现象开展语法研究。

从事国际中文教育的人，如果没有扎实的汉语语言学理论基础，如果不能正确地认识汉语，不能用科学的方法来分析汉语语言现象，就很难进行国际中文教育工作或研究。当然，国际中文教育中的汉语语言学是作为第二语言教学的汉语语言学，跟纯粹的汉语语言学研究是不同的，在研究目的、研究侧重点和成果的表述方式等方面都有所不同。

（三）国际中文教育与语言学其他分支学科

语言学其他分支学科，特别是心理语言学、社会语言学、应用语言学等分支学科的研究成果将直接促进第二语言教学，包括国际中文教育的发展。

社会语言学研究语言的社会性，揭示语言和文化、职业的关系，为交际法奠定了基础。应用语言学研究将各种语言学的理论、方法和成果应用于其他同语言有关的学科，为这些学科提供研究的方向和可能解决问题的办法等。应用语言学把语言教学作为其研究对象的一个重要方面。语言学理论应用于语言教学，特别是第二语言教学最为普遍，直接法、听说法、视听法、交际法、认知法等众多第二语言教学法的产生和发展在很大程度上得益于现代语言学理论的启示。心理语言学主要研究人类学习、使用语言的行为和言语活动的心理过程及两者之间的相互关系，探讨语言的产生、语言的理解和语言获得的规律。心理语言学认为，每个人的第一语言都是在一岁半至六岁之间随着发育成长而在周围环境的作用下自然获得的，叫作“语言习得”；外语学习通常是在正式场合下进行，而且学习有快有慢、有成有败，存在明显的个性差异，叫作“语言学习”。心理语言学研究发现，学生的学习方法因人而异，教师应因人施教。从事国际汉语教学，应研究并掌握外国人学习汉语的心理过程，注重学习者的个体差异。

三、国际中文教育与教育学

教育学具有悠久的历史，语言教学带有教育的性质，国际中文教育是语言教学的分支，国际中文教育和教育学里的教学论是特殊与一般的关系。

（一）教育学理论是第二语言教学的基础

第二语言教学是一种教育活动，其构成元素和操作程序，如总体设计、教材编写、课堂教学、测试等，都要受一般教育学理论的指导。一般教育学理论的方法、技巧、手段，都适用于第二语言教学。国际中文教育以教育学的一般原理为依据，用教育学的基本原理指导教学实践，由易到难、循序渐进。国际中文教育应遵循教育学规律，国际汉语教师应掌握相应的教育学原理。

教育学的其他分支学科如教育哲学、教育史学、教育心理学、教育统计学、比较教育学等对国际中文教育也产生了一定的影响。

（二）教育学和教学论是外语教学法产生的基础

语言教学法流派在一定程度上都体现出一定的教育原理和要求。比如，自觉对比法就是基于20世纪三四十年代苏联教育学中对德育教育的重视，进而发展为对知识的传授的重视，认为外语课不仅是工具课更是知识课，知识是教学的出发点，技能是在知识的基础上获得的。

在世界局势多变，中国正朝着第二个百年奋斗目标坚定迈进的新时期，国际中文教育面临的诸多方面的挑战也是机遇，其中之一就是如何培养卓越国际学生，包括不同阶段高层次人才和职业技术（专门型）应用人才。基于内容的教学法（content-based instruction，CBI）就是基于这一教育理念和目标被提出的，也有人称之为以(学科)内容或知识为依托的教学。CBI 的理念在于将语言教学融入某个学科或某种主题内容来进行，将外语形式和内容结合起来教学，认为当语言教学与学科内容教学相结合时，当语言作为学习学科知识的媒介时，便产生了理想的外语/第二语言学习条件[①]。除此之外，教育技术和手段的发展也对外语教学法的发展产生着不容忽视的影响。

四、国际中文教育与心理学

心理学是教育科学的基础理论之一。教育学、教学法不能违反教学规律，要想提高教学质量和教学效率，就必须把心理学的研究成果运用到教育教学实践中。

语言是人的一种心理活动的反映，是人类用来表达思维和交流思想的主要工具。学习更是一种心理活动，语言学习一直是心理学研究的重要内容。

(一)心理学理论对第二语言教学法的影响

一百多年来，西方心理学出现过很多流派和思潮，对语言教学产生过不同程度的影响。较有影响的第二语言教学法理论都有各自的心理学基础，如行为主义心理学派、精神分析学派、认知心理学、人本主义心理学等。例如，20 世纪 60 年代美国心理学家卡鲁尔(J. B. Carroll)以认知心理学为理论基础提出认知教学法，认为学习语言是一种创造性活动，并且重视智力和发展语言规则对学习外语的促进作用。

(二)心理学理论对第一语言习得和第二语言习得学习差异的研究

第一语言习得和第二语言习得有许多共同点，比如都要经过理解、模仿、记忆和应用等阶段，都运用类推、泛化、回避、简化等学习策略。探讨二者的差异有益于我们发现第二语言习得、学习的特点。心理学认为两种语言学习的差别主要体现在学习主体、学习动机、学习环境、学习方式、教育者及相关因素、学习过程、文化学习等方面。

第一语言习得的主体是幼儿，他们语言学习可塑性强，学习主动性高，且

① 吴勇毅. 我们不再是为习得语言而学习语言：更广阔的视角[J]. 国际汉语教学研究，2021(2)：38-43.

习得母语是出于生存本能。幼儿习得母语是在自然环境中完成的，语言环境单纯、生活化，语言输入为情景式，输入量丰富。幼儿接受的母语，大多由亲属输入，有感情并伴随表情和动作，是照顾性语言。幼儿习得母语，是沉浸在与母语息息相关的文化之中，因此在用母语交际时很少出现因文化误解造成的交际障碍。

第二语言习得、学习的主体主要是成人，他们语言学习能力开始逐步下降，但善于归纳推理，且学习主动性不如幼儿。在学习动机上，成人呈现多样性、多变性、短暂性的特点。成人学习语言大多在课堂环境中，接触语言时间有限，输入的方式为材料型，与语言使用的情景分离，学习过程中出现偏误的概率较高。成人学习第二语言往往没有沉浸在相应的文化中，缺乏相应的文化知识，并且在学习过程中容易受到母语的干扰。

除此之外，心理学认为，第二语言学习者的学习过程还受到诸多心理因素的影响，包括智力、学习动机、学习能力、学习风格、个体性格等。国际中文教育需要研究学习者与教师在教学过程中的心理活动过程与规律，并利用这些规律促进教学。

五、国际中文教育与文化学

(一)语言和文化密切相关

关于语言教学和文化教学的关系，早在 20 世纪八九十年代对外汉语教学界就有广泛、深入的探讨。张占一(1984)等的“交际文化”观[①]，陈光磊(1992)关于语构文化、语义文化、语用文化的概括等，至今仍有很大的影响[②]。

语言运用的产品即为话语，任何话语都有特定语境，都涉及百科知识。其中涉及的文化大致就是张占一(1984)等所指的知识文化。知识文化同样也会影响交际。因此，我们不仅有必要重视语言教学中的文化因素教学以及对学习者跨文化语言交际能力的培养，而且要适度地、相对系统地进行文化知识教学，二者对于保证语言交际顺利进行都具有重要意义。

---

① 张占一. 汉语个别教学及其教材[J]. 语言教学与研究，1984(3)：57-67.

② 陈光磊. 语言教学中的文化导入[J]. 语言教学与研究，1992(3)：19-30.

(二)第二语言教育价值中的文化情怀

学界对第二语言教学培养目标的认识经历了一个发展过程，即从培养“语言能力”到培养“交际能力”，再到培养“跨文化交际能力”(崔永华，2020)。这说明学界越来越重视语言交际能力中的“文化”问题。

但第二语言教育的价值并不仅限于此。第二语言教育的根本价值在于促进人的全面发展。吴勇毅(2021)提到，学习者进行第二语言学习并不仅仅是为了掌握语言本身并把它用于交际，也是将它作为认识世界、了解不同社会、探究多元文化的工具与媒介。学习者学习第二语言更是为了塑造自己的品格以及提高自己的认知能力、认识能力、思维能力，把自己培养成具有家国情怀和世界情怀的人，懂得理解、包容、尊重他人及他族文化，共享地球。了解不同语言文化对于促进文化多样性、培养学习者全球视野具有重要作用。国际中文教育是世界语言文化交流的重要组成部分，在加深人们相互理解、促进文明交流互鉴方面具有不可替代的作用。

第四节　国际中文教育的学科和事业发展

国际中文教育应国家需要而产生，始终服务于国家事业的发展，同时也孕育出一门新的学科，然后随着时代发展需求，不断转型升级，最终形成今日学科与事业并行发展的态势。可以说，国际中文教育的学科发展与事业发展缺一不可，相互补充又相互促进。

一、国际中文教育的学科发展历史

最广泛的国际中文教育应当包括所有对母语非汉语的外国人进行的汉语教学。从这个广泛的意义来看，早期的具有国际中文教育性质的活动可以追溯到先秦时期。《礼记》记载：“五方之民，言语不通，嗜欲不同。达其志，通其欲；东方曰寄，南方曰象，西方曰狄鞮，北方曰译。”这里的“寄”“象”“狄鞮”“译”就是指掌握两种语言的人才，当然他们的双语学习还不是现代意义上的国际中文教育，只是中原地区与边疆地区的语言交流。

从汉代开始外国人真正来到中国学习汉语，这种情况在唐朝形成了热潮，他们的主要目的是通商(如西域诸国)，也有外国人来到中国系统地研究汉语和中国文化或进行宗教研究。到明朝，中国出现了中外对照的“教科书”，其中的代表是明朝末年金尼阁的《西儒耳目资》和利玛窦的《西字奇迹》。到了清代末年，英国汉学家威妥玛在培训英国来华人员的过程中发明了威氏拼音法，在汉语拼音方案出现前广泛使用。现代意义上中国的“对外汉语教学”则在进入20 世纪后才开始。

（一）中华人民共和国成立前

现代意义上的汉语作为第二外语教学的历史可以追溯到 20 世纪 20 年代。赵元任曾经著《国语留声机教程》（1925），作为外国人学习汉语的教材。1927 年到 1928 年，中国学者魏建功曾受邀赴朝鲜京城帝国大学任教，他使用了刘鹗的《老残游记》为教材教授现代汉语口语，取得了较好的效果。老舍、萧乾曾经在伦敦大学东方学院任教，曹靖华也曾在苏联教授汉语。

中华人民共和国成立前的对外汉语教学中赵元任先生是较有代表性的人物，除前文的介绍外，他还在美国长期任教。1943 年 8 月到 1944 年 12 月，赵元任先生在哈佛大学开办为期 10 个月的汉语训练班，共办了两期。汉语训练班采用大小班结合的教学，即大班由赵元任先生亲自用英语授课，9 到 10 人的小班由其助教指导进行语言训练。每天一个小时的英语讲解，内容以汉语语言结构为主，其余时间主要是小班练习或听录音等，获得了较好的教学效果。但总体来看，中华人民共和国成立前的对外汉语教学还处在萌芽阶段，缺乏有组织的本土化研究和本土教师，缺乏系统性的教材和人才培养体系，也缺乏研究和完整的理论系统，并没有被视作一门专门的学科。

（二）中华人民共和国成立初期

中华人民共和国成立后，对外汉语教学开始成为一门专门的事业来发展。新中国最早的对外汉语教学机构是 1950 年 7 月由清华大学成立的“东欧交换生语文专修班”，学生以部分东欧社会主义国家的学生为主，主要对来自罗马尼亚、保加利亚、波兰、捷克斯洛伐克等国家的留学生进行汉语教育，在次年初正式开课。这时的国际汉语教学更类似于大学预科班。来华留学生在此进行1~2 年的汉语学习后，再进入其他专业学习。1952 年夏，“东欧交换生语文专修班”迁到北京大学，更名为“北京大学外国留学生中国语文专修班”，此时留学生的规模进一步扩大，包括来自苏联、蒙古国、南斯拉夫等更多社会主义国家的学生，后来也接受了部分西方国家如荷兰、加拿大的留学生。

1960 年，北京外国语学院（现北京外国语大学）成立“非洲留学生”办公室。1962 年进一步将数个教学机构进行整合，成立了专门对来华留学生进行汉语教学的北京外国留学生高等预备学校，后更名为北京语言学院，即为现北京语言大学的前身。此外在 20 世纪 50 年代中期，为援助越南人民，我国在南宁开办了针对越南留学生的南宁育才学校附属中文学校，还在桂林开办了中国语文专修学校。到 20 世纪 60 年代初我国在校外国留学生已达 500 余人，累计接收外国留学生 3315 人。到 1965 年我国在校外国留学生已达 3312 人。1962—1966 年招收外国留学生累计近 4000 人，超过了前 11 年的总和，这一时期在针对留学生的教育之外还主动走出国门，开始向国外派遣教师，教学形式也日益多元化，除集中上课外，函授等形式的汉语教学也开始发展。此外我国从 1962 年开始在国际广播电台中创办汉语教学节目，北京语言学院在 1965 年还创办了第一本专业刊物《外国留学生基础汉语教学通讯》。

在这一时期，我国的汉语教学具有重视学习者的特点，且教师的语言学基础深厚，多具有海外教学经历。首先，在一开始我国就意识到外国人与中国人在学习汉语上的不同，因此着重区分对外汉语教学与汉语母语教学，又因为深受语法翻译法的影响，在对外国留学生的授课上更加注重汉语语法的教学，训练留学生的读写能力，效果显著。其次，新中国的对外汉语教学事业一开始就得到了语言学界的支持，以吕叔湘为代表的一批著名语言学家对国际汉语教学工作非常支持，积极参与，为我国对外汉语教学的理论研究和体系建设做出了卓越的贡献。最后，我国对外汉语教育事业得到了大量具有海外经历的汉语教师的支持。邓懿是其中的杰出代表，赵元任先生在美任教时，他曾担任赵元任先生的助教，回国后在燕山大学任教，亲自参与对外汉语教学工作，此外还有曾在剑桥大学从事汉语教学的王还也为新中国的对外汉语教学事业做出了巨大贡献。

（三）学科确立

对外汉语教学作为一个学科的确立开始于 1978 年，在中国社会科学院召开的北京地区语言学科规划座谈会上，学者们结合国外关于第二语言教学的研究和国内开展国际汉语教育的经验，提出了将对外汉语教学作为一门独立学科的观点，这一观点得到了语言学界的广泛支持。著名语言学家王力在 1984 年

6月表示："对外汉语教学是一门科学。"1984年12月，时任教育部部长的何东昌在留学生工作报告中明确提出："多年的实践证明，对外汉语教学已发展成一门新的学科。"随后，国家教委颁布的学科专业目录将"对外汉语"作为一门新的学科列入其中，这就象征着对外汉语教学作为一门新的独立学科得到了国家的承认。而后在1988年，国家明确提出"对外汉语教学是国家和民族的事业"。这一时期的发展还体现在研究平台建设和人才培养方面。

在学科发展研究平台方面，自20世纪80年代以来，为推动学科发展和研究工作，1983年我国成立了"中国教育学会对外汉语教学研究会"，而后又于1988年独立并改名为"中国对外汉语教学学会"并以吕必松先生为会长；1985年国内召开了具有重要意义的第一届国际汉语教学讨论会；在1985年和1986年前后成立了北京语言大学出版社和世界华语出版社；1987年还成立了专门的学术研究团体"世界汉语教学学会"并以朱德熙先生为会长；此外，还创办了专门的学术刊物《世界汉语教学》和面向留学生的刊物《学汉语》。总而言之，国际汉语教学在这一阶段走向繁荣，也逐步走向规模化、体系化和规范化。

在教师人才培养方面，北京语言学院在1984年开办对外汉语教师培训班。1986年暑期又和美国俄亥俄州立大学联合举办了首次中美汉语教师培训班，次年对外汉语研究会和北京大学联合举办了教学法培训班。此外，1987年北京语言学院将国际汉语教师培训工作常态化，每年举办多次教师培训班。1989年成立了世界汉语教学交流中心教师研修部，后改为专门的国际汉语教师培训机构。

自20世纪90年代以来，对外汉语教学事业进一步发展。1990年6月颁布《对外汉语教师资格审定办法》，1992年又颁布了《中国汉语水平考试(HSK)》，将HSK确立为国家级考试。1993年国务院发布的《中国教育改革和发展纲要》再次强调要"大力加强对外汉语教学工作"。

此外，1994年12月在北京召开了对外汉语教学定性、定位、定量座谈会议，会议指出："语言教学和文化教学在目的、教学内容、教学原则和教学方法等方面都有根本的区别，是两种不同性质的教学，教学规律也没有足够的共同点，所以它们不可能属于同一学科。"明确了对外汉语教学中语言教学和文化教学的关系，并达成共识确定其语言教学的属性。

以这次会议为代表，对外汉语教学学科体系研究和构建进一步受到高度重视，以崔永华和刘珣的观点为主逐步形成了三个学科理论层次：学科支撑理论(哲学、语言学、教育学、心理学等)、学科基础理论(学科语言理论、语言学习理论、语言教学理论、跨文化教学理论、第二语言教学理论、学科发展史等)、学科应用理论(总体设计、教材编写、课堂教学、语言测试、教学管理等)。

总之,20 世纪 80 年代至 90 年代是对外汉语教学的高速发展阶段,在确立完整且坚实的学科基础上又有了大量新的突破。

(四)21 世纪以来

进入 21 世纪以来,国际中文教育有了许多新发展和新变化,尤其以 2005 年 7 月世界汉语大会的召开为节点,国际中文教育产生了具有划时代意义的转变。

第一,国际中文教育的规模持续扩大。首先,来华留学生的数量不断增加。20 世纪 90 年代的上升势头在这一阶段更为明显,20 世纪末我国来华留学生已经超过 5 万人,而到 2004 年时来华留学生已经超过 10 万人,2009 年超过了 22 万人。截至 2019 年,来华留学生已经接近 40 万人,其中接受学历教育的人数增长率持续高于总人数增长率,2019 年同比增长 12.41%。其次,来华留学生的生源地也不断扩大。中华人民共和国成立初期仅有部分社会主义国家的来华留学生,后来以中法建交为突破口,中国迎来了更多国家的留学生。据教育部发布的《2023 年全国教育事业发展统计公报》数据,2023 年,共有来自 214 个国家和地区的 51.6 万名国际学生在中国高校就读,同时围绕“一带一路”倡议,共建“一带一路”国家成为重要的来华留学生的生源地。印度、巴基斯坦、哈萨克斯坦的来华留学生人数同比增长都超过了 10%,来自亚洲、非洲的留学生总量较上一年分别有 6.5%、19.47%的增长。最后,来华留学生的教育层次也不断延伸,已经由初期的语言预备教育扩展到覆盖本科、硕士研究生、博士研究生等各个层次的教育,此外还有职业教育等多种教育类型。

第二,发展战略和工作重点有所变化,开启了世界范围内推广汉语教学的新时代。汉语教学逐渐大规模地走出国门,这在我国国际中文教育事业的发展中是一个里程碑式的转变。主要的表现就是孔子学院和孔子课堂在世界范围内的不断开设。以 2004 年全球第一所孔子学院韩国首尔孔子学院率先揭牌为代表,直到 2021 年 10 月,已经在 159 个国家设立了 1500 多所孔子学院和孔子课堂,累计培养了 1300 多万学员。已有 180 多个国家开展了中文教育项目,75 个国家通过颁布法令、政令等方式将中文列入国民教育体系,4000 多所大学设立了中文院系、专业、课程,7.5 万多所中小学校、华文学校、培训机构开设中文课程。

第三，学科研究在横向和纵向不断发展、内涵不断丰富的同时外延也有所扩大。一方面，围绕着教学实践开展的国际中文教育教学法研究从应用的角度出发为国际中文教育教学活动的开展提供了借鉴。宏观层面的学科发展研究回顾历史发展中的问题，把握整体的对外汉语教学事业发展，为具体的活动指明方向；另一方面，语言学、教育学、心理学等多学科研究在新时代也不断深化发展，揭示出更多关于人的语言学习和心理发展等的客观规律，推动了国际中文教育更好地把握学生的情况，检验新的研究成果并运用基本规律指导具体教学。

二、国际中文教育的发展现状与机遇

经过多年的建设和发展，国际中文教育学科已经初步确立了学科地位，明确了学科性质，也构建起了学科框架。党的十八大以来，随着中国经济的快速发展，中国在国际上的地位不断提高，在国际事务中的影响力也不断增大，国际中文教育事业随之迅猛发展。

国际中文教育事业快速发展的新形势对学科建设提出了新的更高的要求，也使学科建设面临一些新情况和新问题。在新形势下，国际中文教育学科的建设与发展应充分认识并积极把握新的机遇。

（一）国际中文教育发展现状

1. 国家重视程度不断提高

作为构建新的国际中文教育体系的重要举措，2020 年国际中文教育的管理体制进行了重大改革。2020 年 6 月 16 日，经民政部批准，由北京语言大学、复旦大学和中国教育出版传媒集团有限公司等参与发起的“中国国际中文教育基金会”正式成立，主要负责孔子学院和孔子课堂的品牌运营和质量管理。2020 年 7 月 6 日，经教育部批准，成立了“教育部中外语言交流合作中心”（以下简称“语合中心”）。从“语合中心”的职能定位看，虽为事业单位，但被赋予了管理国际中文教育事业和学科发展的组织领导职能。两个机构的设立必将对未来国际中文教育的发展产生重要影响。

2. 教学体系不断完善，规模不断扩大

我国对外汉语教学自中华人民共和国成立后开始，从仅限于留学生预科教育，到1978年出现外国留学生汉语言学历教育，再到20世纪末已经建成了从本科教育到研究生教育的完善的学历教育体系，此外还丰富了大量的非学历教育(如职业教育等)，服务于包括华侨子弟、外交人员、商务人员等几乎所有汉语学习者类型。还发展了多种不同的教学形式(如线上教学等)，国内的部分高校也设立了专门的留学生教育部门或与其他教育机构、国外高校等开设汉语课程。2020年至今，我国国际中文教育还主动走出国门，通过孔子学院、孔子课堂和教学点等在国外开展汉语教育。在规模上，全世界的汉语学习者不断增加，至今仅孔子学院的注册学生就超过两百万，还有很多中小学阶段汉语学习者和其他汉语教学机构由于数量庞大而难以统计，全世界的汉语学习者数量还在不断增加。

3. 标准体系建设进一步强化

2021年颁布的《国际中文教育中文水平等级标准》是面向新时代的国家级汉语水平标准，是国际中文教育学科和事业的顶层设计与基本建设，其最大特色是突出中文特色和中文教育应用的特色，将为汉语作为非第一语言者的学习、教学、测试、评估四个关键环节提供最权威的参考与指导。《国际中文教育中文水平等级标准》是国际中文教育总体设计、教材编写、课堂教学和课程测试的重要依据；是新型国家级汉语水平考试(HSK 3.0)的重要命题依据和参照；是编制国际中文教育常用字典、词典以及计算机音节库、字库和词库的参照；是各种语言教学与学习创新型评价的基础性依据；是“互联网+时代”国际中文教育的各种新模式、新平台构建的重要依据。

从世界范围内汉语国际推广事业来看，《国际中文教育中文水平等级标准》将作为世界各国将汉语纳入国民教育体系的重要参照，并且有利于其他国家的各种汉语标准的制定，形成健康、良性的发展。

4. HSK进一步推广

HSK是世界上最权威、影响力最大的汉语考试之一，每年定期在国内外举行，因为其有较高的信度和效度所以获得了广泛的关注和认可，到目前为止，国内外的考点还在不断增加。为适应新的需求，语合中心还在组织相关人员研发HSK主干考试以外的专项考试，如南京师范大学研发的HSK(少儿)，北京大学研发的HSK(商务)，首都师范大学研发的HSK(文秘)，以及上海师范大学研发的HSK(旅游)等。当前HSK的体系还在不断完善，试题的设计还在不断完善。HSK考试的国际声誉将会越来越高并且受到更为广泛的关注。《国际中文教育中文水平等级标准》发布后，以调整考试方法和内容的方式来打造 HSK 3.0 也是 HSK 进一步推广的重要任务。

5. 教师队伍持续加强，教材开发日趋完善

当前国际中文教育的教师队伍在数量和质量上都不断进步，教师的整体素质在日益完善的人才培养体系的帮助下不断提高。在国内，我国不少高校都开设了“汉语国际教育”本科课程，有的还开设了“汉语国际教育”专业硕士学位点，已经形成了较为完善的人才培养体系。此外，国内高校还通过留学生教育等途径培养国外的本土汉语教师，目前已经形成了包含约 5 万名注册教师的庞大教师队伍。

但目前来看在师资方面还存在一定的供求不平衡问题，部分国家和地区缺乏足够的汉语教师来满足不断增加的汉语学习者的需求，人才供给明显不足，还需要通过不断优化人才培养和教师队伍建设来补足短板。此外国际中文教育的发展不仅需要优秀的教师，还需要精通教学和科研的人才，或同时具备外交能力和教育管理能力的人才，这一点也尤为重要。

6. 理论研究不断完善

国际中文教育的科研工作得到了国家的支持，经费持续增加，产出了大量优质的科研成果。就目前来看，相关的论文在数量和质量上都有显著提升，尤其是实证型和统计型定量分析的论文以及跨学科研究的论文不断增加，汉语的教学和习得规律成为关注的重点，相关的研究成果越来越多。从对 2013—2022 年国家社科基金立项的考查发现，国际中文教育研究在内容上兼顾学科与事业发展，注重对标国家发展战略；视角上体现跨学科交叉融合，包括语言学、新闻学与传播学、中国文学、中国历史以及教育学学科等；方法上突出现代科技运用，将大数据分析、脑神经科学、认知心理学以及知识图谱技术、眼动追踪技术、人工智能技术等现代相关科技成果嵌入国际中文教育研究之中。

我国作为中文的母语国，必须在国际中文教育的国际舞台上发挥自身的优势，将更多、更新、更好的研究成果推介出去，掌握国际中文教育研究的国际话语权，构建具有中国特色的学术话语体系，提升国际中文教育学术研究的国际影响力。这就要求我们一定要高度重视国际中文教育的科学研究，努力提升国际中文教育研究质量。

7. 教材开发不断突破

经过 70 多年的不懈努力，国际中文教材在出版数量、语种数量、分类体

系、发行广度、编写质量、融入深度等方面均取得了可喜的成绩。

自中华人民共和国成立至2020年底，全球共出版国际中文教材19530种（马箭飞等，2021），注释语种达80种之多[①]。教材分类更加细化。国际中文教材低龄化需求受到重视，中小学中文教材出版数量在2000年之后达到1449种。此外，专用教材、文化教材、考试教材、华文教材等数量均呈现增长。

新形势、新发展也在深刻改变国际中文教学观念、形态及模式，并促使国际中文教材生态发生革命性转变。传统的单一纸质教材已经无法满足国际中文教学的全部需求，对教材进行全方位赋能、多向度开发，使其向融合型立体化教学资源建设方向发展成为必然。新冠疫情暴发前，已有不少出版社推出了汉语数字教材，如高等教育出版社的《Cool Panda少儿汉语教学资源》，外语教学与研究出版社的《七色龙汉语分级阅读》，创而新教育集团的《飞向中文》《小学华文》等。新冠疫情结束后，国内外各大出版社均加速推进了汉语教材的数字化转型。

国际中文教材编写呈现从“数量增长”到“质量提升”、从“纸质教材”向“数字资源”、从“单一类型”向“多元结构”的转变。多主体、立体式的资源“融进去”，新格局初步建立。

（二）国际中文教育的发展机遇

1.“一带一路”与国际中文教育

习近平主席在2013年提出了“一带一路”倡议。“一带一路”倡议的提出、丰富和发展的过程，对扩大对外开放、促进共同发展繁荣、推动构建人类命运共同体等具有重大意义。其中，“一带一路”建设与人文建设、语言教学的关系十分密切。李晓琪（2019）认为在“一带一路”倡议实施的背景下，学科建设应重点关注两个重要领域[②]：

一是为“一带一路”合作伙伴搭建出真正体现实用性、针对性的课程。课程内容要使学习者学了就能用，适用于以经商、旅游为目的的学习者。针对“一带一路”合作伙伴的不同需求，开设针对性强的课程。这些课程可能会超出传

① 马箭飞，梁宇，吴应辉，等. 国际中文教育教学资源建设70年：成就与展望［J］. 天津师范大学学报（社会科学版），2021（6）：15-22.

② 李晓琪. 新时代汉语国际教育学科建设与发展的新机遇［J］. 国际汉语教学研究，2019（4）：27-29.

统课程的范围，这需要我们跳出传统的课程体系，建立“一带一路”合作伙伴所需要的针对性强的汉语课程，特别是职业汉语课程。

二是高校汉语教师的跨文化交流能力和水平。汉语教师是汉语知识的直接传授者，同时也是文化的直接传播者。“一带一路”合作伙伴和地区的文化各异，如何在这多元文化的汉语教学中让汉语教师充满自信地、圆满地完成跨文化交流，是需要认真探讨的课题。

2. 网络汉语教学的发展

新冠疫情期间，国内各校的在校留学生几乎为零，国外大中小学面对面课堂教学也几乎全部或部分叫停，但是网络教学的方式很好地填补了这种“空白”。不少报告甚至认为，即使是语言教学，网络教学的很多做法也可以达到面对面课堂教学难以达到的效果。这让业界看到了网络汉语教学的远大前景。

直播、录播、直播录播并用等教学形式成为新的主要教学方式。腾讯会议、Zoom、Google Glassroom、钉钉、雨课堂、超星、Welink 等成为使用较多的教学平台，微信、抖音、快手、Twitter、Facebook、Youtube 等多种新媒体工具开始用于辅助中文教学。新兴国际中文教育平台快速成长，“全球中文学习平台”“中文联盟”“庞帝智能”“赛酷雅”“唐风汉语”“中文路”“沃动科技”等在线学习平台在数字化中文教育方面崭露头角。

这种全球规模的实践将从根本上改变汉语教学的面貌，网络教学将深深扎根在汉语教学之中，并将占据越来越大的比重。新冠疫情过后，网络教学不但不会取消，反而可能会以多种形式继续存在于汉语教学之中。之后，最常见的将会是线上线下相结合的教学形式，包括翻转课堂、课后作业、利用网络资源等；线上与线下教学将以不同的比例进行，但是线上教学的比例增加可能会是大趋势（崔永华，2020）[①]。

在当今全球化、科技大发展的背景下，汉语教学的网络化一定会迅速发展，把国际中文教育事业引向一个更为广阔的天地。

3. 职业汉语教学潜力巨大

这里的“职业汉语教学”指以培养特定职业的汉语人才为目标的汉语教学。例如在国内外早已开设的商务汉语课程，以及后来陆续增加的旅游汉语、酒店汉语、中医汉语等课程。近年来，职业汉语教学也有了比较快的发展，特别是

① 崔永华. 试说汉语国际教育的新局面、新课题[J]. 国际汉语教学研究，2020(4)：3-8.

随着“一带一路”建设的发展和中国援外项目的增多，其他国家对职业汉语教学的需求已经开始显现。这种发展趋势已经引起了学界的注意，这方面的教材也已经开始出版。针对职业汉语教学，我们可以开展对各国职业汉语教学现状的研究、职业汉语教学的需求调查、职业汉语教学的教学内容研究、教学原则和方法研究、大纲研制、教材编写和教学评估研究等。

4. 教学对象呈现低龄化、社会化

首先是国内外中小学汉语教学迅速发展。一是到新冠疫情结束前，已有近70个国家将汉语教学纳入国民教育体系，相信还会有更多的国家加入此行列。这些国家从小学到中学、大学持续开设汉语课程，必将大大扩展国际汉语教学的规模和影响。二是有的国家中小学汉语教学的规模已经超过了大学汉语教学。崔永华(2020)统计的数据显示，在2011年，泰国学习汉语的中小学生达到148191人，而在大学学习汉语的学生仅为16855人①。

其次是学习汉语的社会人士的规模在逐渐扩大。这一现象由两个原因促成：一是孔子学院的发展。在大多数国家，孔子学院是外国人学习、接触汉语和中国文化的重要渠道。从历年相关会议和发展报告来看，孔子学院呈现出很好的发展趋势。二是新冠疫情期间海外华文教育的网络教学吸引了不少外国人，他们主动通过海外华文教育的渠道学习汉语。可以预见，网络汉语教学的发展必将通过各种渠道吸引越来越多的外国各界人士加入汉语学习的热潮。

研究方向决定着学科建设的走向，应用性是汉语国际教育学科最为显著的特点，应该把研究的方向从本体的、纯理论研究向应用方向发展。首先，应继续深入已有研究领域，进一步明确各项研究都要紧密结合第二语言学习，特别是结合汉语作为第二语言教学的特点而展开。除了传统研究领域外，包括教学研究、教师发展研究、测试研究、教学手段研究、孔子学院可持续发展研究、“一带一路”与学科建设等领域应进一步开拓并加强(李晓琪，2019)②。

综上而言，新冠疫情与后疫情时代中国国际中文教育机遇与挑战并存，应当把握好转型的契机，在内容与形式、学术研究与合作等领域取得新的发展。

国际中文教育既是一项紧密服务国家战略的事业，也是一个朝气蓬勃的学科。从对外汉语教学到汉语国际教育，再到国际中文教育的迭代升级，给学界

① 崔永华. 试说汉语国际教育的新局面、新课题[J]. 国际汉语教学研究，2020(4)：3-8.

② 李晓琪. 新时代汉语国际教育学科建设与发展的新机遇[J]. 国际汉语教学研究，2019(4)：27-29.

带来了许多挑战，但也带来了更多机遇。2019 年，国际中文教育大会开启了构建新的国际中文教育体系的事业发展和学科建设的新时代。

面对复杂多变的国际环境，习近平总书记指出："我们必须在一个更加不稳定不确定的世界中谋求我国发展。"国际中文教育的发展亦是如此。国际中文教育是国家和民族的事业，与中华民族伟大复兴息息相关。作为母语国的汉语教学工作者，肩负着引领、推动国际中文教育事业健康发展的责任。为负起这份责任，我们需要用心体察事业的发展，用心学习做事的本领，用心上好每一堂课，用心对待自己的职责。

思考题

1. 你认为成为一名优秀的国际中文教师，需要具备哪些必不可少的技能和素质？

2. 采访一至两位学习汉语的留学生，了解他们对汉语教学和学习的感性认识。

第二章

活动教学与国际中文教育课堂教学

第一节 活动教学的发展历史

一、西方活动教学思想发展

1. 萌芽期

作为一种教育现象的活动教学并非始自今日，其发生可以追溯到人类社会形成之初，智慧初开，人猿揖别，其中劳动产生了决定性的作用。随着生产的发展、劳动经验的积累和共同生活经验的丰富，形成了原始的风俗礼仪、行为规范和宗教禁忌。在古代罗马，通过实践、演练和观察进行教学，成为深深根植于罗马共和国土壤的教学传统，活动教学在学校教育中受到前所未有的重视。继后，昆体良系统地总结了罗马的教育成就和自己从教 20 余年的教学经验，写成《论演说家的教育》，把以演讲、辩论为主要方法的活动教学推向新的阶段。罗马教育中务实、重行的活动教学精神对后来西方教育仍产生了一定的影响。

在高扬人性、讴歌人生的文艺复兴时代，科学、文学、艺术、哲学等取得了前所未有的成就，对教育教学产生了重大影响，学生的实际活动重新受到关注。拉伯雷在其巨著《巨人传》中用对比和夸张的手法嘲讽了中世纪经院派教学的弊害，表达了以日常参观、实地考察、远足旅行为主要方式的活动教学的概念和理想。蒙旦在《论儿童的教育》一书中也劝告教师不要反复重复课文，而要让学生自己考证课文，允许学生自己品味课文中的事物，自行辨别和选择。蒙旦主张让学生通过亲身的经验来学习，例如，他建议“让学生就近去看看新奇和少有的东西、漂亮的房子、壮丽的喷泉、杰出的人物、古代的战场等”。人文主义教育家所倡导的活动教学思想在欧洲一些文法学校中得到了一定的实施，造就了一批多才多艺的人文主义者。

从古代活动教学的发生发展中我们可以知道，活动教学是人类历史上最早出现的教学形态。人类初始的教育产生、存在于活动之中，教育首先表现为活动，活动是教育存在的基本方式和主要形式。但古代活动教学内容以直接经验为主，活动从与生产、生活融为一体到逐步独立化、专门化，感性色彩浓厚；重视个体间经验的观察模仿、演练操作，学生的理性活动未得到足够的重视；未能重视活动中学生的主体性、能动性，学生的活动积极性未得到充分关注和自由发挥。

2. 生长期

近代资产阶级革命、工业革命以及启蒙运动深刻地改变了世界的面貌，随着人们生活方式和思维方式的变化，教育的观念与实践也产生了重大的变革，活动教学进入一个新的发展时期。

捷克教育家夸美纽斯高举教育改革的旗帜，深刻地批判了经院学派扼杀儿童智慧发展的纯文字、形式主义的教学，构建了以自然适应性原则为理论基础的近代教学理论体系。

在西方教育史上，卢梭第一个自觉地、较为全面地阐述了活动教学的基本思想。他对压抑儿童天性和自由活动的封建主义教育进行了深刻的揭露、批判，宣扬个性解放，强调教育要遵循儿童的自然本性。卢梭视活动为教育教学的基本原则和方法，其主张儿童在活动中自由成长的思想直接启迪了裴斯泰洛齐、福禄贝尔、杜威、蒙台梭利等教育家，在活动教学思想上有着重大的意义。但是，应当看到，卢梭主张的教育思想，他本人并未付诸实施，且不少论述具有明显的主观臆断色彩，低估、排斥书本和系统知识教学是不可取的、不科学的。

第一个努力在实验学校中体现卢梭教育思想的人是德国教育家巴西多。1774 年巴西多在德绍创办“泛爱学校”，以卢梭的教育思想改造教育。他开设了多种实际课程，革新教学方法，强调学生的学习主动性和智力发展，采用游戏、手工作业、体操、远足等活动方法，在当时令人耳目一新，颇受欢迎。

继巴西多之后，瑞士教育家裴斯泰洛齐实施了活动教学，进行教育革新。裴斯泰洛齐主张教学必须依从儿童的自然发展顺序来展开，强调多感官学习的重要性，主张让儿童观察实物，或者向儿童出示有关的图形。其创造的算术教学的直观道具——“算术箱”，至今仍有现实价值。

稍后不久，卢梭所播下的种子也在德国土地上顺利地萌发起来，并茁壮成长。福禄贝尔接受了卢梭的尊重儿童的教导，并把裴斯泰洛齐关于儿童天赋才能和谐发展的看法融于自己的思想。他于1837年在勃兰根堡开办了世界上第一个幼儿园，命名为“幼儿活动学校”，实施了以游戏和作业为主要形式的幼儿活动教学。为此，福禄贝尔创造了多种游戏方法。他还为幼儿园设计了一套玩具，人称“福禄贝尔恩物”。他所谓的“劳作”，就是用泥土、纸张等材料让儿童塑造模型、剪纸、贴纸、绘图，以及让儿童在园圃中照料植物等。“谈话”指的是语言活动，包括讲述故事、朗诵诗文和儿歌。在这些思想的影响下，游戏、作业劳动和实物教学逐渐成了普遍应用的教育形式和方法，这无疑为活动教学在实践中的发展奠定了基础。

如果说裴斯泰洛齐、福禄贝尔强调外部感官活动的作用，向教师指出了从感知到概念的正确步骤，那么赫尔巴特则更重视内部理智活动的意义，给教师指示从一个概念到另一个概念的方法。赫尔巴特认为只有通过积极的思维活动，认识才能把握事物的实质。他以多方面兴趣的培养为主线构成了一个连续而广阔的课程体系，制定了与统觉过程相对应的教学步骤。可以说，赫尔巴特的见解是深刻而独到的，在一定程度上弥补了单纯强调感觉活动的不足。

综上，在文艺复兴这一时期，活动教学思想初步形成，并进行了早期的实验尝试。卢梭最先洞察到传统文字教育所导致的流弊和危险，第一次自觉而全面地论述了活动教学的理论前提、内容和方法，使活动教学达到自觉自为水平。活动教学的理性成分日益增多。早期的活动教学观点和实践较为强调外显的感觉活动和直接经验的获得，如裴斯泰洛齐和福禄贝尔都强调外部感官活动的作用。后期的活动教学思想开始重视内部的理智活动，重视思考在活动教学过程中的作用，如赫尔巴特拓展了活动教学的概念。

3. 形成发展期

19世纪末20世纪初，科学技术迅猛发展，垄断资本在欧美主要资本主义国家先后取得统治地位，社会生产与生活急骤变化，以赫尔巴特及其学生为代表的传统教育概念和方式难以适应时代发展的需要，教育革新势在必行。在欧洲，20 世纪初叶大批“新学校”雨后春笋般地建立起来，并迅速形成了“新教育运动”，其中意大利教育家蒙台梭利的成就尤为卓著。蒙台梭利批判了传统学校教育和家庭教育的种种错误，坚信儿童内在的生命潜力，重视儿童的自发活动，实施以感官训练和肌肉练习为主的活动教学。根据儿童不同发展阶段感官敏感性的差异，她设计了一整套训练教材、教具，分别对儿童的触觉、视觉、听觉、味觉、嗅觉进行专门训练，促进了现代幼儿教育理论和方法的发展。

在美国，以杜威为代表的近代实用主义教育家极大地推动了活动教学思想的发展。在课程和教材方面，杜威强烈反对由既有知识组成的学科课程，他提出课程的核心应当是各种形式的活动作业，主张活动课程。他摒弃了裴斯泰洛齐的实物和福禄贝尔的恩物，取而代之的是来自社会的、学生早已熟悉的日常家务、工业活动，如烹调、缝纫、木工、金工、园艺、表演等，使学校成为雏形的社会。杜威在芝加哥大学实验学校中设置了工厂、商店、实验室，以减少学校与社会的隔阂，加强教育与生活的联系。在教学方法上，他反对教师对学生的灌输式教育，主张通过活动进行教学，提出了“做中学”的方法论原则，即通过“做”“实践”“主动作业”改造和改组儿童的经验。

在苏联，1918 年提出了建立“统一劳动学校”的主张，强调教学以劳动为基础，要求“各门学科应当贯彻通过劳动来掌握的方法”。20 世纪 70 年代中期，苏霍姆林斯基以马克思主义关于人的全面发展学说为理论基础，进行了和谐发展教育改革实验。他以教学体制改革为突破口，在帕夫雷什中学实施了上午进行系统知识讲授的课堂教学，下午开展以学生兴趣扩展为中心的课外活动的新体制，强调学生活动的积极性和个性的培养。

随着心理科学的发展，瑞士心理学家皮亚杰提出“发生认识论”，这为活动教学理论的发展提供了较为充分的认识论依据。他指出“认识既不是起因于一个有自我意识的主体，也不是起因于业已形成的（从主体的角度来看）会把自己烙印在主体之上的客体；认识起因于主客体之间的相互作用”。这里所说的“主客体之间的相互作用”，在教学过程中，指的就是学生对客体的活动。他认为活动既是认知的源泉，又是思维发展的基础，儿童思维的发展完全是儿童一系列不同水平活动内化的结果。皮亚杰的学说建立了活动教学法的心理学基础。

从现代活动教学的发展来看，活动教学与授受教学从根本对立走向互为补充。活动教学开始建立在多种理论基础之上，随着思想日渐丰富，形成不同的理论特色。学者们从多种角度探讨了活动教学问题，初步形成了不同特色的活动教学理论。例如，杜威从经验主义、工具主义哲学阐述活动教学思想；皮亚杰从发生认识论角度论证“活动教学法”；苏联教育家则以马克思主义哲学活动理论与人的全面发展学说为指南阐发、实施活动教学。

活动教学中的理性因素得到进一步强调。尽管众多的活动教学包含大量的参观考察、动手操作等实践感性活动，然而并不以此为目的，思维在活动中的作用、地位日益受到普遍的关注，并成为活动教学着力追求的核心目标。而作为一种与学科课程相对独立的课程形态——活动课程在现代的确立、完善，推动了活动教学的发展，活动教学则成为实施活动课程的重要手段。活动课程与活动教学相互激励，促进了活动教学在现代的迅速发展。

二、我国活动教学发展历程

1. 我国活动教学思想的起源

自儒学创立以来，知行合一就是其重要特点。孔、孟、荀抑或是宋明诸儒，都非常注重知与行的统一。儒家的“知行统一观”以及后来不断发展的“知行学说”，是我国活动教学思想的本源。

孔子一再强调“人而不仁如礼何”，就是强调礼的坚守必须有内在的仁心基础，这就是仁心之知与礼之行的合一。夫子之道“一以贯之”，这个一以贯之之道“忠恕而已矣”。“忠”就是忠于自己内心的天理、良知，忠于自己的仁心本性。“忠”本身就是一个知行合一的过程，它既是“知”也是此“知”之行的外在表现。“恕”是“忠”的扩展和深化，是施诸于他人时自己仁心本性的发用流行，也是一个“知行合一”的过程。

荀子也强调感性认识和“行”在认识过程中的地位和作用，同时也十分重视由“闻”“见”向“知”的上升和由“知”向“行”的转化。荀子主张身体力行：“学至于行之而止矣，行之，明也”；在《中庸》中提出“博学之、审问之、慎思之、明辨之、笃行之”，将“行”作为学习过程中的一个重要环节。

明代思想家王阳明将“知行合一”作为一个重要思想提出，“知”与“行”既然要“合一”，可见它们本身是两个不同的事物。王阳明反对朱子学者“知行相须”的主张，认为知行之间的关系不是简单的由此及彼。他坚持“知行不可分作两事”(《王阳明全集・语录一》)，但这并不是让“知”和“行”两个元素机械合并，而是主张两者应该互相依存，彼此共同构成周而复始并有所提升的完整认知结构。在这个结构中，一方面，“知者行之始，行者知之成”，知和行之间既存在因果关系，也相辅而成。另一方面，“学、问、思、辨、行”的过程，并不是王阳明所说“知行合一”的全部。他主张“知是心之本体”，由心发动，开启了意识活动与实践活动。因此，在王阳明看来，知也是行的一种；在知之后，当然还要有行动上的结果，同时开启一个新的问学与实践周期。也就是说，在本然状态下，知和行是紧密联系在一起的。

2. 我国现代活动教学理论的形成和发展

在杜威教育思想及其他思潮的影响下，我国在 20 世纪二三十年代开始了真正意义上的活动教学研究和实践。其中，杜威的学生陶行知、陈鹤琴的研究影响最大。

陶行知改造了杜威的理论，使它更适合中国的状况，提出了生活教育理论，倡导“生活即教育”“社会即学校”的大教育观和“教学做合一”的思想。陶行知特别重视生活教育的作用，他把生活教育当作改造中国教育和社会的唯一出路。在陶行知看来，有了生活教育就能突破“死读书、读死书、读书死”的传统旧教育；有了生活教育就能“随手抓来都是学问，都是本领”；接受了生活教育就能“增加自己的知识，增加自己的力量，增加自己的信仰”。陶行知不把生活教育当作衡量教育、学校、书本甚至一切的标准。他说：“没有生活做中心的教育是死教育。没有生活做中心的学校是死学校。没有生活做中心的书本是死书本。在死教育、死学校、死书本里鬼混的人是死人。”

生活教育理论在反对传统的旧教育上具有一定的积极意义，它揭露并批评了旧教育存在的问题，同时提出了解决问题的具体办法，在当时的环境下，对普及识字教育、扫除文盲等很多方面是适应的。如陶行知提出“教学做合一”，要求“教”与“学”同“做”结合起来，同实际的生活活动结合起来，这对教师提出了新的要求。要求教师尊重学生，注意教学之外的生活，指导学生在实际的活动中学好本领，培养他们的生活能力。从这个意义上讲，对当时教学方法的改革有积极作用，对我们现在的教学方式也有启发之处。

1940 年，杜威的另一位学生陈鹤琴在江西泰和文江村的荒山上创办了我国第一所公立的幼稚师范学校，同时提出“活教育”思想。“活教育”教学方法有一个基本的原则就是“做中教，做中学，做中求进步”。这一原则脱胎于杜威当年在芝加哥主张的“做中学”(learning by doing)，但比杜威的主张更进了一步。不但要在“做中学”，还要在“做中教”；不但要在“做”中教与学，还要不断地在“做”中争取进步。

陶行知和陈鹤琴的这些思想推动了我国活动教学思想的发展。

20 世纪 90 年代初，国家教育委员会颁布了《九年义务教育全日制小学、初级中学课程计划（试行）》（1992），正式将活动课程纳入九年义务教育课程计划，活动及其在人的发展中的作用得到了应有的重视，并引发了课程结构的改革。进入 21 世纪，新一轮基础教育课程改革的推进拓展了活动学习的空间和实施方式，加速了活动学习的实践进程，研究性学习、参与性学习、考察性学习、体验性学习等被纳入活动学习的范畴，活动学习的内涵得以扩展、丰富、深化，活动学习的品质得到改造。

3. 我国当代活动教学研究现状

21 世纪以来，活动教学的研究和实验在我国教育界蓬勃发展，研究成果非常丰富，涉及活动教学的作用和类型、设计和实施等多个方面。

在活动教学的作用和类型方面，张曦姗、王桂云等（2016）以新加坡高中华裔学生作为实验对象，探讨了一套以活动教学理论模式为基础的活动课教学流程与策略。她们认为融入活动的主题单元教学摒弃以往的随机、随性、单向的教学，教学内容是有系统的，每一个教学环节是相互补充、衔接，融为一体的。并且课堂气氛更为活跃，从外显到内隐的每一个教学活动都必须学生自己动手、动口、动脑。所有的活动都精心设计，不是机械添加或盲目布置，侧重让学生将自己的经验在学习中与新知识发生碰撞，再产生新的知识与学习点①。

罗艳伟（2022）基于第三代活动理论对混合式教学的活动进行了设计，认为活动理论强调活动的系统性，它是一个开放的有机整体，强调活动的各个要素与外部环境的相互作用，尤其是活动主体通过工具中介与外部环境的间接作用，即工具中介将活动结构中的主体与客体相互联系，促进二者之间的交互，从而促进学习者的发展，这对混合学习活动设计框架起到了导向作用②。

冯宝鑫、黄丽媛（2021）针对信息社会背景下“社交媒体分享行为”这一活动探讨其对大学生英语学习的促进作用，认为活动理论有助于指出人们如何与技术交互，有助于激发和维持人们的学习动机，提升语言自信，并通过构建良

---

① 张曦姗，王桂云，马筠慧. 21 世纪教育新思维：翻转课堂——以新加坡文学教材《旅夜书怀》为例［C］. 第十届中文教学现代化国际研讨会，2016.

② 罗艳伟. 基于第三代活动理论的混合学习活动设计研究［J］. 科技风，2022（2）：36-38.

好的反馈环境，为学习者坚持英语学习创建了监督机制①。

在活动教学的设计和实施方面，王旭(2015)提出在课堂活动设计中应考虑语言、智力、情感因素，并结合主体性、系统性、创新性等原则，让学生在有效的课堂活动中提高语言交际能力②。

彭小明、刘碧燕(2012)认为活动教学模式的步骤可分为四个阶段：设计准备—开展实施—成果展示—评价反思。并且活动教学由于活动形式的丰富性，其教学方式方法也多种多样。例如有问题—解决式、课题—研讨式、话题—对话式、专题—创作式等③。

第二节　活动教学概述

一、活动教学的概念和特点

(一)活动教学的概念

要明确活动教学的含义，首先就要弄清楚什么是活动。对活动教学中的活动应用范畴，有广义和狭义两种观点。

狭义的观点认为，活动教学中的活动除具有活动的一般特性外，主要指的是外显的活动，即学生的操作活动、言语交流活动和感知活动等。强调外显活动主要是针对传统教学里过分夸大内隐的、观念的活动，忽视了学生实践的、感性的和操作的活动，学生自主参与的活动少的情况。以增加学生动手、动脑、动口的机会，积极参与，促进内外活动及时转化。

广义的观点认为，作为活动的两个层面，不能过分强调外显活动与内隐活动的区别，而忽视二者的统一性。感性活动内化为观念活动，观念活动外显为感性活动，是一个双向的过程，过分强调某一方面都是不恰当的。传统教学的最大弊病在于，没有把教学认识、教学发展作为一个有结构的、能动的过程加

① 冯宝鑫，黄丽媛. 社交媒体分享行为对移动端英语学习的促进作用——基于活动理论的实证研究[J]. 中国教育信息化(基础教育)，2021(16)：59-65.

② 王旭. 浅谈活动教学在大学英语课堂中的实施[J]. 湖北函授大学学报，2015(3)：168-169.

③ 彭小明，刘碧燕. 论活动教学模式的构建[J]. 社会科学战线，2012(1)：270-272.

以研究，忽视了教学中的实践活动在学生认识发展中的作用，而活动教学中的命题正是注重了活动在学生成长发展中的作用。

以上观点尽管视角、立意不同，但都形成了“活动教学意义上的活动是将学生置于主体地位，由学生自主参与、积极探索的活动”这样一个共识。

因此，活动教学的概念可界定为：在学校、课堂环境下，以“课堂活动”为载体，通过学生的积极参与和实践从而实现特定教育、教学目标的教学组织形式（姜丽萍，2014）[①]。

（二）活动教学的特点

活动教学既是一种教学观，也是一种教学模式，它具有以下特点。

1. 整体性

活动教学模式作为一个完整的结构，是由一定的活动思想、活动目标、活动内容、活动策略、活动程序等要素构成的统一整体。因此，在具体运用这一模式时必须对其进行整体把握，也就是既要透彻了解其理论特性，又要切实掌握其实践操作方法，否则就难以按活动教学模式来进行教学。

2. 操作性

活动教学模式是一种操作性较强的具体化教学活动范型，它把某种教学理论或活动方式以简化的形式反映出来，为教学过程提供了一个系统化、程序化、可操作的活动规范。

3. 指向性

活动教学作为一种教学模式，具有指向性特点。所谓教学模式的指向性，是指任何一个教学模式的设计总是指向一定的教学主题和教学目标。活动教学模式指向的是某一活动性主题和活动性目标。

4. 稳定性

活动教学模式不是个别教学过程中的活动现象，即它不是随意产生的，而是从大量活动教学经验和活动教学实践中提炼出来的，并进行了高度的理论抽象与概括。因而这种教学模式一旦形成，其基本结构在一定时期内便具有相对稳定性。但这并不否认它在一定条件下的完善与发展。

---

① 姜丽萍，李俊芬. 课堂活动设计指南[M]. 北京：北京语言大学出版社，2014：3-4.

二、活动教学的实现条件

(一)学生的主体地位得以确立

活动教学理论认为，活动教学中的活动是以学生为主体的活动，是学生这一主体自觉的、自在的、主动的活动。

这里蕴含着这样两个事实：一是活动教学中存在着师生共同对待的“活动域”，这是活动教学的品性与根本；二是学生是这个活动域中的“自为”活动者，而不再是“自在”活动者。因此，确立学生在活动中的主体地位，便成为建构活动教学模式的重要前提。

确立学生在探究活动中的主体地位，它可使学生在探究活动中积极地进行自主探究；确立学生在交往活动中的主体地位，它可使学生在交往活动中主动地进行多方交往；确立学生在体验活动中的主体地位，它可使学生根据自己的需要、价值取向、认知结构、情感状态等进行过程性体验。

(二)学生的活动时空得以保证

学生在活动教学中的有效活动是在一定的时间和空间范围内进行的，因而，教师必须留给学生足够的参与活动过程的时间和空间，以此来确保学生活动的有效进行。

从时间来说，课堂上的活动时间实际上既属于教师也属于学生，而这一时间又是有限的。因此，教师必须把更多的活动时间让位于学生，由学生有条件地自主支配。从空间来说，学生活动的场所、教学形式的结构、教学组织的展开、师生关系的距离、学习小组的组建、参与活动的机会等，都是学生参与活动的空间，它已成为开展活动教学的重要支撑。

(三)学生的活动资源得以开发

活动资源是学生参与活动所需要的各种要素与条件。活动资源的种类繁多、形式多样，有素材性的活动资源、条件性的活动资源、实物性的活动资源、思想性的活动资源、网络性的活动资源、情境性的活动资源等。

对活动教学来说，大量丰富的、具有开放性的活动资源是活动得以进行的前提。它能调动学生的活动意识，激发学生的活动兴趣，从而使学生全身心地投入到课堂活动之中。因而，对这些活动资源进行有效开发就显得尤为重要。而要使这些活动资源得以有效开发，教师就必须把握这些活动资源的基本状况，建立这些活动资源的检索系统，确立这些活动资源的筛选机制。

（四）学生的活动过程得以指导

活动教学理念虽然倡导学生在教学过程中的自主性活动、独立性活动、创造性活动，但这并不是放任学生自由活动，而是主张学生的活动要在教师指导下进行。其实，学生在教学过程中的任何活动要想获得成功和取得实效，都离不开教师恰当而适时的指导，因为唯有教师的指导才有明确的活动方向，才有恰当的活动路径，才有顺畅的活动过程，才有有效的活动结果。这说明教师的指导是活动教学顺利进行的重要保障。教师对学生活动过程的指导主要表现为对学生参与活动的启发、激励、组织、引领、协调等。

三、活动教学的价值

（一）活动教学有助于培养学生自主探究精神，彰显学生的主体性

活动教学理论给我们的一个重要启示：要注重学生的自主发现和探究，使学生成为教学活动的主人，充分彰显学生的主体性。发现、探究是人与生俱来的本能，应该得到我们的重视、尊重和引导，使它成为学生活动的动力和源泉。教师的任务就是激发学生的好奇心和探究欲，推动学生自己去发现、探究知识，并在接触和研究各种事物及参与各种活动中去获得知识，而不是接受现成的知识结论。

教师应该让教学成为学生自主发现、探究和体验的过程。知识的获得应是学生自己在接触自然界的各种事物时和在实际生活中自主发现与探究的结果，这样获得的知识才印象深刻、记忆牢固。不仅如此，这一过程还能使学生的自主性、创造性得到充分彰显。

因此，教学重要的不是让学生掌握各种各样的知识，而是通过创设各种问题情境，引导学生独立地去发现问题和解决问题，培养学生爱好学问和敢于质疑问难的精神，并在此基础上教给学生探究学问的方法，培养学生的创造精神和实践能力。

(二)活动教学有助于关注和回归学生的生活世界

在传统教学中，无论是教学目标的确定还是课程内容和方法的选择，抑或是教学的评价，都是围绕知识的掌握和学生理智的发展而展开的，这导致传统教学呈现出一个鲜明特征，即严重背离学生的生活世界，忽视学生已有的经验。具体体现为：在教学的目标上，过分注重学生知识目标的发展，重视学生对知识的记忆、理解与运用的考察，忽视对学生情感、态度和价值观的培养；在教学内容上，以枯燥的理论知识为主，忽视学生鲜活的具体经验；在教学方法上，以死记硬背、机械灌输为主，忽视学生的实践；在教学评价上，过分重视对学生学习结果的评价，忽视学生在生活世界学习的过程。因此，关注和回归学生的生活世界，已成为教学理论发展的必然趋势。

相对于传统教学理论，西方自然主义教育家活动教学理论的一个突出特点便是关注学生的"原初经验"，要求教学回归学生的生活世界。卢梭认为，儿童期是"理性的睡眠期"，这个时期的儿童应以经验学习为主，以周围世界为唯一课本，要求儿童从活动中、从感知世界中学习。杜威认为，教育就是经验的不断改造，其意义就是经验的增加。他在《经验与教育》中明确指出："盖学习即经验，经验即学习，学习、经验固不可分而观也。""盖根据学生经验，乃谓之自动教育、直接教育，而非机械教育、被动教育也。"[①]卢梭和杜威之所以要强调学习者经验的重要价值，是因为经验与学习是不可分离的，学习者的经验永远是教学的"源头活水"。因此，教师应关注学习者的生活世界，教学应回归学习者的生活世界。唯有如此，教学才能贴近学生，引起学生的共鸣，才能提升有效性，切实促进学生身心的全面发展。

(三)活动教学有助于促进学生整体素质的发展

活动教学提出了"以活动促发展"的理念，让学生全身心地投入活动之中，在活动中促进学生的各种素质的发展。这一过程既包含了理性因素的投入，也包含了非理性因素的投入，既有知识、能力的发展，也有情感、态度、价值观的形成。学生的个性、需要、兴趣得到了极大的释放和满足，精神世界得到了极大的丰富。在活动教学中，学生既要动脑思考，又要动手操作，还需要亲自观

---

① 杜威.经验与教育[M].盛群力，译.北京：中国轻工业出版社，2016：55-60.

察和体验，多种感官参与其中，多种学习方式（如发现学习、探究学习、合作学习、交往学习、创造性学习等）并存，有助于发展学生的多种素质。

此外，活动的完整性也是学生素质整体发展的重要保障。完整的活动既包括外部活动，又包括内部活动。前者指向学生的感知、观察、操作、言语、交往等活动；后者指向学生的心理活动，如认识活动、情感活动和意志活动等。这两种活动交织在一起，共同促进学生整体素质的发展。

第三节　活动教学与国际中文教育

一、国际中文教育教学法变革

（一）国际中文教育教学法的发展历史

1. 20 世纪 20 年代后的对外汉语教学法

汉语作为第二语言教学的历史可以追溯到 20 世纪 20 年代。早在 1925 年，上海商务印书馆就出版了赵元任为外国人学习中国语言（国语）而著的《国语留声机教程》（*A Phonograph Course in Chinese National Language*）。这可以看作现代汉语作为第二语言教学的开端。1922 年至 1924 年赵元任在哈佛任教时，曾提出教外国人国语应贯彻“目见不如耳闻”“耳闻不如口读”的主张。1938 年，赵元任在夏威夷大学再一次教西方人学汉语，认为“语言学习是一种技术训练，而不是单纯的知识学习”（赵新娜、黄培云，1998）。这种观点显示出，在汉语教学中，已将语言知识的传授转换成学习者语言技能的训练。

2. 20 世纪 40 年代的对外汉语教学法

1943 年 8 月到 1944 年 12 月赵元任在哈佛大学办了两期汉语训练班，每期 10 个月。汉语训练班每天只有 1 小时用英语讲解汉语语言结构，其余时间或小班练习，或听录音，想方设法让学生与所学语言多接触。教学效果令人满意：因为注重口语教学，所以，“在半年中所有学生虽然有好的有次的，但都能说很好的中国话”（杨步伟，1998）[①]。

赵金铭（2010）认为，这一时期的汉语作为外语教学，从教学法的层面上

① 杨步伟. 杂记赵家[M]. 沈阳：辽宁教育出版社，1998：340-341.

看，已呈现出一种综合教学法的倾向，或称雏形。教学法呈现多种方法的综合，即主要是语法翻译法、直接法、听说法和功能法的综合；汉语要素教学的综合，即语音、词汇、语法、汉字在教学中融会贯通；语言技能综合训练，汉语听、说、读、写、译兼顾①。

3. 20世纪50年代的对外汉语教学法

中华人民共和国成立后的对外汉语教学肇始于清华大学，1950年开班时由邓懿担任汉语教师。这个时期的汉语教学，既使用翻译法，也采取直接法和听说法来进行训练。可见，20世纪50年代的对外汉语教学法不是单一的教学法，而是延续了40年代盛行的综合汉语教学法。

4. 20世纪60年代的对外汉语教学法

1965年，钟梫在十五年教学总结中，将我们的教学法概括为“相对直接法”，即在吸收直接法的同时，不排除翻译法的某些环节，如生词翻译，适当地用外语指点一下语法。李培元把这个时期的对外汉语教学法概括为“综合法”，他还总结了这一时期及此前所用的“综合法”的特点，主要体现在以下三个方面：

在教学指导思想上明确了要博采各派教学法的长处；课程设置上，基础阶段只开一门融语音、语法、词汇为一体的综合课；基础阶段实行听、说、读、写综合训练，不分技能训练(李培元，1987)②。

5. 20世纪七八十年代的对外汉语教学法

20世纪70年代，我国对外汉语教学引进了句型教学法，但还是保留了一些传统的做法，整体上看，李培元所说的三个特点一直存在。

20世纪80年代以后，提出了“结构-功能”相结合的原则以及“交际性原则”，其中，功能法的一些教学原则被广泛使用，综合法的统一局面也被打破。一些学者也开始主张分技能训练，并在教学中付诸实施。此时，仍然保留传统的教学方法和句型教学法，还体现着浓厚的博采众长的特点，教学法呈现多元化。

从近几十年的情况来看，西方语言教学法的主流是以功能为纲的交际法，

---

① 赵金铭. 对外汉语教学法回视与再认识[J]. 世界汉语教学，2010(2)：243-254.

② 李培元. 五六十年代对外汉语教学的主要特点[C]//第二届国际汉语教学讨论会论文选. 北京：世界汉语教学学会，1987.

后又有重现结构、回归语法的趋势，并逐渐走向综合。注重语言结构教学也得到广泛的认可。在世界第二语言教学的潮流中，对外汉语教学法总体上是以结构为中心的综合法，并一直处于主流地位，且不断完善。

（二）国际中文教育教学法的现状

从语言教学法的发展历程来看，不同的时期有不同的教学法侧重，每一种教学法均有自己的特色，在某一个时期成为主流。然而任何一种教学法都不能从始至终贯彻于整个语言教学过程之中。也就是说，不能一以贯之，很难单一地使用一种教学方法而达到终极的教学目的。

使用教学法是为了达到教学目的。目的应该明确，而手段可以选择。凡是可以达到教学目的的方法和手段都可以用，也应该用。不能为教学法而采用教学法，更不能只为了教学法体系的完整性而拒绝别的教学法的长处。由于教学规律的复杂性和教学类型的多样性，教学法也应该具有多样性。我国的对外汉语教学从一开始就博采众长，教学实践证明这样做是符合对外汉语教学实际的。

二、国际中文教育教学法的发展趋势

纵观国际中文教育教学法的发展历史，国际中文教育除了要满足一般教学法原则的要求外，应更注重突出以下特点和趋势。

1. 国际中文教育教学法应结合汉语语言特点进行研究和探索创新

汉语既有与其他语言共有的共性，更有其独特的特点。汉语被公认的特点是“汉语是有声调的分析型语言，书写形式是方块字，汉语语法又有一些独特之处，所以，母语是没有声调的、以拼音为书写形式的屈折语言的学生对汉语感到特别陌生，这就要求更加讲究教学方法”①。

赵金铭（2014）提出“听说领先、读写跟上；妈麻马骂，汤糖躺烫；字不离词、词不离句；整体识字、先认后写；结构组块、词组本位、精讲多练”的教学理念，将依附于汉语的语言教学法串联起来，由此构成汉语作为第二语言教学法的基本思路②。

---

① 中国大百科全书．语言文字［M］．北京：中国大百科全书出版社，1988：60.

② 赵金铭．附丽于特定语言的语言教学法［J］．世界汉语教学，2014（6）：554-565.

2. 充分认识并把握第二语言教学法向综合性发展的趋势

近几年来，在世界范围内，汉语作为外语教学的一种，在教学法层面，情况发生了一些变化。大多数教师认为，遵循教学法原则，融会各种教学法，因人、因地并结合自身特点，是选取何种教学法的出发点。大致情况是："在遵循外语教学原则的前提下，演绎法、归纳法同用，机械性练习、有意义练习、交际性练习并举，翻译法、直接法、听说法、交际法共存"（印京华，2005）①。

汉语综合教学法是在全面深刻地认识第二语言教学的本质和特点的基础上，把一些有影响的教学法中的某些理论和原则抽出来，按照语言教学的优化组合规则重新组织，并结合所教语言——汉语的特点，特别是汉字的特点，注入新的成分之后，所生成的带有新质成分的教学法体系。汉语综合教学以语言结构为纲，结合情景教学，大致接近 3P 教学法（讲、练、用）：讲解语法结构、句型操练、表达运用。提倡精讲多练，综合训练语言技能（赵金铭，2010）。

世界语言教学法发展趋势是，逐渐回归语言本体，并在方法上走向综合。认可我们自己行之有效的汉语综合教学法，从理论和实践上总结汉语综合教学法，珍惜这种在实践中广为使用的汉语教学法，守住自我，不追赶时髦，不轻易放弃，同时，也要不断改革创新，使汉语综合教学法更加完善。

三、国际中文教育教学法目前存在的主要问题

根据国际中文教育教学发展形势和特点的客观要求，加快国际中文教育教学各要素、环节的研究开发步伐，是目前面临的重大理论和实践课题。其中，课堂教学法的研究是重要内容之一。

（一）"教师、教材、教法"三瓶颈问题突出

在三瓶颈问题中，教师、教材属于"硬件"，更多地表现为数量和质量的问题，而教法则是"软件"，更多地表现为效率、效果问题。教材和教法是教师的最主要的装备，教法则是教师综合素养的集中体现。

（二）教学法与培养综合语言应用能力的适配问题

世界第二语言教学的发展，从传统法到现代语言教学法，再到后方法时代

① 印京华. 近五年美国汉语教学状况与发展趋势[J]. 国际汉语教学动态与研究，2005(1)：26-41.

的语言教学法，反映了人们对语言本质的认识以及对心理学、教育学的深入理解，最关键的是对第二语言、外语教学理念、路径的不同认识。其中，语言教学的终极目标不是掌握“语言本身”而是“获取综合语言应用能力”这一认识是主流。当然，能力的形成离不开语言形式(包括知识、技能)的教学，但必须厘清什么是目标、什么是手段，应紧紧围绕能力目标导向正确处理结构、功能、文化等关系，形成以综合语言运用能力为中心的、多维度的、模块化的教学思路。

(三)缺乏基于汉语特点、反映时代要求、相对统一稳定的国际汉语教学法主流模式

任何一种语言教学法都是依据一定的语言观而设计，都是为了学习某种特定的语言而创建。任何一种语言教学法都有严格的限定，都要严格控制可变因素。故任何一种语言教学法都有其可取之处，都有其优势，但也总有其不适应性，当其走向极端，就会显现其短板。一种语言教学法最适合哪种学习者群体，最适合在什么样的教学环境中使用，在教什么样的语言内容时最有用，都在实践中得到了验证。也就是说，各种教学法所适用的范围越来越清晰。

“汉语教学，包括‘对外汉语教学’，应该借鉴国外的先进教学法，取其精华，为我所用；可是，一不能忘记汉语本身的特点，二不能忽略中国传统语文教学千百年经验的合理成分，三不能忽视国外某些教学法一方面显示其优越性另一方面却也暴露出一些严重问题的这种缺陷。”(张清常，1990)

赵金铭(2014)认为“语言教学法必附丽于特定的语言，才能成为真正的语言教学法。皮之不存，毛将焉附”。脱离了具体语言，一味地强调教学方法与技法，难免空泛。技法逾量，则走入极端。

四、活动教学法在国际中文教育课堂教学中应用的价值

根据国际中文教育的发展趋势和海外汉语教学的实际需要，我们认为将活动教学引入国际中文教育是适时的，是符合第二语言教学发展趋势的。

(一)活动教学可以有效促进学习者汉语交际能力的发展

第二语言教学的最终目的是培养学习者用目的语进行交际的能力。汉语教学的主要任务就是以语言技能和交际技能训练为中心，以培养学生的汉语交际

能力为目的。课堂活动通过创设接近真实的情境，给学生提供使用目的语进行交际的机会，激发学生的表达欲望，从而有效地促进目的语交际能力的提高。

在课堂活动中，学生们很容易产生与他人交流的需求，这使得用目的语表达的动力较强。并且，由于活动形式开放灵活，气氛轻松愉悦，也降低了学生的焦虑感和紧张感，培养了他们的自信，激发了他们的参与热情，这对提高他们的目的语表达能力都是非常有帮助的。不仅如此，如果教师设计的活动需合作完成，学生之间的互助合作还可以帮助他们共同提高。

(二) 活动教学基本理念契合国际中文教育培养综合语言运用能力为导向的教学目标

汉语作为第二语言教学的终极目标，是培养学习者具有在现实生活中自由运用汉语进行交际的能力。除此之外，关注与培养综合语言运用能力相关的各种因素也是十分必要的。综合语言运用能力的形成是建立在学生语言技能、语言知识、情感态度、学习策略和文化意识等素质整体发展的基础上的。语言知识和语言技能是综合语言运用能力的基础，文化意识是得体运用语言的保证，情感态度是影响学生学习和发展的重要因素，学习策略是提高学习效率、发展自主学习能力的保证(赵金铭，2019)①。

课堂活动是一种师生共同参与的具有特定目的的实践活动，它以教师为主导，以学生为主体。学生根据教师设计的活动任务，通过自主探究、积极参与、分工合作等方式，不断积累经验，巩固所学知识。学生在完成语言活动的过程中，既巩固了语言知识和语言技能，又运用了语言知识和技能，在此基础上通过师生、生生的交流互动完成跨文化的交流，培养得体交流的文化意识，并培养学生主动参与学习的能力。

(三) 活动教学可以丰富汉语课堂教学方法，进一步完善和发展汉语综合教学法

在语音、词汇、语法等教学内容中恰当地穿插各种语言活动，将会使教学和操练方式更加灵活多变、充满趣味。在教师的设计、组织、调动、示范和指导下，通过游戏、比赛、表演等多种活动形式构建场景，发挥学生的主观能动

① 赵金铭. 对外汉语教学概论(修订本)[M]. 北京：商务印书馆，2019：133-134.

性来操练功能项目，从而有效地达到教学目标。活动教学是在遵循外语教学原则的前提下，演绎法、归纳法同用；机械性练习、有意义练习、交际性练习并举；翻译法、直接法、听说法、认知法共存；交际法、任务型教学法共用等。以“任务”和“活动”为教学载体，构建活动教学法体系，这能进一步显示出鲜明的“综合运用、灵活运用”的特性。

（四）活动教学中的活动设计具有可操作性和推广性，有益于汉语在海内外的推广

课堂活动过程中，活动具有真实的语料和经过精心设计的仿真情境，可以为学生提供自然的交流机会，帮助学生学会真实、得体的表达。课堂活动除了语言游戏，还有语言实践活动。语言学习的课堂不仅在教室里，也在广大的社会空间里。比如，让学生去寻找某一街道、用汉语制作旅行手册或写日记、去社区做采访和调查等都是语言实践的好方法。这样的活动可以在最大程度上为海内外的汉语教师运用和推广。

五、国际中文教育中课堂活动的相关概念

明确界定“课堂活动”，首先要区分三个概念：教学活动、语言游戏活动及课堂活动。教学活动是指人的一种特殊活动，它实质上是教师组织、引导学生主动作用于教学内容的过程及其方式，包括导入、讲解、问答、练习、对话、阅读、课堂活动等教学环节。它具有一般活动的内涵。它存在于教师、学生、教学内容之间复杂的相互作用和关系（黄甫全、王本陆，2003）[①]。我们可以说，教学活动是课堂上所有教学行为的总称。

而课堂活动不同于一般的教学活动，也不等同于单纯的游戏或练习。课堂活动的定义有广义和狭义之分。广义的课堂活动是指教学活动，即课堂教学中教师和学生为实现特定的教学目标而开展的所有活动。狭义的课堂活动指为达到教学目标，由教师设计并在课堂上实施、师生共同参与、有特定内容和形式的实践活动。通过对教学实践的观察和总结，“课堂活动”可概括为两个层面的内容：一是指课堂语言游戏，如“击鼓传花、抢拍词语、抢椅子、大转盘”等；二是指为了实现语言教学目标而设计的各种任务式的语言实践活动，如让学生制

① 黄甫全，王本陆. 现代教学论学程（修订版）[M]. 北京：教育科学出版社，2003.

作汉语海报、制作汉语贺卡、共同录制汉语 DVD、用汉语采访等（王巍，2012）[①]。我们这里所说的“课堂活动”是狭义的概念。

六、课堂活动与国际中文教育教学理念的关系

（一）国际中文教育教学理念的发展

《现代汉语词典》把“理念”解释为“思想；观念”。什么是“思想”？“客观存在反映在人的意识中经过思维活动而产生的结果”就是思想。这样说来教学理念基本上就是我们所熟悉的教学思想或教学观念。

我国的对外汉语教学创建伊始就确立了自己的教学理念。20 世纪五六十年代的对外汉语教学理念是十分明确的，并且已经体现了交际语言教学法的某些合理内涵。如强调对外汉语教学是实践汉语教学，提出“实践性”的教学原则，主张“精讲多练”。课堂教学与教材编写使用“相对直接法”，即在反复、大量操练的基础上，引导学生总结语言规律，控制使用外语。

到 20 世纪 70 年代末，初步形成一个以结构（句型）为纲兼顾传统教法的综合教学法，此后又演变为“结构-功能教学法”，并向着“结构-功能-文化”相结合的教学路子摸索前行。80 年代初期，在探讨综合教学法的同时，加强对单项语言技能的训练，实现了分技能语言教学，并主张用不同的方法训练不同的技能，使得“小四门”的教学发展到相当高的水平，明确了培养语言交际能力是汉语作为第二语言/外语教学的根本目标。进入 90 年代，开始引进学习理论研究，主张在研究“怎样教”的同时更应该研究“怎样学”，提出“教师为主导、学生为主体”的见解。

我们一向认为，不管是母语教学还是第二语言教学，或是外语教学，彼此皆有相通之处。除各自具有的个性之外，在教学观念上应有可以互为借鉴的共性。这样，我们就可以比照国内的英语教学，反思我们的汉语作为第二语言/外语教学在教学理念上是否可以除旧布新，拓展我们的思维，开阔我们的视野，寻求汉语作为第二语言教学的新突破。

赵金铭（2007）提出：汉语作为第二语言/外语教学的目标应该是培养综合语

---

① 王巍. 对外汉语教学中的课堂活动设计[J]. 教育理论与实践，2012（24）：55-57.

言运用能力的教学理念；汉语教学的主旨由“学以致用”开始注重“用中学”“做中学”的活动教学的思路；汉语学习提倡协商方式，适当采用“合作学习”的办法。

(二)对综合语言应用能力的理解

乔姆斯基曾区分“语言能力”和“语言行为”。语言能力大致指人具有的识别、理解语言的能力和生成合乎规则的语言的能力，而语言行为是语言能力的表现。

其后，社会语言学家海姆斯提出“交际能力”包括四个因素：语法的正确性，语言的可行性、得体性和可接受性。最后是应用语言学家巴赫曼在90年代初提出的“交际语言能力”，它把语言知识和语言使用的场景特征结合起来，是一种创造并解释意义的能力。它由三部分构成：语言能力、策略能力和心理、生理机制。语言能力由语言组织能力和语用能力构成；策略能力指在交际时运用语言知识的心理能力；心理、生理机制指运用语言交际时所牵扯到的神经和心理过程。

目前，国际中文教育面临复杂多样的国际环境，汉语国际推广已呈现出从专业化日益走向大众化、普及型、应用型的发展趋势。现代世界以经济全球化为动力，带动各领域都在发生巨大的变化，全人类共同体正在形成。作为交流互动的基本工具——语言文化将扮演特殊、重要的角色，外语教学随之面临着深刻的变化，国际中文教育也不例外。我们以往对语言运用能力的理解偏重“语言知识+语言技能”，而对策略能力和心理过程关注不够。汉语作为第二语言教学的终极目标是培养学习者具有在现实生活中自由运用汉语进行交际的能力，而且要在最短的时间内取得最佳的学习效果。因此，关注和培养与综合语言运用能力相关的各种因素是十分必要的。我们认为应扩展原来对交际语言能力的认识，并认同汉语教学的目的是培养综合语言运用能力的观点。这为国际中文教育“教什么、怎么教”指出了明确的方向。

(三)课堂活动与综合语言运用能力的关系

1.课堂活动提供由课堂向现实交际过渡的训练

国际中文教育以“培养学习者的综合语言运用能力”为目标，综合语言运用能力的形成必须有一个由课堂向现实交际过渡的过程，课堂教学应充分提供这种“过渡”训练。

课堂活动的核心内容是使学习者在完成真实交际任务的过程中自然地运用目的语，学生在完成活动的过程中将“学习语言”进一步转变成了“使用语言”。同时，在与同伴的交流中，为保证得体地使用语言，学习策略和文化意识也在此过程得到了发展。除此之外，语言知识与语境、语用、交际功能结合起来，共同促进内在化、个性化的综合语言应用能力的形成。

2. 课堂活动为学习主体提供大量充足的实践机会

综合语言应用能力的形成必须经过学习者本人的反复实践，课堂活动是一种师生共同参与的具有特定目的的实践活动，它以教师为主导，学生为主体。在开展课堂活动时，教师主要担任活动指导，或直接参与活动，或给学生提供帮助，或进行组织管理；学生是活动的主体，他们通过自主探究、分工合作等方式不断提升综合语言应用能力。

3. 课堂活动帮助学习者形成积极的语言情感态度

课堂活动教学比传统的教学方式更具有开放性。课堂活动过程中，活动具有真实的语料，同时具有经过精心设计的仿真情境，可以为学习者提供自然的交流机会，帮助学生学会真实、得体的表达。课堂活动除了语言游戏，还包括语言实践活动，语言学习和使用的课堂不仅在教室里，也在广大的社会空间里。在使用语言完成活动的过程中，学生可以最大限度地感受到语言学习和使用的价值，获得交际和学习上的满足感，从而形成正向的语言情感态度。情感态度是影响学生学习和发展的重要因素，也是综合语言应用能力的重要组成部分。

思考题

1. 面对成人学生，你觉得在课堂教学中有必要做游戏吗？结合本章活动教学的理念，谈谈如何才能激发成人的学习兴趣，保持他们的学习动机呢！

2. 假如你是一名高级班的汉语口语教师，请以“一名记者招聘会上采访两名大学生”为情景设计一个完整的活动任务。说说你的设计理念。

第三章

国际中文教育课堂活动设计的理论基础

第一节　学习理论与国际中文教育课堂活动设计

对于国际中文教育课堂教学来说，课堂活动是课堂教学极为重要的组成部分，它是指在特定的语言游戏或语言实践活动中帮助学生掌握语言的教学模式。

19 世纪英国著名的哲学家维特根斯坦(Ludwig Wittgenstein)在“语言游戏”说中，将人类所有的语言活动统称为语言游戏，主要包括三项内容：第一，语言和人的活动紧密关联，属于一个整体；第二，用语言来说话，使人的活动成为生活形式的一部分，话语即行为；第三，活动语言游戏的基础，要把语言的使用摆在重要的地位。按照他的学说，可以将人类语言与活动的关系模式理解为如图 3-1 所示。

活动→→→→语言→→→→活动

生产　　应用

图 3-1　人类语言与活动的关系模式

语言既产生于活动中，又应用于活动中。在各种行为活动中，将语言的使用与人的活动融为一体，这是符合语言的本质特征的。

而进行合理有效的汉语教学活动，需要汉语教师们掌握相关的活动教学和设计理论，如学习理论、语言学习理论、教学理论等，这些理论可以为教师的课堂活动设计提供理论支撑。

一、认知学习理论

认知学习理论是通过研究人的认知过程来探索学习规律的学习理论。主要观点包括：人是学习的主体，主动学习；人类获取信息的过程是感知、注意、记忆、理解、问题解决的信息交换过程；人们对外界信息的感知、注意、理解是有选择性的；学习的质量取决于效果。

从认知学习理论兴起的社会背景来看，它是现代社会发展需要的产物。第二次世界大战之前，几乎所有的心理学研究都局限于实验室，行为主义的研究范式霸占了学习领域。当时对于学习的研究，仅仅涉及动物和人的外部行为，很少涉及人的内部心理。然而，第二次世界大战中涌现的大量实际问题对之提出了挑战，战争对人的认知与决策提出了越来越高的要求。第二次世界大战之后，信息时代以及知识经济时代的来临，更加强调对于人们的信息选择、接受，以及信息编码、存贮、提取与使用过程的研究。这些实际的社会需要，直接刺激了认知学习理论的产生与兴起。

现代认知学习理论的主要观点包括：

（一）认知发现说

认知发现说由布鲁纳提出。布鲁纳强调学习过程是一种积极的认知过程。他认为学习的实质在于主动地形成认知结构。他非常重视人的主动性和已有经验的作用，重视学习的内在动机与发展学生的思维，提倡知识的发现学习。发现不限于那种寻求人类尚未知晓的事物之行为，正确地说，发现包括用自己的头脑亲自获得知识的一切形式或方法。

（二）认知同化说

认知同化说由奥苏贝尔提出。在此学说中他提出了独具特色的“有意义学习”理论，根据学生进行学习的方式，把学生的学习分为接受学习和发现学习；根据学生学习过程的性质，又把学习分为机械学习与有意义的学习。

机械学习，即不加理解，反复背诵的学习，亦即对学习材料只进行机械识记；有意义的学习，则是指的语言文字或者符号所表述的新知识能够与学习者认知结构中已有的旧知识建立一种实质的、非人为的联系。有意义的学习需具备两个条件：学生要具有意义学习的心向，即把新知识与认知结构中原有的适当观念关联起来的意向；学习材料对学习具有潜在意义，即学习材料具有逻辑意义，并可以和学生认知结构中的有关观念联系。这两个条件缺一不可，否则会导致机械学习。

二、建构主义学习理论

建构主义主张世界是客观存在的，但是对事物的理解却是由每个人自己决定。不同的人由于原有经验不同，对同一事物会有不同理解。建构主义学习理论认为：学习是引导学生从原有经验出发，生长(建构)起新的经验。

(一)建构主义的基本观点

1. 知识观

建构主义认为，知识不是对现实的纯粹客观的反映，它只不过是人们对客观世界的一种解释、假设或假说，将随着人们认识程度的深入而不断地变革、深化，出现新的解释和假设。

2. 学习观

学习是学生自己建构知识的过程。学生不是简单被动地接收信息，而是主动地建构知识的意义。学习是学习者根据自己的经验背景，对外部信息进行主动地选择、加工和处理。对所接收的信息进行解释，生成个人的意义或者说是自己的理解。个人脑袋中已有的知识经验不同，调动的知识经验相异，对所接收的信息的解释就不同。

3. 教学观

教学不能无视学习者已有的知识经验，不能简单地僵硬地从外部对学习者实施知识的“填灌”，而是应该把学习者原有的知识经验作为新知识的生长点，引导学习者从原有的知识经验中主动建构新的知识经验。教学不是知识的传递，而是知识的处理和转换。教师和学生、学生与学生之间，需要共同针对某些问题进行探索，并在探索的过程中相互交流和质疑。

(二)建构主义的教学模式

基于以上基本观点，建构主义提出以下四种教学模式：

1. 探究学习

探究学习就是基于问题解决活动来建构知识的过程。在教学过程中，教师应该通过有意义的问题情境，让学生通过不断地发现问题和解决问题来学习与所探究问题有关的知识，形成解决问题的技能以及自主学习的能力。换言之，探究学习是指学生积极主动地参与、主动地体验，并通过这些活动形成自己的知识与理解的学习方式。

2. 支架式教学

支架式教学是指教师或其他人与学习者共同完成学习活动，为学习者提供外部支持，帮助他们完成无法独立完成的任务。随着活动的进行，逐渐减少外部支持，让学生独立活动，直到最后完全撤去支架。

3. 情境教学

建立在有感染力的真实事件或真实问题基础上的教学称为情境教学。知识、学习是与情境化的活动联系在一起的。学生应该在真实任务情境中，尝试发现问题、分析问题、解决问题。

4. 合作学习

合作学习是指通过讨论、交流、观点争论等方式，相互补充和修改，共享集体思维成果，完成对所学知识的意义建构。合作学习主要是以互动合作(师生之间、学生之间)为教学活动取向，以学习小组为基本组织形式，来共同达成教学目标。

三、任务型学习理论

(一)任务型学习的含义及原则

任务型学习是近几年来交际教学思想的一种发展形势，该理论强调在“做中学”，体现了较为先进的学习理念，并在实际教学中有效地激发了学生的兴趣。

该理论认为：掌握语言大多是在活动中使用语言的结果，而不是单纯训练语言技能和学习语言知识的结果。它以各种现实或是教学上的交际任务作为载体，以完成任务作为学习过程，通过展示任务成果来反映教学成果。它目的就是把语言教学真实化和课堂社会化，强调“在做中学”，就是通过任务的执行和完成，让学生充分体验到如何用语言做事和处理矛盾，从而加深学生对语言学习的认识，促发他们自主地去探讨、解决在交际过程中所遇到的语言问题。

任务型学习中的“任务”，不同于传统的以操练语言形式为目的的“练习”或“活动”，它具有特定的意义。Skehan(1998)对“任务型”中的“任务”做了五点定义：①任务以意义为主；②任务中若有问题需要通过语言交际进行解决；③任务与真实世界的活动有相似之处；④首先要完成任务；⑤根据结果评估任务。由此可见，这个“任务”既要具有真实性、交际性和目的性，又要能有意识地为某些语言结构的使用提供形式①。

任务型学习有以下几个主要原则：交际为核心，意义为灵魂，强调通过语言交流来学习语言；强调接触真实语言的机会，将语言运用于真实情境的机会，将真实的语言材料引入学习的环境，以及把课内的语言学习和社会的语言活动结合起来；强调轻松学习、快乐学习；培养学生的自学能力、自我管理能力和主动探究精神；强调通过教师与学生互动和学生与学生互动来完成任务。

(二)任务型协作学习

1. 任务型协作学习的语言学基础

运用在课堂活动设计中的任务型学习主要是任务型协作学习。任务型协作学习模式建立在认知功能语言学理论基础上。该理论认为语言属于社会认知系统，语言是通过人在社会交往过程中吸收他人语言而发展起来的，因此语言既有概念功能，又有人际功能，也就是说语言既是为了表述思想，也是为了建立人际关系，它既带有个体性，又带有社会性。这就说明了语言学习离不开人与人之间的相互合作。

因而，该理论强调学习者通过协作性互动对意义进行磋商，并且建立使用真实交际任务的话语社团，从而让学习者注意到语言真实使用语境下的形式。对于教学中语篇的处理，主要通过分析它的交际功能，让学习者了解它在交际过程中所产生的意义。因此该理论强调培养学习者语言使用能力，注重通过使

---

① Skehan, P(1998). A Cognitive Approach to Language Learning[M]. 语言学习认知法. 上海：上海外语教育出版社，2000：101-120.

用来学会语言。

任务型协作学习强调以学习者为中心，重视在有意义的交流过程中习得语言，也就是把语言教学放在真实交际环境中进行。学习者在任务完成过程中，设法用所学语言解决问题，克服困难，真正把语言当作工具来使用，从而习得语言。在这种模式中，教师角色也发生了变化，不再是单纯的知识传授者，而是活动的组织者、协调者、参与者以及鼓励者。

一方面，该学习模式反映了外语教学目标与功能的转变，体现了外语教学从关注教转为关注学，从以教师为中心转向以学生为中心，从注重语言本身(结构、功能等)转到注重语言习得与运用的人(认知、习得过程)的变革趋势。同时，这种以任务为载体的协作学习模式能够使学习目标更明确，让交际变得更具有现实性、社会性，让语言的使用和习得变得更为自然、真实而有意义。另一方面，该教学模式已经把语言教学拓展到了人的认知能力和潜力开发的领域，因为一项任务的完成不仅需要语言能力，它还涉及一个人的合作能力、沟通能力、创新能力，甚至是领导能力，这也体现了时代对教育的要求。

2. 任务型协作学习的心理学基础

任务型协作学习模式的另一个理论基础来自对内隐学习(implicit learning)的研究发现。认知心理学发现有两种知识体系：外显知识和内隐知识。外显知识指的是学习者有意识地表征起来的知识，而内隐知识则是学习者在无意识中习得的，即外显知识和内隐知识是通过外显学习和内隐学习所获得的。内隐知识另外有两个特点：理解性和稳定性。理解性是指内隐知识可以为有意识反映所接近，但难以完全把它们揭示出来；稳定性是与外显学习相比，内隐学习获得的知识更加稳定，不易受外界干扰，也不随时间推移而减少。认知心理学认为内隐学习是个体对复杂规则知识无意识获得的过程，是人类生活基本的认知方式之一。

Skehan(1998)认为外显学习与各种语言教学法对应，内隐学习则与习得相当。以上研究说明内隐学习理论是任务型协作学习模式所强调的“在做中学”的心理基础，而且这种通过在任务过程中自动习得的内隐知识非常稳定。但这不是说外显学习不重要。实际上外显学习能帮助学习者更有效地获得内隐知识，比如元语言知识就能够让学习者更快、更有效地对原始的语言进行抽象概括。

任务型协作学习模式的出现不仅是因为现实的需要，它有着当代认知功能语言学和认知心理学上的理论依据，符合人们认知习惯，而且体现了以学习者为中心的教学理念，因此，我们应该在语言教学中积极地使用它、完善它。

四、合作学习理论

合作学习（cooperative learning）是20世纪70年代初兴起于美国，并在70年代中期至80年代中期取得实质性进展的一种富有创意和实效的教学理论与策略。由于它在改善课堂内的社会心理气氛，大幅提高学生的学业成绩，促进学生形成良好非认知品质等方面实效显著，很快引起了世界各国的关注，并成为当时主流教学理论与策略之一，被人们誉为近十几年来最重要和最成功的教学改革。20世纪80年代末90年代初开始，我国也出现了合作学习的研究与实验，并取得了较好的效果。

合作学习是一种结构化的、系统的学习策略，它由2~6名能力各异的学生组成一个小组，以合作和互助的方式从事学习活动，共同完成小组学习目标，在提升个人学习水平的前提下，提高整体成绩，获取小组奖励。

合作学习理论的运作理念包括以下几种。

（一）协作学习观

学生以小组为单位，通过合作和协作，完成学习任务，提高学习成绩，这是合作学习倡导者们的最初出发点，也是我们采用这一模式的主要目标。

国内外多年的合作学习实践已经证实，合作学习能激发学生发挥出自己的最高水平；能促进学生在学习上互相帮助、共同提高；能增进同学间的感情交流，改善他们的人际关系；能提高学生学习能力和效率，使学习成绩得到显著提高。

合作学习能有以上诸多功效，原因是多方面的：一是小组学习的共同目标和相互的经常交流，拉近了他们的感情距离；二是合作学习中大家互相帮助，相互取长补短，每个人都提高较快；三是小组学习中学生经常在一起自由、自主地交流、讨论，并创造了一种民主、宽松、和谐的学习氛围，因而能提升学习的积极性，并有效激发各自的学习潜能，提高学习效率。

（二）学生主体观

合作学习的基本教学方式是在教师的安排指导下，学生在小组内自主学习。小组学习的过程，基本上是学生先个人学习理解，然后小组交流讨论，或通过操作、实验等活动来学习知识和培养能力。整个教学过程以学生自主能动学习为主，把学生摆在了教学的主体地位，教师在其中只起指导、辅导和引路的作用。这要求教师在合作学习运作中，不能只是通过合作的形式让学生相互帮助、完成作业和其他学习任务，还应从学生主体观的角度全盘考虑教学过程。教师要设计利于学生全程参与的教学过程和教学内容，让学生自主学习，让学生在参与过程中学习知识、形成能力，使学生真正成为教学的主体。

(三)面向全体观

合作学习以小组为单位，且小组成员按学习能力和学习成绩的优、中、差三类搭配安排。这样编排的目的，一是利于优等生帮助后进生，使后进生进步；二是利于后进生积极参与学习过程、自由发表意见，并在交流讨论中形成正确认识，学会和会学知识；三是优等生在帮助后进生时自己也得到了锻炼和提高。可见，科学合理地编排小组成员进行合作学习是面向全体学生的具体有效措施。

因此，教师开展合作学习，一定要从面向全体学生的要求出发，一方面编组中小组成员应由有差异的学生组成，另一方面要从便于后进生充分参与学习的角度出发设计学习方式，安排学习内容，保证学生全体参与、全体提高。

(四)教师主导观

在合作学习中，学生主体的参与与发展需要教师的外在激励和培养。因此，合作学习在强调学生主体地位的同时，也极其重视教师的作用，但教师的作用只能用在“导”上。教师的主导作用必须立足于学生的主体地位，主导作用的关键在于激励学生的认知、情感和动机，为学生的参与创设一个充满民主、和谐、愉悦和思维智慧的教学环境氛围，从而产生师生合作参与、同频共振的场面，为最大限度地激发学生的主体性，促进学生主动参与、主动发展创造良好的基础。

(五)新型师生观

在合作学习中，教师与学生的关系应是情感相通、亲密无间、心理相容的朋友关系。教师的情绪是良好的，情感是积极的，课堂气氛就容易和谐，师生关系就容易融洽。

心理学家勒温和李皮特等人通过实验发现，教师与学生在合作中和睦相处时，学生情绪高涨，并表现出最大的活动兴趣。反之，如果教师对学生严苛，学生的表现不是冷漠无情，就是怀有敌意。师生之间没有心灵沟通，缺乏情感共鸣，是难以产生“合力效应”的。因此，合作学习的课堂必须注重师生之间真诚的、积极的情感交流，进而达到和谐的、合作的教学气氛，以建立最佳的教学情境。

五、第二语言学习理论对课堂活动设计的启示

（一）课堂活动设计要呈现真实情景，提高学生自主学习的能力

教师要善于在课堂教学中采用一些真实任务和学科领域中的日常实践，这些接近生活的复杂任务整合了许多知识和技能，有助于学生用真实的方式应用所学知识，有助于学生明确所学知识的相关性和有意义性。

第一步，提供与当前学习主题密切相关的真实事件或问题，作为学生学习的中心内容。

第二步，教师提供解决问题的有关线索，而不是直接告诉学生应当如何解决问题。

第三步，引导学生自主学习。比如，确定完成任务所需要的知识点的清单，找到获得有关信息和资料的渠道，学会利用与评价有关信息和资料。

第四步，协作学习。通过讨论、交流，学生各自将自己的思维流程展示，使不同观点得以交锋，从而补充、修正、加深自己对问题的理解。

第五步，反思讨论。对自己的思维过程和同学的思维过程进行评价并加以比较，分析彼此的长、短处，总结该方法与以前所学方法有何不同，预测以后在什么样的情况下还能用到。这种反思有助于将所学知识条件化。除此之外，通过评价自己和同学的成果，学生还要反思自我引导学习的有效性和合作性，这有助于发展元认知技能。

（二）课堂活动设计要注重自主合作探究的合作学习方式

建构主义认为，由于事物的意义并非完全独立于我们而存在，而是源于我们的建构，每个人都以自己的方式理解事物，不同的人看到的是事物的不同方

面，不存在唯一标准的理解，所以教学要增进学生之间的合作，使学生看到那些与自己不同的观点，通过学习者之间的合作使理解更加丰富和全面。因此，合作学习受到建构主义者的广泛重视。课堂活动同样要以能发展学习者自主合作探究型学习能力进行设计。

首先，自主合作探究要明确探究内容。自主合作探究的主题应该是学生迷而不解的内容，且问题要具有思考价值，这样学生才有探究的欲望。如果是学生一望而知的问题，就没有必要设置合作探究的环节。在合作探究的过程中，教师因势利导的问题设计也是激发学生深入学习的重要手段，这些问题可一步步引导学生探索知识深处，并在这一过程中不断生成新的有价值的问题。

其次，自主合作探究是以自主思考和学生间的交流协作为主要内容的，学生可从这个过程中获得更为丰富的认识。学生的自主思考是开展这一活动的前提，如果学生没有自己的思考，合作交流也只能是言之无物，所以，在这一学习过程中，允许学生一时的静默思考，会使得后面的协作交流更加充分。教师要引导学生充分交流，让会的学生帮助不会的学生，难以解决的问题一起讨论后再寻求帮助，这样能促进学生建构和全面理解认识。

最后，合作探究活动的开展应该有充裕的时间，根据问题的难度设定相应的时间，过短的时间不利于深入讨论，教师要在评估学情的基础上做出适当的时间安排。

自主合作探究学习方式在课堂教学中最常采用的形式就是小组讨论，教师可设计小组活动和集体活动等，让学生在和谐气氛中进行语言交流，在同组成员的鼓励下，亲身体验学习过程，体验成功的喜悦。学生只有参与到课堂活动中，才能发挥他们学习的主观能动性，在活动中获得相应的知识。

（三）课堂活动设计要以学生为中心

认知主义和建构主义认为学生是信息加工的主体，教师是学生建构知识的帮助者、促进者、组织者和向导。在认知主义和建构主义的指导下，汉语课堂活动设计更要体现学生的主体地位，从活动情境的创设、活动过程的设计再到教师的引导都要从学生出发，既要保证学生对活动内容、方式方法的自主选择和决定权，又要引导学生对外部环境进行积极的探索。

在设计课堂活动时，教师必须先了解学习者已有的知识和经验，并把这些知识和经验与当前的学习任务联系起来，设计出适合学生能力和知识水平的活动任务。在进行活动时，教师应该让学生知道活动的目的和要求。在整个活动过程中，教师要不断引导学生总结学习经验，制定学习策略，发挥学生的主观能动性。除此之外，教师要全方位地掌握学习者的现有发展状态，合理预测和估计学习者的潜在发展状态，并在教学活动实施中做到立足于学生现有发展水平，让学生主动参与并在此过程中不断学习。

第二节　第二语言习得理论与国际中文教育课堂活动设计

20 世纪 70 年代以来，人们对第二语言习得进行了深入的研究，出现了中介语理论、普遍语法假说理论、社会文化理论、输入假说理论、文化适应假说理论等，这些研究揭示了第二语言习得的过程及规律。其中，对第二语言课堂活动设计影响较大的习得理论包括：

一、社会文化理论

社会文化理论是由苏联心理学家维果茨基（Lev Vygotsky）提出来的，它强调社会文化因素在人类认知功能的发展中发挥着核心作用。

社会文化理论强调语言是一种社会文化现象，语言学习者通过把语言运用到行为实践中，获得一定的语言文化知识，并消除了语言使用和学习的界限。该理论认为，人的心理机能从根本上来说是一个由文化产品、活动和概念充当中介的并受中介调节的过程（语言是首要的调节手段）。

在该理论框架内，人类被理解为利用原有的文化工具创作新的文化工具，并用这些文化工具来调节他们的生理和行为活动。语言的使用、组织和构筑是中介的首要手段。人类认知活动的最重要形式是通过社会和物质环境内的互动而得到发展的。社会文化理论促使我们从一个全新的角度去审视第二语言习得的社会环境。社会文化理论的核心概念包括：

（一）中介

在社会文化理论中，中介是一个核心概念，这一概念认为人类生活在两个世界中，一个是具体的物质世界（由生物因素决定的低级心理机能），一个是抽象符号的世界（由社会文化因素决定的高级心理机能）。在具体的物质世界中，我们把双手和大脑作为中介转换的工具，进行人类活动；在抽象的符号世界中，我们把语言作为中介转换的心理工具，进行心理活动和心理控制。也就是说语言符号对社会文化交流互动起着媒介作用，同时也影响人类思维活动，这种活动具有自发性，使人们做出规划并进行理性的思考。调节是中介的主要形式，人们通过调节我们的物质世界、社会以及心理来推动人类的各种活动。

按照社会文化理论的观点，语言习得本身也是通过调节工具进行调节的过程。学习者一方面通过使用和控制心理工具(如语言和符号)来学习语言，另一方面还可以借助其他辅助工具(如多媒体)来学习语言。但是，社会文化理论认为语言习得过程本质上是社会化调节的过程。语言习得总是发生在人与人的社会互动环境中，无论这种互动是面对面的还是网络的虚拟世界，离开社会互动环境语言习得便不会发生。

(二)最近发展区

最近发展区和搭支架是有关学习的两个重要概念。维果茨基指出，儿童发展要经历两个阶段：一是儿童的实际发展水平，也就是儿童心理功能的发展水平；二是最近发展区，即“儿童独立解决问题的实际发展水平与在成人指导下或者在与能力更强的同伴合作解决问题的潜在发展水平之间的差”。前者是由儿童独立解决问题的能力所决定的，后者是由成人指导和同伴间的合作所决定的。最近发展区预示着儿童将来独立做事、执行某些智力功能的能力。从前者向后者转化的过程被维果茨基称为文化发展的一般定律，即在儿童发展过程中每一项都出现两次，或出现于两个层面。首先是出现在人与人之间的社会层面，其次是出现在个体内的心理层面。从社会层面向心理层面转移的标志是儿童自我控制能力的出现。这种从依靠他人帮助完成具体动作到不依靠外力、独立用智力完成行动的过程叫内化。

(三)搭支架

与最近发展区有着密切关系的是搭支架，即成人或指导者帮助儿童或新手解决问题来完成任务的行为。儿童与新手还不能独立运用某知识实现目的，但可以通过谈话或借助搭支架来帮助实现其目的。对于语言学习者来说，他们与同伴之间的合作体现了支架作用下最近发展区的提升。学习好、能力强的学生与学习能力稍差些的学生间可以搭建支架，通过分享信息、提供帮助，能力强的一方可以为另一方提供学习上的提示和指导，让学习能力差的学生看到自身实际水平和潜在发展水平间的差距，进而激发自身潜能。

二、输入假说理论

由美国语言学家Krashen提出的“输入假说模式”自其问世起便成为第二语言习得领域最具影响力的理论之一，它引起了人们对第二语言习得中一些基本问题的深入思考。早在20世纪70年代初，Krashen就提出了“监控模式”（Monitor Model），该模式以“监控假说”（Monitor Hypothesis）为核心；20世纪80年代中期，Krashen对之进一步扩充修订，转为以“输入假说”（Input Hypothesis）为中心，形成了“输入假说模式”。在1985年出版的*The Input Hypothesis：Issues and Implications*一书中，Krashen进一步论述了输入假说理论及其应用。具体而言，Krashen的“输入假说模式”由五个互相联系的核心假说构成，它们分别为：①语言习得-学得假说（Acquisition-Learning Hypothesis）；②自然顺序假说（Natural Order Hypothesis）；③监控假说（Monitor Hypothesis）；④语言输入假说（Input Hypothesis）；⑤情感过滤假说（Affective Filter Hypothesis）。这五个假说彼此联系、互相补充，构成了一个有机整体。

（一）语言习得-学得假说（Acquisition-Learning Hypothesis）

Krashen（1985）认为成人在第二语言学习过程中有两种相互独立的发展语言能力的方式即：习得和学得。“习得”是无意识地获得语言能力的过程，就像儿童习得母语的能力一样。“学得”是有意识地学习第二语言的语法、规则等过程。Krashen认为，只有“习得”才能直接促进第二语言能力的发展；而“学得”只能在语言运用中起监控作用①。

Krashen理论的出发点和核心是他对“习得”和“学得”的区分，以及对它们各自在习得者第二语言能力形成过程中所起的作用的认识。“习得”是潜意识过程，是注意意义的自然交际的结果，儿童习得母语便是这样的过程。习得的语言系统处于大脑左半球语言区，是自发运用语言的根本。与之相对的是“学得”，这是个有意识的过程，即通过课堂教师讲授并辅之以有意识的练习、记忆等活动，达到对所学语言的了解和对其语法概念的“掌握”。“学得”的系统虽

---

① Krashen S. The Input Hypothesis：Issues and Implications［M］. London：Longman，1985：101-115.

然在大脑左半球，但不一定在语言区。Krashen 认为，只有“习得”才能直接促进第二语言能力的发展，才是人们运用语言时的生产机制；而对语言结构有意地了解作为“学得”的结果，只能在语言运用中起监控作用，并不能视为语言能力本身的一部分。Krashen 强调“习得” 是首要的、第一位的，但也并不排斥“学得”的作用。

(二)自然顺序假说(Natural Order Hypothesis)

这一假说认为，人们对语言结构知识的习得实际上是按一定顺序进行的，其次序是可以预测的。学习者总是会先掌握某些语法结构，而对其他的语法结构则会掌握得较晚(Krashen，1985)。例如，一些实验表明，在儿童和成人将英语作为第二语言学习时，掌握进行时先于掌握过去时，掌握名词复数先于掌握名词所有格等。但 Krashen 认为，自然顺序假说并不要求人们按这种顺序来制定教学大纲。实际上，如果我们的目的是习得某种语言能力的话，就有理由不按任何语法顺序来教学。

(三)输入假说(Input Hypothesis)

输入假说也是 Krashen 语言习得理论的核心部分。这一假设表明了 Krashen 对第二语言习得者是如何接受并吸收语言材料这一过程的实质性认识。

Krashen 认为，只有当习得者接触到“可理解的语言输入”(comprehensible language input)，即略高于他现有语言技能水平的第二语言输入，而他又能把注意力集中于对意义或对信息的理解而不是对形式的理解时，才能产生习得。这就是他著名的“i+1”公式。i 代表习得者现有的水平，1 代表略高于习得者现有水平的语言材料，能促进他习得就是“i+1”的输入。

Krashen 认为，理想的输入应具备以下几个特点：

(1)可理解性(comprehensibility)。可理解输入的语言材料是语言习得的必要条件，不可理解的(incomprehensible)输入的语言材料对于习得者而言，只是一种噪声。

(2)既有趣又有关(interesting and relevant)。要使语言输入对语言的习得有利，必须对它的意义进行加工，输入的语言材料越有趣、越关联，学习者就越有可能在不知不觉中习得语言。

(3)非语法程序安排(not grammatically sequenced)。语言习得的关键是足

量的可理解输入。如果目的是“习得”而不是“学得”，按语法程序安排的教学不仅不必要，而且不可取。

(4)足够的输入量。要习得新的语言结构，仅仅靠几道练习题、几篇短文是不够的，它需要连续不断地进行有内容和有趣味的广泛阅读，以及大量会话才能取得成效。

(四)情感过滤假说(Affective Filter Hypothesis)

这个假说认为，有大量的可理解输入的环境并不等于学生就可以学好目的语了，第二语言习得的过程还要受许多情感因素的影响。Krashen(1985)认为一些“情感变量”在第二语言习得过程中起着促进或阻碍作用，如动机、自信、焦虑等。语言输入必须通过情感过滤才有可能变成语言“吸收”(intake)。

Krashen 在总结过去第二语言教学的经验时指出，在习得第二语言或外语的过程中，习得者并不吸收他所听到的一切，有几个心理上的因素影响着他习得语言的速度和质量。这些因素为：①动机与目标。学生的学习目标是否明确，直接影响学习效果。目标明确则动力大，进步快；反之，则收效甚微。②性格。自信、性格外向、乐于置身于不熟悉的学习环境，自我感觉良好的学习者在学习中进步较快；③情感状态。主要指焦虑和放松。焦虑感较强者，情感屏障高，获得的输入少；反之，则容易得到更多的输入。

(五)监控假说(Monitor Hypothesis)

监控假说与“习得-学得差异”假说密切相关，它体现出“语言习得”与“语言学得”的内在关系。Krashen(1985)认为习得促使了第二语言话语的产生，使我们说话流利。习得在成人的第二语言学习中作为一个“监控器”，对话语起到编辑和修正作用。

语言学习的这种监控功能可能在我们说话或写作之前，也可能在其后。然而，它能否充分发挥作用还依赖于以下三个条件：①语言使用者必须有足够的时间才能有效地选择和运用语法规则；②语言使用者的注意力必须集中在所用语言的形式上，也就是说，语言使用者必须考虑语言的正确性；③语言使用者必须已经具有所学语言的语法概念及语言规则的知识。

要满足这些条件而实现监控的情况并不多，Krashen 认为学习所获得的知识能起到的监控作用十分有限。而且随着研究的进展，他认为可能这些有限的功能也会显得越来越小。因此，语言教学的重心应是交际，而不是规则的学习。

三、文化适应假说理论

核心理论

针对文化适应中出现的文化休克问题，心理学家舒曼于20世纪70年代末从第二语言习得的角度提出了文化适应假说。舒曼认为文化适应是对一种新文化的适应过程，是学习者与目的语社团的社会心理的结合。根据这一理论，社会距离和心理距离是制约文化适应程度和第二语言习得水平的主要原因。

1. 社会距离

社会距离指第二语言学习者与目的语群体之间的关系。舒曼认为形成积极的社会距离需要：①第二语言学习者与目的语社团有彼此平等的社会地位；②第二语言学习者本人和目的语社团都希望第二语言学习者被目的语社团同化；③第二语言学习者和目的语社团都希望目的语学习者能分享目的语国家的社会福利设施；④对方在文化上和谐，对对方的态度均为积极肯定的，第二语言学习者期望在目的语地区逗留较长时间等。

在以上条件都满足的情况下，学习者能够有更多的机会接触目的语社会，获得更多的语言文化输入，而目的语社会包容性的文化和持有包容态度的个人会使身处异文化的人有更为放松的心理状态，不会因压力过大而止步不前，还会使他们能够在适当的压力下更快地适应目的语文化。

2. 心理距离

所谓心理距离，主要指在情感方面影响到学习者第二语言习得的因素。这些因素包括：

(1)语言休克(language shock)，指的是第二语言学习者在使用目的语时所体验的困惑和恐惧。

(2)文化休克(culture shock)，指的是第二语言学习者在接触目的语文化时所产生的焦虑和失落。

(3)动机(motivation)，指的是学习者学习目的语的动机。动机分为结合性的(combinative)和工具型的(Tool Type)，抱有前一种动机的学习者对目的语社团有特殊兴趣，期望参与或融入该社团的社会生活，而抱有后一种动机的学习者则仅为达到某一具体目的而学习目的语，如为了通过考试、获得某一职位、出国深造等。

(4)自我渗透(ego permeability)，指的是第二语言学习者的语言自我的塑形和僵化程度。语言自我(language ego)是第二语言学习者在母语习得过程中逐步建立起来并具有保护性的一种心理屏障。它对学习者的心理抑制作用越强，自我渗透越弱，语言信息就越不容易吸收。

四、第二语言习得理论对课堂活动设计的启示

(一)教师积极创建宽松、友好、融洽的课堂学习气氛

Krashen 在第二语言习得理论中提出的情感过滤假说首先考虑到了学习者的个人情感因素。他认为可理解输入只有在情感过滤较低时才能见效。这对外语教学的启示是教师要积极创建宽松、友好、融洽的课堂学习气氛，使学生处于"非抵抗状态"(off the defensive)，调动学生的学习积极性，增强学生的自信心，降低学生的情感焦虑，使学生的语言习得得以有效进行。

其次是尊重学生可能存在的"沉默期"，不要急于让学习者过早地进行输出。正如 Krashen 所说："因此，最好的方法是在低焦虑状态下运用'可理解的输入'。"

此外，创造和谐、宽松的课堂气氛，还要求教师正确对待和评价学生在学习中的错误，注意保护学生参与的积极性，切不可对学生进行讽刺挖苦。根据乔姆斯基(1987；1988)的观点，学习语言是按"假设(hypothesis)—验证(testing)—纠正(correction)"的过程进行的，因此学生在学习语言的过程中犯错是在所难免的①。对于学生所犯的错误，教师应采取宽容的态度，这样有利于减轻学生运用目的语时怕犯错误的心理压力，减少焦虑感。

教师在设计课堂活动时需要注意活动形式要灵活多变，这样才能引起学生兴趣。课堂活动分组时，可采取异质分组，将内向型性格和外向型性格学习者分成一组，形成互补，由外向带动内向，帮助学习者克服情感过滤的影响。活动结束时，教师要注意给予积极的反馈和评价，同时也要和学生多交流沟通，听取他们的建议，为以后活动更好地开展打下基础。

---

① 张凯. 对外汉语教学学科的基本问题和基本方法[J]. 世界汉语教学，2000(3)：7-15.

(二)课堂活动设计应注重可理解的语言输入，合理设计活动

社会文化理论认为学习是一种先于个体的发展，是发生在最近发展区的社会和心理活动。因此，为了有效地促进学习者的发展，在最近发展区中的任务应难度适中。同时，对于任务的反馈以及学习者和教师之间的互动也是必不可少的。来自专家的反馈和互动能帮助新手走出舒适区，进入他们的最近发展区。最近发展区与 Krashen 语言输入假说中的“i+1”理论有一些共同的特点，后者在第二语言习得领域具有相当广泛的影响力。它们都鼓励教师了解学习者的当前水平或学习者能独立完成的任务。因此，在安排课堂活动之前，了解学习者的最近发展区有着相当重要的意义。

同时，设计课堂活动还必须先了解学生已经输入过的知识储备，然后再根据学生现有水平来设计活动，活动的语言材料难易程度要保持在“i+1”程度，这样，一方面保证了学生在参与课堂活动时，其语言输出量小于已有的知识储备，使他们在进行交际活动时不至于因为有太多语言障碍而无法开口，另一方面又让学生在输出时有一定难度，以帮助学生达到更高的语言水平。

(三)课堂活动设计的情境中应包含隐含的文化背景

在课堂中要尽可能给学生创造一个逼真的教学情境，情境中应包含隐含的文化背景。文化适应假说认为，在第二语言学习中，如果不充分了解文化背景，就很难理解相应语言。对于情境的选择和设置要符合国际中文教育的基本教学原则，选择一些实际生活中真实的语言材料。

这一方面是因为语言与文化是密不可分的，汉字的书写、构造、演变历史，汉语语法的独特性，汉语词汇的丰富内涵，都是中国文化的隐现，中国的人文知识越丰富，学习者越能从深的层次掌握汉语。另一方面是因为在汉语教学中，我们需要从文化的角度去吸引学习者的注意力，加深学习者对中国的了解，解除学习者对中国文化的误解，缩小学习者对学习中文的心理距离，拉近两种文化的社会距离。只有这样才能更进一步提高学习者运用汉语进行表达和交际的能力，并且在这一过程中，学习者也学会如何正确对待不同文化间的差异。

除此之外，要不断激发学生的学习兴趣，增强学习者的学习动机，缩短学习者对学习汉语的心理距离。例如，教师在课堂导入时应自然，吸引学生的注

意力，或者多运用学生感兴趣的影视作品，适当增加有意思的话题，让学习者产生兴趣。除了讨论话题，还可以适当运用情景再现的方法，这有利于集中学习者注意力。

第三节　语言教学理论与国际中文教育课堂活动设计

一、交际法语言教学理论

交际法也叫功能法(functional approach)或意念法(notional approach)。交际法是20世纪70年代根据语言学家海姆斯(Hymes)和韩礼德(Halliday)的理论形成的，是全世界影响较大的外语教学法流派。

(一)交际法产生的背景

交际法语言教学的起源可以追溯到20世纪60年代末的英国语言教学传统的变化。在它以前，情景法教学是英国的主要教学法。情景法教学强调通过有意义的情景活动进行语言基本结构的操练。但是20世纪60年代，以听说法为基础的语言学理论在美国受到批判，英国应用语言学家也开始对他们的情景法教学提出了一系列的质疑。因此，英国应用语言学家强调了另一种基本的语言维度——语言的功能和交际潜质。他们意识到有必要将语言教学集中在交际能力上，而不是仅仅集中在对语言结构的掌握。

促使不同外语教学模式产生的另一种原因是为了迫切改变欧洲的教育现状。随着欧洲各国与日俱增的交流合作，各国之间的依赖程度增加，一些发展中国家的成人劳动力也流入欧洲共同市场求职谋生。他们在各种交往中，都遇到语言不通的障碍。即使学过一些外语的人一旦到了国外，也连起码的交际活动都不会，这直接影响了他们的工作和生活。对于他们来说，传统的方法难解燃眉之急。因此，需要用一种新的办法来解决这一问题。欧洲理事会是一个区域性的文化和教育组织，为此，欧理会举办了关于语言教育的国际会议，发表了关于语言教学的专题著作以及出版了相关书籍，并积极推动了应用语言学国际组织的形成。这就在一定程度上促进了交际法的产生。

(二)交际法的理论基础

1. 语言学理论基础

交际法的语言学理论基础在20世纪60年代兴起，并在70年代形成高潮的社会语言学。尤其是社会语言学家海姆斯的交际能力理论和功能主义语言学家韩礼德的功能语言理论和话语分析理论，以及威多森的语言交际观。

(1)交际能力理论。

社会语言学家海姆斯在1972年首先提出了“交际能力”这一著名的概念，这是交际法所要达到的教学目的，也是交际法的语言学理论基础。受其影响，交际法把语法看作实现语言功能的手段。这一概念与乔姆斯基提出的“语言能力”形成了鲜明对比。

(2)功能语言理论。

功能主义语言学家韩礼德的功能语言理论也是交际法的一个语言学理论基础，他的观点比海姆斯“交际能力”的观点更加全面。韩礼德描述了儿童在学习第一语言时表现出来的七个基本功能：工具功能、控制功能、反映功能、个人功能、启发功能、想象功能、概念功能。在学习第二语言时，也需要用到这些功能。韩礼德的语言功能论触及到语言的核心即语言的交际功能，影响了功能法教学流派的形成。

(3)语言交际观。

继1972年海姆斯提出“交际能力”理论之后，1976年威尔金斯制定了《意念大纲》*Notional Syllabus*，1978年威多森出版《语言教学交际法》*Teaching Language As Communication*一书，由此，交际教学法应运而生。在这本书中威多森向我们展示了语言学系统和它的交际价值之间的全新关系。他重点关注了人们运用语言去达到不同目的的潜在交际行为能力。

2. 心理学理论基础

交际法的心理学理论基础是人本主义心理学和20世纪60年代后期兴起的心理语言学。交际法强调以学生为中心，首先要分析学习者对第二语言的需要，教学内容和教学方法的确定都必须从学习者的需要出发。交际法还认为，学习者在言语中出现一些错误是正常的也是不可避免的现象。学习者所追求的不可能是完美无缺的交际，而只能是有缺陷的但有效的交际，因此，对学习者的语言错误应有一定程度的容忍。

(三)交际法的特点

1. 功能和意念相结合

语言学习的目标是培养学生交际能力，从日常学习生活的情景中选择典型材料，学习表达和理解不同功能所需要的语言。

2. 语篇是教学的基本单位

语言教学由句子的机械操练转向语篇在交际情景中的实际运用，要求教学法中的句型操练是在语篇上下文中为表述意义和交际功能服务的。

3. 教学过程交际化

利用第二语言组织课堂进行教学，通过交流讨论和角色扮演实现外语教学过程交际化。学生在语言交际活动中不仅要求语言形式的正确性，而且还应注意场合、符合说话人的身份等，得体地使用外语。

4. 学生作为学习主体

在以学生为中心的第二语言课堂上，教学目标是培养学生自主学习和学会学习的能力。交际法反对命令、强迫和机械的训练，强调激发学习动机，消除焦虑情绪，鼓励学生积极参加语言交际活动，不苛求纠正语言错误。

(四)交际法的优势

交际法教学强调“以任务为本，以学生为中心”的语言教学实践，并要求根据现实生活中对语言的实际需求模拟各种生活语境、情境，为学生提供综合运用语言、进行交际活动的机会。它注重的不仅是语言在形式、语法上的准确性，更强调语言使用的得体性、可行性，交际的技巧性，以及训练学生在交际活动中的应变及解决问题的能力。在这样的教学活动中，学生是一切活动的主体，他们在教学中积极主动地建构新知识，培养新技能，掌握综合运用语言的能力。

具体来说，交际法教学具有以下三个方面的优势：

(1)学生与教师的互动关系。交际法教学越来越明显的特征就是随着教学方式的改变，学生发展的主体性、主动性显得越来越重要。师生关系是一种互动、融洽的关系，而不是传统教育中的那种主仆关系。

(2)把基础知识的传授和能力的发展巧妙地结合。传统的语言课堂教学置学习的主体于不顾，只强调教师讲解知识的系统性与完整性，这是一种以教师为中心，以知识为中心的从中世纪“经院式”教学承袭下来的教学方式，其结果之一是忽视了对学生能力的培养。而交际法教学强调学生的认知能力与操作能力，即让学生自己去想，并且发表自己的看法，这样就培养了学生在实际生活中使用语言进行交际的能力。

(3)大大增强了学生的学习兴趣。交际法教学让学生参与，有时伴有情景或模拟场景，这样让学生更能贴近生活。学生成了主角，他们自然而然地就对汉语感兴趣，把学汉语当作一种乐趣。

(五)交际法的缺陷

交际法重视交际能力，比传统法更能激发学生的学习兴趣，刺激学生进行交际的积极性，它比试图教授整个语言形式系统的传统法更见效快、更省时省力，但是它也有不利的一面。

首先，用交际法进行语法教学，语法学习的系统性和渐进性在一定程度上受到影响。心理语言学实验表明，无论是儿童母语习得，还是成人第二语言习得，他们对于语法项目的领会和习得都是按一定的次序进行。交际法的语法教学实践往往采用“功能-意念”大纲，把教学的重点放在如何使学生在特定的语境中，为实现特定的交际功能，如：询问、指示、命令、拒绝、请求等，正确而又得体地运用这些语言形式。在这种体系中，语法的系统性和渐进性受到一定程度的忽略，有时会给人杂乱无序的感觉。

其次，交际法的语法教学中，语法项目的输出占相当大的比例，即学生用大量的时间进行交际会话来理解巩固这一点。与传统语法教学相比，交际法的语法知识输入比例相对减少。

二、任务教学理论

任务教学法最早产生于20世纪80年代的英国，代表人物有伯拉胡、纽南。任务教学法主要起源于外语教学领域，它以具体的任务为学习动力，以完成任务过程为学习过程，以展示任务成果来体现学习成就，它实际上是交际法的新发展。教学活动以学生为中心，教师设计具体的带有明确目标的活动，让学生用目的语通过协商、讨论，来达到学习目的。

Nunan(1989)认为“任务型教学法”作为一种教学法，具有结构性，它由教学目标(teaching objectives)、信息输入(information input)、活动方式

(activity methods)、师生角色(teacher-student role)、教学环境(teaching environment)等要素组成[①]。任务型教学法与传统教学法之间的差异在于前者注意信息沟通，活动具有真实性而且活动量大。我们认为语言课堂教学应具有“变化性互动”的各项活动，即任务。学生在完成任务过程中进行对话性互动，进而产生语言习得。

任务教学法认为以功能为基础的教学活动中有许多活动并不是来自真实生活，因此最多只能称其为“准交际”(quasi-communication)活动(纽南，1989)，但我们要培养的是学生在真实生活中参与和完成真实的生活任务(real-life tasks)(纽南，1989)的能力。真实生活任务教学强调直接通过课堂教学让学生用语言完成各种真实的生活、学习、工作等任务(即做各种事情)，从而培养学生运用语言的能力(用英语做事的能力)。显然，真实生活任务的关键在于任务要有真实生活的特征。

Skehan(1998)对任务有如下论述：意义优先，任务完成为主，评估基于任务完成与否。也就是说：任务应重视学生如何沟通信息，而不强调学生使用何种形式；任务具有在现实生活中产生的可能性，而不是“假交际”；学生应把学习的重点放在如何完成任务上；对任务进行评估的标准是任务是否成功完成。

(一)任务型教学理论的特点

(1)以任务为中心而不是以操练某种意义不大，甚至无意义的语言形式为目的。

(2)任务的焦点是解决某一交际问题，这一交际问题必须与现实世界有着某种联系，这种联系应该是具体的，贴近学生生活、学习经历和社会交际，能引起学生的共鸣和兴趣，并激发学生积极参与的欲望。

在任务型语言教学中，教师要从学生“学”的角度来设计教学活动，使学生的学习活动具有明确的目标，并构成一个有梯度的连续活动。在教师设计的各种“任务”中，学生能够不断地获得知识进而得出结论，并从注重语言本身转变为注重语言习得，以此获得语言运用的能力而不是仅仅掌握现成的语言知识点。同时，随着“任务”的不断深化，整个语言学习的过程会越来越自动化和自主化。

① Nunan D. Second Language Teaching and Learning[M]. 北京：外语教学与研究出版社，2001：200-205.

(二)设计任务的原则

任务的设计并不能根据教育者的随心所欲进行，而要依据五大原则：

1. 真实性原则

所谓真实性是指：将真实的材料引入学习环境，任务所使用的输入材料应来源于真实生活。需要指出的是，真实只是一个相对的概念。因为严格来说，一切为语言教学目的而编写的材料中的语言都是不真实的。这里强调的是学习者应尽可能地接触各种真实的语言材料和真实的语境，在自然、真实或模拟真实的语境中体会语言并掌握语言的应用。

2. 语言形式和功能相结合原则

根据这一原则，在设计任务时应当使语言的形式与交际的功能之间的关系十分明确，让教师和学习者一目了然。任务设计注重语言形式和语言功能的结合，旨在让学习者在掌握语言形式的同时能理解语言的功能，并在真实的交际中运用。

3. 任务相依性原则

在设计任务时应该由简到繁，由易到难，层层深入，相互依存。任务型教学并非指一堂课中穿插了一两个活动，也不是指一系列活动在课堂上毫无关联地堆积。任务型教学是指教学通过一组或一系列的任务执行来完成或达到教学目标。每一个任务的设计都依赖于之前的任务，这样同一课或同一单元中的不同任务构成一个教学阶梯，每个任务都是阶梯的一阶，学习者能够通过这些任务获得越来越高的交际能力。

4. 循环性原则

纽南认为一种语言需要在一段时间内不断复现，学习者才能掌握。语言用法要在许多不同的情景中反复出现，学习者才能体会到语言形式和语言功能之间的关系，以及在不同的情景中如何使用。每次重复的流利程度、准确性和语言复杂程度都会有所不同，学习者的语言能力也在此过程中不断提高。

5.“做中学”原则

Long 和 Crookes 等学者都曾提到过这一原则。任务型教学法主张引导学习者通过完成任务来学习语言，让学习者为了预定的学习目的去开展有意义的语言行动，通过完成特定的交际任务来获取和积累相应的学习经验。也就是说，学习者通过有意义地使用语言来发展自己的语言系统。

6. 趣味性原则

任务型教学法的优点之一就是通过有趣的课堂交际活动有效地激发学习者的学习兴趣，让他们主动参与学习。因此，在任务设计中，很重要的一点便是需要充分考虑任务的趣味性。机械的、反复的任务类型会使学生失去参与任务的兴趣，因而任务的形式应多样化。任务的趣味性除了来自任务本身外，还可来自多方面，如多人的参与、多向的交流和互动、任务旅行中的人际交往、情感交流以及解决问题或完成任务后的兴奋感、成就感等。

7. 结果性原则

在完成任务后，要有一个明确的结果，即需要展示一些看得见的东西，比如学生拟定的对话、制作的模型、设计的表格、列出的清单等。任务的结果是检验学生是否完成任务的重要依据，也是衡量学生任务完成质量的评价依据之一。

（三）任务教学理论的优点

1. 以形成性评价为主，关注学生对语言技能的运用

在传统 PPP（呈现 presentation—练习 practice—输出 production）教学模式中，教师通常采用终结性评价（考试测验）来评价学生，并只关注结果。而任务型教学则以形成性评价为主，关注学生综合运用语言的能力和健康人格的发展。学生在任务型教学活动中单独参与或合作完成任务，这整个过程强调学生对自身语言技能的运用，削弱了教师的主观评价。这样一来，学生很容易在任务中获得自信和满足，还增强了对语言学习本身的关注和投入度，这样能有效提高学习的兴趣。

2. 充分体现学生的主体地位

任务型教学强调以人为本，以学生为中心。在整个教学过程中，教师和学生的角色发生了改变、互换。学生成为课堂的主体和中心，而教师更多的是作为一个“facilitator”，他们是学生学习的协助者、促进者。教师由教学的主体转变为教学的伙伴、引导者、合作者，并负责将汉语知识和技能结合起来，精心地将这些知识融入设计的课堂任务之中，这样可以使学生在任务活动中自然地使用语言技能和知识。而学生则担任课堂的行动者、任务完成者。在任务结束后，学生可根据情况对自身或合作的搭档在活动中的表现做出评价。在这个课堂中，学生积极参与、亲身体验、互相评价，真正体现了“以学生为中心”的理

念，并形成了良好的课堂互动。

3. 知识内容输入、输出完整

汉语教学重视语言的大量输入和输出，只有能听懂并使用某种语言才能真正叫作学习某种语言。任务型教学法则为学生提供了这样一个检验学生知识掌握情况的机会——语言输出。在任务完成过程中，学生能从同学或教师那里得到反馈，从而增进对语言输入的理解。

三、语言教学理论对课堂活动设计的启示

1. 突出语言交际能力培养原则

交际法认为学习者的语言能力不仅包括语法能力，还包括得体地使用语言的能力。国际中文教育的任务之一是培养学习者的汉语交际能力。因此，教师在设计课堂活动时，要尽力为学生创设真实的交际环境，并采用多种活动形式，如小组活动、角色扮演、交流讨论，让枯燥的语言知识变为实用的语言交流技能，从而帮助学习者锻炼解决与中国人日常交流、工作、学习中各种问题的能力。

2. 真实性原则

Breen(1985)进一步挖掘了“真实性”的含义，它主要包括四个方面：①语言输入的真实性；②学习者对语言输入的理解的真实性；③对语言学习有益的练习活动的真实性；④语言课堂所需再现的社会情景的真实性[①]。

在任务型教学中，“语言输入的真实性”指为学习者提供真实的学习活动和学习材料，如报纸杂志、广播电视节目、广告、微博等。“学习者对语言输入的理解的真实性”要求所设计的任务型活动能激活学习者已有的知识系统。除此之外，教师设计的任务型活动还要是被他们所接受、熟悉的，是具有实用性的，并且能进一步为他们提供沟通思维、拓展思路的机会。

“对语言学习有益的练习活动的真实性”意味着首先老师应意识到所设计的任务必须有信息差，是需要学生去解决的，且有完成的目标、解决的必要。其次选择语言形式的练习必须是完成任务的需要，必须主要由学生来提出，确实是学生的问题所在，而不是老师单方面的灌输。这些在任务型活动设计中至关重要。

---

① BREEN M P. Authenticity in the Language Classroom[J]. Applied Linguistics, 1985: 61-70.

此外，学习者的个人经历也是重要的取材要素，活动设计贴近学生生活实际的交际情境，可以让学习者置身于贴近自己生活的语境中，从而产生亲切感，使学生的注意力放在解决问题上，在语言运用中不自觉地习得目的语。

“语言课堂所需再现的社会情景的真实性”是指老师要充分理解并容忍任务型活动可能造成的不可预知性。因为在现实条件下，完成任务的途径是多方面的，没有“唯一标准”的答案，所以在任务型教学中转变观念显得尤为重要。

3. 整体性原则

首先，在教学过程中，各个教学环节必须有整体性，要有一个特定的目标，也就是说要围绕一定的主题设计任务来组织教学，体现语言交际的本质。那么，在教学过程中就必须考虑语言知识的引入如何与主题结合；语言知识的积累和语言技能的训练如何与主题结合；语言的输入和输出如何围绕主题展开。需要特别指出的是，语言形式训练是整个任务的一部分，不能脱离主题，必须为完成任务服务。

其次，输入和输出在学习过程中相辅相成，共同存在于教学过程中。所以任务型教学法主张在教学过程中要将听、说、读、写四方面统一，也就是强调输入与输出有着同等的重要性。语言习得研究也证明了大量的、内容广泛的输入是习得语言最重要的因素，但是这种输入不是机械地重复，而是指各种不同类型的语言运用，也就是学生在经过自己的认知后发挥创造性完成的每个任务，这种输入是相互的。由于同班同学的语言水平、在中国的留学生活等大致相同，另外同学之间互相熟悉，所以这种输入更为宝贵、更有吸引力。

4. 意义优先性原则

意义和形式两者之间的平衡一直以来都是各种教学法争论的焦点，尤其是针对汉语本身的特点来说，语言形式的掌握更不能被忽略。Willis(1996)提出，“熟能生巧”这个成语并非永远适合语言教学，当学生做机械性语言练习时，他们的注意力有意识地集中在语法形式上，可能暂时看起来掌握了所学习的语法结构，而一旦让他们用语言去交流，注意力集中在语言的意义上时，却仍然不能表达正确①。但是从另一方面来看，语言形式的掌握又是必不可少的，因为语法是获得语言运用创造性的手段，缺少语法知识会严重影响交际能力。

根据以上的看法，再次证明了语言形式是要被掌握的，但是先学习语言形

---

① Willis J. A Framework for Task-based Learning[M]. London: Longman, 1996: 22-40.

式，提高准确度，并不能正确地进行交际，这和我们所认同的学习语言的最终目的是相背离的。那么我们就不妨改变一下对意义和语言形式注意的先后顺序，坚持意义第一位的原则，学生的意识优先集中于意义，积极地用目的语进行交际尝试，努力完成各种任务，然后再总结语法，集中练习。这在教学过程中并没有忽视意义和形式中的任何一方面，出发点同样是提高语言的准确性和流利性。

另外，提出意义优先性原则最重要的也是从学生的情感因素出发。Krashen（1985）认为：当学生注意语言所表达的意义时，他们会暂时“忘记”自己是在使用一种他们还没有完全掌握的语言，他们的“情感过滤”就降到了最低点。从实际的教学实践来看，在学习一门外语时，起初学生常常是怀着对语言的好奇和兴趣积极地参加课堂教学活动，但随着语言越来越复杂，学生会发现他们经常犯各种各样的语言错误，如果又看不到使用这种语言与他们的日常生活有多大的关系，那么他们就会逐渐失去积极性，最终放弃努力。所以学生在上课时把注意力集中在语法上，那么课堂就会变成一个使他们暴露语言错误的地方，焦虑感必然增加，这会阻止语言的输入。

5. *以学生为中心原则*

首先，在进行设计活动时应该对学生进行分析，这种分析主要是为了考查学生的兴趣、经历、爱好以及语言能力等，否则，我们设计的任务，学生要么不想完成，要么不能完成，要么就是不该完成。

其次，在教学过程中应注重学生的主体作用，老师要尽可能地为学生提供丰富的语料和语境，将学生的校外生活与课堂学习活动联系起来，让学生理解任务的意义和目标及完成任务的意义。

再次，让学生自己进行意义的建构，积极地参与课堂活动，鼓励他们去发现问题，增加自主的感觉和体验，而不是让他们接受现成的知识，打断他们的认知过程。

最后，教师还应该善于发现学生在学习过程中出现的一些问题，帮助他们找到解决问题的途径，增加学生学习的信心，创造适宜汉语学习的课堂氛围。

以学生为中心并没有削弱教师的地位，只是改变了教师在课堂上的作用，由以前的提供“标准答案”变为给学生提供各种具有挑战性的任务，激活学生内在的知识系统，创造一个可进行探究的课堂学习环境。

思考题

1. 关于“语言能力”的定义，至今依然众说纷纭，请找出几种不同的定义，并分析它们的异同。

2. 调查几位汉语教师和留学生，分析他们在教学时常用的教学策略和学习策略有哪些。结合本章内容，对其进行评论。

第四章

国际中文教育的课堂活动

第一节　课堂活动的种类

课堂活动是课堂教学的重要组成部分，也是实现教学目标的主要手段，不同的课堂活动对教师的教学效果和学生的学习结果影响不同。课堂活动按不同的分类标准有不同的划分。对种类繁多的课堂活动进行梳理分类，有利于我们进一步了解和认识课堂活动，同时，也便于教师在实际使用时筛选出形式最合理、效果最好的课堂活动。

一、按照活动的形式分类

(一)操作型活动

操作型活动就是在教师的指导下，学生通过动手操作，积累经验，提升观察能力、实践能力的活动。实施操作型活动教学时，教师要给予正确的指导，并作及时的反馈，加强形成性评价，以帮助学生提高操作能力。学生则要在教师的指导示范下，观察、尝试、训练和创造提高。

(二)体验型活动

体验型活动是通过活动情境的创设，激发学生的活动热情，引导学生以自身的独特感受，对已有知识经验进行改造、重组，从而获取知识，陶冶性情，完善人格的活动。其特点是：活动有确定的“目标”指向，内容与形式有明显的人为加工痕迹。比如在第二语言学习中学生在课堂上进行的角色扮演、朗诵、歌唱等表演类活动均属于体验型活动。这类活动有利于调动学生的表达兴趣、锻炼学生的听说能力、增强学生的自信。

针对不同年龄层次的学生还可采用不同的体验形式。对于低年级的学生，可以运用“游戏教学”，让儿童在游戏中学习，在活动中发展。学生的主体性、积极性和创造性可以在游戏的基础上得到提升。对高水平学生可以使用有利于发展高级创新思维的体验形式，如扮演记者采访、辩论等。

（三）交际型活动

交际型活动是让学生以小组为活动集体开展活动，师生、生生通过对话讨论，表达思想、交流情感、讨论问题、分享经验。其特点是：活动在教师预先设定的交际情境中进行，活动内容可以是真实的，也可以是模拟的，其作用是给学习者提供“在使用中体验”的机会，活动没有最终、唯一的“标准答案”。交际型活动既强调师生互动，又注重生生合作，并在此过程中培养团队精神、合作意识。

（四）探究型活动

探究型活动就是在教师的指导下，学生从学科领域或现实生活中选择和确定主题，在教学中创设类似于学术（科学）研究的情境，通过探索活动，获得知识、技能，并发展情感、人格的教学方式。探究型活动教学可以由教师提出有意义的课题或由学生自主选择问题，进行讨论、研究、实验，从而解决问题、发现新知、获得真理。在第二语言学习中可以设计语言实践活动，让学生走进目的语社团开展关于所学语言的调查。

（五）创造型活动

创造型活动重在鼓励学生敢于质疑、勇于探索、大胆创新，注重培养学生的求异思维与创造精神。创造型活动教学可以根据教学内容、教学资源和学生实际，开展制作、设计、创作和发明等活动，从而发展学生思维能力和创新精神，让学生大胆怀疑，敢为人先。比如在语言课堂中要求学生根据课文制作人物角色海报等。

（六）竞赛型活动

竞赛型活动基于学习者的好胜心设计，此种活动可以激发学生们的竞争性，从而使其积极参与课堂互动。竞争性能刺激学生的表现欲，促使学生更主动地学习新知识。同时，该类活动可以增强学生的团队意识和合作意识，活跃课堂气氛。

二、按照参加活动的人数分类

（一）全班活动

全班活动是指整个班级共同参与，并在教师的指导下由学生共同完成任务的一种课堂活动组织形式。全班活动的最大特点是有利于激发学生的学习兴趣，活跃课堂气氛。全班活动的形式一般有竞赛、讨论、辩论、猜谜等。

（二）小组活动

小组活动一般将3~6名学生组成一个小组，并以各个小组为单位共同完成任务。小组活动有利于鼓励水平稍差的学生参与活动，提高个体参与度、活跃课堂气氛。除此之外，还有利于学生进行合作学习，是培养学生交际能力、促使个体社会化的有效途径。

小组活动的形式一般有讨论、角色扮演、辩论、做游戏等。在实际操作中，分组标准可以多样化，可以以学习者的国别分组、以汉语水平分组、以性别分组、以性格分组、以座位分组、以学号分组或学生自主选择分组等。

（三）双人活动

双人活动是将两个学生配对以共同完成任务的课堂活动组织形式。两人一组的活动操作更为简单，互动性更强。双人活动延长了组内学生口语交流的时间，使课堂气氛更宽松友好，还可以培养学生的协作精神。

教师在划分双人小组时需要特别注意学生的搭配，可以定期更换双人小组的成员，以保持组内交流的新鲜感，锻炼学生的语言交际能力。

(四)单人活动

单人活动是指靠自己一个人完成的活动，比如讲故事、演讲、口头汇报等。个人活动在课堂上针对性较强，适用于班级人数较少、学生特点明显的班级。个人活动的优点在于教师可以了解学生的个体差异，能减轻学生在全班或小组活动中的压力，还能培养学生独立解决问题的能力。

三、按教师、学生在课堂活动中的关系分类

(一)师生互动型活动

师生互动型的课堂活动中，有明显的活动双方，即教师、学生各为一方。课堂活动的基本形式是教师导、学生动。

比如词汇教学课堂活动中的“猜字”，教师出字谜：“人有它是大，天没它是大。”学生猜，在猜的过程中，教师还可以引导和暗示，最后由学生得出结论：这是“一”字。

师生互动型活动具有封闭性，可控性高，用时少，但学生活动局限性大，有时会不可避免地出现不能顾及全体学生的现象。

(二)学生自主型活动

学生自主型活动中教师只讲明规则、提供帮助、充当观众，有时起到评判人的作用，整个课堂活动完全由学生依据规则自主进行。

比如同样是“猜谜”活动，可以设计成“救朋友”的自主型课堂活动：每个学生背上贴一张写有字谜的纸条，站在划定的圆圈内。选定一个“自由人”开始猜谜，猜对一个就“解救”一个朋友，被解救的学生加入“解救”猜谜，指导剩余学生从圆圈里出来为止。

学生自主型活动具有开放性，既有广度也有深度，但用时多，结果不可控，对过程组织要求更高。

四、按照活动的训练要素分类

(一)专项课堂活动

专项课堂活动指课堂活动所指向的教学内容为某个具体的汉语语言知识或某项语言技能。如语音教学课堂活动、词汇教学课堂活动、语法教学课堂活动、汉字教学课堂活动、听力训练课堂活动等。专项课堂活动一般与该项语言要素或技能的构成要素或微技能相关，如汉字教学课堂活动可以包括部件类活动、笔画类活动、汉字结构类活动等；语音教学课堂活动可以包括声母类活动、韵母类活动、辨音类活动等；听力训练课堂活动可以包括听后记录类活动、听后推测类活动等。

(二)综合课堂活动

综合课堂活动指课堂活动的内容为多种语言知识和语言技能的综合。如听、说、读、写综合训练课堂活动、中国文化体验课堂活动等。

专项与综合课堂活动的分类，为课堂活动设计与应用提供了较为明晰的范围。无论是专项还是综合课堂活动，在进行具体设计和应用时，都应该突出课堂活动对"综合语言应用能力"进行培养训练的整体功能。

每种课堂活动都有自己的独特之处，都有自己应用的前提条件。有些活动适合培养学生的互动交流能力，有些活动适用于培养学生的认知能力和思辨能力。不同种类的活动适用的条件不同，所以教师在设计时应考虑到各种不同的因素，选择最能体现教学内容、辅助教学效果的活动。

第二节　课堂活动设计的原则

课堂活动是课堂教学的核心内容，活动是否有利于学习者获得知识和发展语言技能，是否有利于培养学习者各方面的能力，是否有利于实现教学目标，将直接影响教学效果的好坏。为了保证活动的实效性，课堂活动的设计应遵循以下基本原则。

一、以学习者为中心原则

活动教学从活动的设计、实施和反馈及改进都以学习者为出发点，学习者是活动教学的中心和主体，这有利于打破传统教学单一的教学模式，使学习者成为课堂的主体。在组织实施课堂活动时要遵循以学习者为中心的原则。在设计课堂活动时，教师要从学习者的角度出发，充分考虑学习者的学习目的、年龄、汉语水平、兴趣爱好、个体差异等各个方面，让学习者成为活动的主体，并让他们在活动中充分发挥自己的主体意识，这样有利于提高学习者对于参加课堂活动的主动性和积极性。

但是，让学习者处于活动的主体地位并不意味着教师对课堂放任不管，随便学习者自由发挥，而是要辅助学习者让课堂活动顺利进行。教师在活动中处于主导地位，是活动规则的制定者和节奏的把控者，每当课堂上出现一些突发状况或者课堂活动节奏异常时，教师就需要及时解决问题并保证活动的顺利进行。例如，当活动偏离教学目标时，教师就需要及时将节奏带回到原定计划中。

二、实用性原则

教师设计的活动应该是简明易懂的，能通过较短的活动时间，保证每个学生都勇于参与、乐于参与。

首先，实用的课堂活动应与本课教学内容相匹配。要从教学内容的特点出发来设置活动的形式、环节和具体内容，防止内容与活动方式脱节。

其次，应与实际的教学条件相匹配。活动的实施需要一定的条件，包括足够的学生人数、时间、空间、教具、教学设备等，还包括合理的组织方式及学习者的积极配合。设计课堂活动时，必须充分考虑这些因素，才能保证活动顺利有效地实施。

再次，实用的课堂活动还应有明晰的活动规则及要求。教师在介绍活动规则时语言应清楚直接，最好有形象生动的示范。教师在设计规则时还应考虑到可能出现的漏洞，要将规则设计得简单又能保证公平。在活动结束后应注意给予参与活动的学习者正确的评价，这样才能保证他们积极地参与活动，有效实现活动的目的。

三、目标性原则

课堂活动的设计要贴合教学目标，具有目标性。活动是一种教学的手段和技巧，为教学目标服务。活动的设计应有助于教学目标的完成，活动的每一个细节都不应该脱离教学目标。是否能实现教学目标，是检验课堂活动教学是否必要、是否有效的标准。

教师要十分清楚通过该活动可以锻炼学习者的何种技能，学生可以达到什么水平，不能盲目地为了活动而活动。教师要吃透教材，明晰本课在语音、词汇、语法等语言知识以及听、说、读、写言语技能上的具体要求，而后根据本课指向的交际任务、功能来设置课堂活动。

四、趣味性原则

课堂活动是一个寓教于乐的过程，在注重“教”的同时，也不能忽视了“乐”，因此组织实施课堂活动时要注意遵循趣味性原则。课堂活动有了乐趣，学习者才会将注意力集中到课堂上，全身心地投入到活动中。“兴趣是学生最好的老师”，学习者兴趣提高，课堂效率也会随之提高。如果课堂活动是枯燥乏味的，那么课堂活动不会成为放松课堂氛围、提高学习者兴趣的有效手段，不光不能使学习者在娱乐中学到知识，可能还会成为学生的一种负担，使学习者对学习汉语产生反感情绪，不利于国际中文教育的可持续发展。

教师要根据学生认知、学习心理和学习能力，充分利用声音、色彩、动作、表情等非语言因素，创设和谐的课堂氛围和有趣的活动形式，引导学生以愉悦的情感积极参与到语言交际实践活动中。

五、多样性原则

课堂活动的种类多种多样，针对不同的教学内容教师可以选择不同类型的课堂活动进行教学，组织实施课堂活动要遵循多样性的原则。同一类型的课堂活动如果在课上进行次数太多，会使学习者失去新鲜感。长此以往，此种类型的课堂活动会使学习者对于课堂活动的热情耗尽，也没有了对于课堂活动的期待感。

课堂活动的形式不应千篇一律，应该多种多样，富于变化，比如语言游戏、角色扮演、小组竞赛、采访、辩论等。选择活动形式时，要充分考虑到教学内容、学习者的年龄及其身心发展水平、班级特色等。教师在设计课堂活动时，还应注意将多种活动形式巧妙地加以结合，以避免活动形式单一而造成学习者学习疲劳。

例如：在学习完表达爱好的句式后，教师可设计相关的课堂活动，如图4-1所示。

我的爱好 project

姓名：________

你是一个专业的说唱歌手，现在要参加××的一个说唱比赛。请用 imovie 制作一段 rap，唱出中国老师的休闲爱好。

制作视频前，你将有 1 节课的时间设计问卷、做实地采访以及整理采访内容。

要求：

截止日期：10 月 11 日

视频时长：2~3 分钟

视频内容：

· 歌词——5 位中国老师的所有爱好

· 伴奏——任何你喜欢的歌曲或者原创

语言：所有学到的词语和句式

请确定采访对象：__________

图 4-1　“我的爱好”课堂活动

在音频制作完成后，可进行形成性评估，由全班同学互评给出分数，以及评出最想设为手机铃声的音频。将音频设为手机铃声扩大了活动的后续影响力，并能最大程度调动学生参与活动的兴趣。

第三节　课堂活动设计的要素

课堂活动设计的要素，包括教学对象、活动媒体、活动情境、活动形式、设计方向等。正确认识课堂活动的构成要素，是课堂活动设计的前提。在设计课堂活动前，对活动的构成要素进行分析是保证活动有效开展的基础。

一、教学对象

汉语学习者来自不同的国家，年龄、性别各异，学习目的、学习方式、学习情况不尽相同，因此，同一个课堂活动在不同的学生群体中会有不同的教学效果，这就要求教师要针对学习者的差异性进行活动设计。课堂活动的选择、创新和实施关键是要关注到学生的差异性分别体现在哪些方面，应该如何设计活动以适应不同的学生。

心理语言学认为语言学习活动跟学生的年龄阶段相匹配可以更好地激发他们的潜能，引起他们的好奇心和求知欲，并调动他们学习汉语的兴趣和愉悦心情，从而有效吸收知识、发展语言能力。在国际中文教育中，从学生的整体差异性来说，班级人数、学生群体年龄阶段等因素会影响活动教学效果。

（一）群体年龄

班级的群体年龄即忽略个体年龄差异，以一个班级大部分人的年龄作为考量标准。群体年龄有助于教师从整体上把握课堂活动的设计。以国际中文教育中零起点的成人学生和儿童学生为例，虽然他们的汉语基础和表达能力相似，但是成人学生的逻辑思维能力已较为完善成熟，而儿童学生还处在发育阶段，同样选用演唱中文儿歌或讲述童话这一课堂活动，则会在学生中产生不同的反应。因为年龄较小的学生对贴近生活、活泼鲜明、简单易行的游戏感兴趣，而年龄较大的学生更注重课堂活动的知识性和实效性。

具体来说，不同年龄的学习者在汉语习得方面具有不同的优势。儿童活动能力强，短时记忆力强，善于自然地接受语言学习；而成年人思维能力活跃，善于理解和分析语言规律，习惯有目的地接受语言学习。

所以在课堂教学中，如果面向的学生群体年龄较小，则要尽量营造更为轻松自然的语言环境，多使用趣味性游戏来吸引学生注意力，活动过程中对错误要有一定的容忍度，要及时鼓励表扬。另外，教师要能够掌握课堂，因为儿童的自制能力还较差，是非观还不完善，教师要担任好引导者的角色。如果面向的学生群体年龄较为成熟，他们学习动力和自主性较强，则应该尽量有目的性地针对语言要素和技能开展活动，并将课堂活动以更为新颖的方式呈现在成人学习者面前。另外，要及时对活动中的错误进行讲解分析，奖惩结合。

（二）整体氛围

一个班级的整体氛围要从班级人数、学习氛围等方面考量。在活动实施过程中我们会发现，有些活动在某个班级会特别受欢迎，活动效果特别好，而在某个班级则不尽如人意，课堂气氛并不活跃，达不到操练知识点的目的。从中，我们可以看出班级的整体氛围使得不同班级对待同一活动有着完全不同的态度，即使他们是同年级、同阶段、同年龄的学生。因此，课堂活动必须考虑到不同班级的整体氛围。有些班级整体活泼开放，就能让他们进行表演或者自主性较高的活动；有些班级整体内向谨慎，就适宜进行较传统或者集体型的活动。

(三)学生文化背景差异

汉语学习者是来自世界各地的学生，不同区域的政治、经济、文化、环境差异非常大，所以学生背景不尽相同，学生个体差异明显，这些因素对第二语言习得的影响颇深。日韩学生受东方儒家思想的影响，一般比较内敛含蓄，不是特别喜欢表现自己，课堂气氛没有欧美学生活跃，对于汉字书写和语音语调掌握较好。欧美学生一般比较开朗乐观，张扬自我个性，课堂气氛比较轻松，但关于字法、词法和声调的学习基础较为薄弱。

面对东方学生，教师最好选择一些可以活跃课堂气氛、增加表达机会、展现个人才华的活动，使这些学生敢于表达自己，突破固有文化影响，更好地锻炼听说能力。面对欧美学生，教师最好选择一些可以发挥这些学生优势的活动，便于语言学习和操练。但在此过程中要特别注意强调并严格执行活动规则，以防气氛过于活跃而导致课堂教学松散无序。另外，在设计活动之前，教师最好对各国文化风俗有一定的了解，避免在活动中触及不同国家学习者的文化禁忌，产生文化冲突。

(四)学生汉语学习情况差异

学生汉语学习情况差异主要体现在现有汉语水平的差异、学习动机和态度的差异以及学习能力的差异。

1. 汉语水平

新 HSK 考试大纲将汉语学习者的水平大体上分为初级水平(1、2 级)、中级水平(3、4 级)和高级水平(5、6 级)。而国际中文教育中文水平等级标准将汉语水平分为三等九级。面对汉语水平初、中、高不同级别以及零起点学生，课堂活动也应有所区别，在设计课堂活动时要充分考虑学生是否已学过活动必需的词汇、语音、语法基础知识。

在国际中文教育中，我们还常常要面对一个大的群体，即零起点学生。面对零起点学生，首先，活动的规则介绍要简单明了，教师的活动示范对于这些学生而言很重要。活动设计要有一定的趣味性，保证激发学生兴趣，否则容易让学生一开始就对汉语产生畏难情绪，不利于学生后期的汉语学习。

面对初级水平的学生，教师需要注意活动过程中汉语的使用，尽量多地恰当地使用汉语，避免过多地使用媒介语；活动设计针对性要强，要保证这些学生能在活动结束后牢牢掌握教学内容；活动要能够充分调动学生自觉性，让学生主动使用学过的汉语知识和技能。

中级水平的学生已经具备了日常交际所需要的能力，可以进行较复杂丰富的课堂活动；中级水平的学生容易出现汉语水平发展停滞及“化石化”的现象，因此，教师在设计课堂活动时应该关注如何进一步拓展学生学习汉语的能力，激发学生潜能。

高级水平的学生的能力已达到 HSK 规定的最高水平，可以自主熟练地进行汉语学习，往往认为课堂活动过于简单，因此对活动的热衷程度会降低。面对高级水平的学生，教师在设计课堂活动时要注意加大难度和开放度，让活动富有挑战性和竞争性，并更加关注对学生综合技能的提高。

2. 学习动机

学生的学习动机包括内部动机和外部动机、工具型和融合型动机、兴趣动机。教师应首先了解学生的学习动机，针对不同的学习动机来具体设计课堂活动。

如果学生具有内部动机，他会从自身内部产生学习动力，而如果学生具有外部动机，他则需要依靠外部环境产生学习动力。因此，面对具有外部学习动机的学生，教师在设计活动时要注意激发学生的兴趣，强调规则和奖惩措施。

如果学生具有工具型动机，他是把汉语当作工具来帮助自己达到某种具体目的，而如果学生具有融合型动机，他则是把学习汉语当作融入汉语生活交际圈的一种手段。因此，面对具有工具型动机的学生，教师在设计课堂活动时要强调汉语书面语，侧重商务汉语、办公室汉语或职业型汉语的学习；而面对具有融合型动机的学生，所设计的课堂活动要强调汉语口语的表达和汉语文化层面的知识。

另外，面对具有兴趣动机的学生，无须强调课堂活动对于他们兴趣的吸引，而要想方设法从深层次去激发这些学生的潜在动力和学习需求。

3. 态度

除了学生的学习动机，他们的学习态度也会对汉语学习产生影响，所以在设计课堂活动的过程中还要考虑学生的学习态度。

态度可以分为积极态度、一般态度和消极态度。持积极态度的学生是以较强的内部动机作支撑，可以自己主动学习，往往也有强烈的兴趣动机；持一般态度的学生往往动机不明确，他们把汉语学习当作任务来完成，缺乏一定的主动性和积极性，兴趣动机尤其不明确；持消极态度的学生可能对汉语毫无兴趣，动机不强烈，属于被迫学习。

考虑到这些因素，教师应该让上述三种不同学习态度的学生在课堂活动中担任不同的角色：通过态度积极者来调节课堂气氛；让态度一般者成为活动主角，激发这些学生的积极主动性，从而提高他们学习汉语的兴趣，加强学习动机；对态度消极者则注重对他们进行鼓励，采取适当的强制措施，设法让他们参与课堂活动，并安排比较容易获得成就感的活动部分让他们完成。

4. 学习能力

学习能力也叫语言学能，在第二语言学习中主要包括：识别语音成分并保持记忆的能力、识别句法结构和语法功能的能力、在较短时间里迅速记住大量语料的能力、从新的语言素材中归纳出句型和其他规则的能力。教师在设计整个课堂活动时，要注意了解并关注不同学生的汉语学能，哪位学生擅长辨音，哪位学生擅长识别语法，哪位学生擅长快速记忆，哪位学生擅长归纳总结。将每一位学生准确定位在课堂活动中，使学生能够有效扬长避短。

在活动中除了要注意发挥学生的强项，也要注重锻炼学生不足的汉语学能。具体地说，有些学生知识扎实、善于思考、读写能力强，但不擅长交际，那么应该让这些学生在活动中尽可能加强口语表达能力的锻炼，教师在设计活动的这部分时要多关注此类学生；有些学生在课堂上很活跃，听说能力强，但不善于思考总结，语言错误较多，教师在设计课堂活动时就应该避免让这些学生参与开放性较大的活动部分，从而有效控制课堂节奏，另外对这类学生要注意重复纠错，将他们的注意力放在语言知识本身。

(五)学生性格差异

人们的性格各不相同，这主要受到性别、兴趣、生活经历的影响。那么不同特点的学生在汉语学习过程中又有怎样的差异呢？

性别差异对于性格有一定的影响，男性相对比女性更活跃一些，女性则相对比男性更细致一些。在此前提下，教师设计课堂活动时要注意男女分工，这样能够使不同性别学生在活动中获得最大收益。

但是从另一角度来看，将女生与男生在活动中本身适宜的角色对调，也可以发掘学生的巨大潜能。因此，教师可以根据不同目的灵活地运用男生女生的性别特质。

具体的性格对于课堂活动的影响则更为明显。根据不同标准，性格可分为以下几种类型：按倾向型标准可分为外倾型和内倾型；按心理标准可分为理智型、情绪型和意志型；按自主程度可分为独立型和顺从型。

从倾向型标准看，内倾型的学生不愿意表达自己，独立性较强，习惯于独自学习，在听、读、写技能上占优势；外倾型的学生则恰恰相反，有比较强烈的表达意愿，在口语表达交际能力上占明显优势。因此教师设计活动时，需要注意学生的分工。

从心理标准看，理智型学习者能够控制自己的情绪和行为，不易受外来因素干扰；情绪型学习者比较冲动，遇事易受情绪支配，表现在学习上，情绪波动起伏较大；意志型学习者比较有毅力，表现在学习上，勇于克服困难，即使基础差，也能迎头赶上。教师在活动角色分配上要根据他们的特点安排适宜的角色和职责，比如可以安排理智型学习者担任小组活动中的组长，活动汇报可以让情绪型和意志型学习者执行。但对于情绪型学习者，教师要注意因势利导，防止他们在学习过程中遇到挫折而消沉。

从自主程度看，独立型学习者自主性强，处事果断，能独自发现和处理问题，但有主观武断、把自己的意见强加于人的缺陷。表现在学习上：喜欢独立思考，并且有计划、有意识地学习自己认为重要的内容。顺从型学习者依赖性强，独立性差，易受暗示而轻易接受别人的意见。表现在学习上：只学习教师布置的内容，期望得到别人的帮助和指导，对知识缺乏兴趣和好奇心。教师在进行活动设计时也要考虑这两种性格类型的学习者，对于主观性强的学生，要防止他们自以为是，思考问题走极端；对于依赖性强的学生，要引导他们独立参与活动并发表观点，训练他们独立思考的能力。

除此之外，学生的兴趣也会成为性格因素，影响课堂活动在国际中文教育中的效果。学生对自己熟悉、感兴趣的教学内容、活动类型、活动方式有较强的参与度和主动性。下面的案例就体现出活动设计中考虑学生兴趣因素对于提高学习者参与性的帮助。

案例：来自一位国际中文教师的教学实践

在我的教学实践中，有件事情印象深刻。班里有较多印度学生，他们特别喜欢板球运动，在进行“你几点+V”句型的学习操练时，我设计了包括喜欢板球运动的学生时间表，让学生自由进行对话练习。学生们表现出极大的兴趣，有几位性格较内向的学生也主动要求当众练习表达。这使我意识到对学生性格等方面的全面了解对于教学的重要性。同时我也意识到学生的差异性并不是一成不变的，在设计课堂活动时要考虑差异性因素，但好的课堂活动也可以避免学生差异性对于学生汉语学习造成障碍，发挥其优势有助于学生对汉语知识的掌握和汉语技能的提高。

二、活动媒体

有时要保证活动的顺利进行需要借助一定的教学媒体。活动教学的媒体分为传统和现代两种。传统的教学媒体包括教材、课本、常规的教具，如粉笔、黑板、图片、模型、投影仪等。现代的教学媒体指视听媒体、多媒体，如数字化教学资源、多媒体课件、网络课程等。选择合适的教学媒体是保证课堂活动有效性的重要手段。选择教学媒体就是在一定的教学要求和条件下选出一种或一组适合的教学媒体。教师在选择教学媒体时需要注意：

第一，活动媒体要与活动目标相适应。活动目标是围绕不同的教学内容设定的，不同的活动目标对于活动媒体的需求不同。例如，培养听说技能的活动可以采用网络视频以反映真实情景，使学生在真实语境中感知汉语并培养听说技能。以培养读写能力为目标的活动则需要大量的文本媒体和电子媒体呈现语言材料，以提高学习者的读写能力。

第二，活动媒体要与活动内容相统一。相同的活动也可选用不同的活动媒体。比如文化教学中，可以利用传统教学媒体(图片、实物等)与现代教学媒体(PPT、视频、录音等)相结合来呈现文化信息，使活动更加直观、形象，让学生更好地参与课堂活动、理解教学内容。但要注意的是，无论活动选择何种媒体，都要明确它在活动中只是一种起辅助作用的工具，不应该喧宾夺主，要让它为课堂活动服务，更要为教学内容服务。

三、活动情境

情境，即语言活动开展所处的客观、外部环境。情境对交际内容、互动模式、活动进程等有直接影响，同时也会对语言交际起到暗示、提示和限制等作用。

情境设计一般要考虑以下因素：

(1)地点与时间。即活动将在何地、何时举行。活动举行的地点可从课堂内和课堂外两个方面考虑。

(2)活动主体。即参与活动的人员及其在活动中的角色。活动角色包括活动组织者、参加者、指导者、评判者等。

(3)活动客体。即活动环境中的背景，包括活动涉及的社会环境、人文环境、社区文化、学校环境、家庭环境等。这些文化和环境的差异将对活动进行过程产生影响。

(4)活动文本。即完成此次活动所需要的语言交际内容。

四、活动形式

课堂活动设计的创新，主要表现在活动形式的设计上。凡是能够创设与交际活动相匹配的情景，能促使学生用汉语完成交际任务且充满趣味性的活动，都是合乎要求的课堂活动形式。

以下是几种常用的课堂活动形式：

(1)模拟扮演。直接按交际情景、活动进行模仿设计。例如，在生活中，学生在购物时经常会遇到讨价还价的情况。那么在课堂上，老师或班长就可以扮演商贩，学生扮演消费者，来进行“讲价”的课堂活动，课后学生很容易将课堂内容应用到实际中。

(2)游戏竞赛。游戏竞赛型活动旨在通过教学游戏来刺激第二语言学习者的学习兴趣和竞争意识，让学习者充分调动各种感官，在寓教于乐中操练和巩固新知。

以线上少儿中文教学内容 YCT 课程“你的个子真高”为例。第一，教师制定游戏规则，学生每完成一个教学任务(通关成功)，小猴便离香蕉更近一步，目标是帮助小猴顺利取得香蕉。第二，教师向学生发送讲解身体部位名称的动画视频。学生观看动画视频，并完成动画视频中的各项练习。第三，教师使用智慧大屏引导学生参与"知识抢答、贪吃蛇、唱中文歌"等游戏。第四，教师带领学生用智能笔练习写汉字，并分屏呈现学生书写情况。部分游戏内容的课件如图 4-2 所示。

图 4-2 游戏竞赛型课堂活动课件呈现

线下课堂游戏常用的形式包括口头游戏(如接龙、猜谜)、笔头游戏(填字格游戏、字牌游戏)等。

(3)完成任务。即语言交际活动有明确的"目标任务"，参与者要依靠语言交际来完成任务。常用形式有采访、问路、点菜等。完成任务型活动后，要展现其成果。成果可以是图画、表格、实物、方案、图表、多媒体等。教师应充分利用信息技术手段创设成果展示平台，使全班学生，甚至更多的人获得交流和分享的机会，并采用各种手段扩大任务成果的覆盖面和影响力，比如将文字任务成果展示在教室里，音视频成果可制作成作品集等。

五、设计方向

在充分考虑学生差异、活动媒体、活动环境、活动形式等要素后，汉语教师要对如何设计课堂活动做到心中有数。

第一，打破对于课堂活动理解的思维定式，积极探索不同教学形式的课堂活动，要针对教学内容选择适当的课堂活动形式，例如：竞赛类游戏适用于练习汉字、词汇和语音。角色扮演则适用于篇章的训练，它对于学生练习日常会话很有帮助。设计各类语言游戏一直以来都是课堂活动探索的重点，我们可以试着把注意力转移到其他课堂活动，比如语言实践活动之上，争取有所创新。

此外，在课堂教学的哪些环节安排课堂活动也是值得探索的。传统汉语课堂中，课堂活动往往集中于操练阶段。教师对知识点进行讲解后，把课堂活动作为一项任务安排给学生，以此巩固学生所学知识。我们可以尝试把课堂活动安排到教学的其他环节，比如用唱歌的方式来引入；用小组合作探究的方式来学习新知识。这样不但能带给学生新的惊喜，还能起到把课堂活动拆分、细化的作用。不再是一节课一个活动，一个活动 20 分钟这样固定的形式，而是精心设计后让课堂活动真正融入课堂教学之中，不再孤立看待二者，课堂活动与教学应该是你中有我、我中有你的关系。

第二，国际中文教师要时刻保持谦虚的心态，不断学习相关知识，提高活动设计水平并不断在实践的检验中完善课堂活动。

要想让课堂活动真正起到良好的效果，必须对课堂活动进行精心的设计，还需要事先准备好活动所需的材料和工具。作为一名国际中文教师，我们应该努力学习第二语言教学理论。

但提高自己只学习理论知识是不够的，实践是检验真理的唯一标准，我们要在实践中检验所学知识，不断进步。课堂活动的设计没有最好，只有更好，不能因为某次课堂活动取得成功就认为可以原封不动地将这项活动运用到其他班级中去，要始终贯彻因材施教的原则，结合学生特点进行调整，才能取得更好的活动效果。

我们也不能因某次活动效果没有达到预期就轻言放弃，妄自菲薄。要及时对课堂活动进行反思，还可以咨询学生意见，这样能够更快地找到症结所在，从而改进课堂活动。

总而言之，学生是学习的主体。教师、教材、教学手段都应为学生的“学”服务。有效的课堂活动能够更好地引导学生进入良好的学习状态，激发学生的学习兴趣和求知欲，提升参与度。

第四节　课堂活动设计的步骤

通过理论研究和课堂实践，我们认为课堂活动设计可按五个阶段进行，如表 4-1 所示。

表 4-1 课堂活动设计的阶段

活动阶段	序号	内容
活动准备	1	研究教材、准备教案，明确本课教学内容和目标
	2	检查教学辅助设备，明确活动时间、场地、环境、形式
	3	了解学习者基本情况，班级人数、分组情况
活动设计	4	确定活动主题及目标
	5	确定语言交际内容和文本
	6	确定活动形式
	7	制定活动计划、步骤
开展实施	8	学生参与实践活动
成果展示	9	用口头或书面、图片或多媒体等形式展示活动成果
评价反思	10	客观、公正、全面地评价活动全程；总结活动经验

一、活动准备

（一）研究教材、准备教案

教材是教师授课的直接依据，教案是教师为了顺利有效地开展教学活动，根据学生的水平和教材要求，对教学内容和教学方法等进行设计和安排的一个纲要。研究教材、准备教案是每位老师上课前必不可少的内容，设计课堂活动也不例外。教师应根据教学内容和目标的要求及早准备。

（二）检查教学辅助设备

现在的第二语言课堂不再像传统的汉语课堂一样，传统的汉语课堂只是老师拿着教材用母语进行机械的翻译，而现在的教学方法更加灵活多变。我们不得不承认外语的学习是枯燥和乏味的，所以随着科技和教学手段的进步，教师使用的教学设备和课件也应该更加丰富和多样，以此让外语学习变得有趣起来。

在第二语言教学中，PPT 是必不可少的辅助工具。教师将教学内容清晰直观地放到 PPT 当中，配以图片和视频，可以使教学内容显得更加生动和形象。但是，也存在一定的弊端。因为这些现代化的设备经常会发生不可预估的故障，所以教师在上课前一定要检查好教学设备是否能够正常运作，以免影响正常的教学进度。

另外，如果在课堂活动中需要使用一些教具，教师也要提前做好准备。包括准备好必要的物品、卡片、奖品等，并按小组分配好数量，以免占用宝贵的上课时间。

（三）了解学习者基本情况

在活动进行前教师需要充分了解学习者的基本情况，包括汉语水平情况、班级基本情况、学习风格、性格，以及活动需要的分组情况等。

二、活动设计

这个阶段主要是活动项目设计，确定活动主题及目标，制定活动计划、步骤，确定语言交际内容和文本。好的活动设计是活动有效、成果实施的前提。教师应根据教授内容的主题及目标设计活动，比如是语言要素类主题活动，还是言语技能类或传统文化类主题活动，从而进一步确定活动实施需要达到的目标。主题和目标确定后，再来确定活动进行中需要操练的语言内容和文本，以及合适的活动形式和步骤。活动形式的确定需要考虑课堂的条件以及师生因素。

教学中经常会发生一些突发状况，但是有些状况是教师可以事先避免的。比如说教学进程比预计的延后，没有在计划好的课时内完成教学目标；组织学生进行课堂活动时，参与人数过多，教具不够分配或者场地不够等可能会引起混乱局面，这些问题教师在准备的过程中都应该注意到。教师可以在脑海里预先设想一下，如果条件允许也可模拟演练一下，计算出大概所需要的时间，来合理安排自己的教学进度及解决可能遇到的突发问题。

三、开展实施

开展实施阶段就是学生参与实践活动的过程，就是师生、生生合作完成任务的动态进程。由于活动的形式不同，实施过程也不尽相同，因此，我们要因地、因时、因人、因事制宜地来安排。活动可以以小组或个人为单位，以合作或独立活动、探究的形式进行。教师作为活动的设计者、组织者，应采用各种办法确保活动顺利进行。

教师要把握好活动的进程，一方面教师要控制好课堂的整体纪律，防止出现混乱的现象，另一方面也要控制好课堂活动开展的时间。如果课堂活动的时间过于冗长，也会影响教学进度。当然，教师也可以是一个参与者的角色。在学生参与课堂活动的过程中，教师也参与到学生中间，与学生共同完成任务。教师的参与可以拉近教师与学生之间的距离，发挥情感因素的作用。教师在课堂活动组织和开展过程中起着主导作用，要扮演好观察者、控制者的角色，要把握好全局，也要尽可能地关注到每一位学生，使得学生能够集中精力参与到课堂活动中。

注意：指令语简单明确

在课堂活动的开展中，教师的指令语要简单有效，要能够让学生快速地明白活动的要求和任务。如果在课堂活动的一开始，解释课堂活动的语言就比较复杂烦琐，很容易使学生产生倦怠的情绪，影响他们参与活动的积极性，进而影响课堂活动开展的效果。对于课堂活动的指令语，教师可以先用汉语把课堂活动的任务和要求用稍慢的语速说一到两遍，然后询问学生理解的情况。在得到学生的反馈之后，如果学生对于活动的要求还不是很明确，那么教师可以随机地邀请一名学生配合自己将活动的要求演示一遍，而不是急于用学生的母语进行翻译。教师以这样更加直观的形式让学生明白课堂活动的要求，对课堂活动的有效开展有很大的帮助。在课堂活动的开展过程中，为了提高课堂活动的有效性，教师课堂活动的指令语要简单有效，要让学生在较短的时间内明确课堂活动的要求。

四、成果展示

用口头或书面，图片或多媒体等形式展示活动的成果。成果展示的形式归纳起来大致有三种基本形式，它们是：作品展览、汇报和演出、调查报告和科学报告。无论哪种形式的成果，教师都需要给学生形成成果的形式、方法，促进学生成果的交流，通过交流，取长补短，探讨不足。

五、评价反思

评价反思阶段包括两方面：一是客观、公正、全面地评价活动全程，肯定取得的成绩，增强自信心；二是总结活动经验、接受失败教训，为下一次活动积累宝贵的经验。我们可以采用师评、自评、互评等不同形式，分享活动成果，享受成功的喜悦。

第五节 课堂活动的评估

一、课堂活动评估的方法

课堂活动评估方法种类比较多，目前公认的评价标准有诊断性评价、形成性评价和结果性评价。诊断性评价是针对学习者在活动中出现的各种问题进行总结和评价；形成性评价是评价学生在学习过程中使用所学知识与技能进行各种学习活动的成就与表现；结果性评价是用来概括成绩的评价，常常通过测试用量化的分数或等级来显示评价结果。具体方式主要有测试、访谈以及调查问卷。教学反馈得越全面，对教学质量的评估也更准确。

测试是教学评估的主要手段。教师为了检测课堂活动教学效果是否良好，可以通过测试来检测学生对所学知识的掌握情况。从测试中分析和总结自己的教学成绩以及存在的问题并不断改进教学方法，提高教学效率，使教学发挥最大的作用，取得最好的教学效果。测试既可以安排在教学过程中，比如在学生进行课堂活动的时候，教师可以针对所教的知识点对学生进行提问，并做好记录；也可以安排在教学过程结束时，以试卷考查或者让学生背诵课文的形式进行。对于每次的测试结果，教师都要做好记录和总结。

访谈一般是在课后，教师找班上的个别学生进行访谈，可以是表现积极活跃的学生，也可以是课堂上表现不够积极的学生。访谈内容主要是询问学生对教师采取课堂活动的看法及意见，在此过程中教师要做好访谈记录。

调查问卷是在课堂活动结束后，教师向每一位学生发放提前设计好的调查问卷，调查学生对于教师采取的课堂活动教学效果的反馈情况。教师将调查问卷回收，做好统计和分析，以量化的方式评估学生通过课堂活动所掌握的基础知识以及言语技能，并根据调查反馈的结果调整课堂活动方案。

二、课堂活动评估的来源

课堂教学活动评估来源主要来自教师与学生的反馈。

（一）教师反馈

教师反馈指教师在具体教学活动中对活动实施进行评价。传统教学的评价基本上以关注教师行为为主，注重教师在语言、课件制作、板书、情感、教学思路、教学设计等方面的表现，认为课堂教学是以“教”为主，“学”应该为“教”服务。教师反馈主要是从教师角度对活动的设计、组织和实施进行评价。

（二）学生反馈

以学生为中心的教学理念出现后，新的评价方式关注的是学生做了什么、说了什么、想了什么、学会了什么和感受到了什么。评价的焦点从教师转向了学生。课堂活动中，学生是课堂活动的主体，所有的课堂活动都是围绕着他们和教学内容展开的。各种类型的课堂活动，使他们在小组及班级的互动中和竞争中学习并巩固了知识。学生们全身心地投入到教师设计的课堂活动中去，自由并且有效率地进行课堂学习。我们可以根据学习者的反馈对课堂活动的形式、组织和实施进行调整。

三、课堂活动评估指标

（一）教学目标完成情况

课堂活动是教学的调味剂，但无论哪种形式的课堂活动都是以更好地完成教学目标为目的，不能本末倒置。课堂活动，特别是课堂游戏进行起来往往难以把控时间，最终导致教学时间被压缩，长期如此会影响课堂教学质量，造成教学目标无法完成、课堂秩序混乱。因此，国际中文教师要合理安排课堂活动时间，根据实际情况转变策略积极应对，先讲课再做游戏的方式也能够帮助教师把控时间。

（二）活动中语言点的练习情况

在国际中文教育中，课堂活动的开展是为了达到一定的教学目标而进行的不同于传统的练习方式的活动。课堂活动的本质还是在于对目标语言点的操练。在对课堂活动进行评估和反思的过程中，要重点回顾所开展的课堂活动对于语言点的操练情况。

课堂活动能够营造一种轻松的语言环境，在教师的引导和组织下，学生在课堂活动的开展过程中获得对语言点的练习，更好地提升了语言交际的能力。在对课堂活动的回顾和总结中，教师要关注到所开展的课堂活动对于语言点的操练情况，学生是否在活动中经常用所学的语言点进行练习。如果课堂活动并没有让学生尽可能多地练习到语言点，或者说语言点的练习并不是很多，那么教师应该结合教学实际找出原因所在。在以后的活动设计中不断地改进，使得课堂活动的有效性得到最大程度的发挥。

（三）学生参与度

学生参与度是评价课堂活动是否成功的重要指标。课堂活动在实践中越能吸引学生证明课堂活动设计得越成功。如果学生对课堂活动感兴趣，那么他们就会全情投入到活动之中，积极踊跃参与各种活动。如果学生对课堂活动不感兴趣，就不会积极参与其中，也就起不到调动学生积极性、调节课堂气氛的作用。因此，教师在设计能够吸引学生的课堂活动的同时要注意让每名学生都有机会参与到活动之中，这样才能充分调动学生的学习积极性。

在游戏或者表演类活动中，如果有些学生羞涩不愿意参与，教师要充分激励他们，在活动中分配适宜的角色或较容易的任务锻炼他们，让学生都有公平地参与课堂活动的机会，从而保证较高的学生参与度。

教师在课堂活动开展的过程中，要尽可能地关注到每一位学生参与课堂活动的情况。在课堂活动开展的过程中，可能因为课堂氛围比较轻松，会导致一些同学无法集中自己的注意力，去做一些无关学习的事情。这就要求教师及时地掌控好全局，关注好课堂活动开展中的纪律。教师对于学生的参与情况应该给予及时的反馈，教师对学生的鼓励和认可是激发学生进步的动力，同时也会拉近教师与学生之间的距离。

教师可以从学生参与课堂活动的不同方面对学生进行反馈，包括学生参与课堂活动的积极性、学生在课堂活动开展过程中语言表述的正误，教师都应该及时地反馈给学生。教师对于学生参与度的反馈能够激发学生的积极性和主动性，也对以后更有效地开展课堂活动起到了促进作用，从而达到开展课堂活动的良性循环。

当然，教师也应该有意识地关注学生对于课堂活动的反馈。学生作为课堂活动参与的主体，教师需要及时地了解和关注学生对课堂活动参与的直观感受，以及对课堂活动有效性的评价。课后，教师可以通过和学生的交流去了解学生对于课堂活动的评价和看法，并从学生的反馈中改进课堂活动的设计，从而提升课堂活动的有效性。

教师也可以让学生主动参与到课堂活动的设计中来，教师在课后多与学生进行沟通，让学生共同参与课堂活动的设计。作为课堂活动的主要参与者，学生对于课堂活动的开展肯定也会有很多不同的想法。教师在课后与学生多交流，多倾听他们对于课堂活动的意见，并将他们的建议融入课堂活动的设计中，这样既能发挥学生的主动性，又能提高学生参与活动的积极性。

（四）活动后语言点的掌握情况

在国际中文教育中，课堂活动开展得是否有效，通常可以直接地体现在学生的课后练习中。学生课后练习的正确率往往能比较直观地反映学生对于课堂上语言点的掌握情况。当然，课后的作业只是一种书面形式，而语言更多的在于实际运用的能力。因此，除了书面形式的作业，教师也可以通过平时和学生对话，在交流的过程中判断学生对于语言知识的掌握情况，判断学生是否能把学到的语言知识较好地转化成语言交际和语言运用的能力。

通过对于学生语言点掌握情况的了解，教师可以及时地去总结和反思课堂活动的设计和开展，对以后的课堂活动的设计和安排及时地进行调整，从而使得课堂活动的开展更为有效，使课堂活动能够更加有效地提高学习者语言交际和语言运用的能力。

（五）活动内容是否有意义

好的课堂活动是根据所讲授的知识和技能来选择的，每项活动内容都要围绕所讲的功能、话题展开，而不能仅仅只是结构、词汇的练习。教师要尽量为学生创设有意义的活动情境，使学生能在教师所创设的情境中运用汉语，使活动的内容更有意义。只有这样才能提高学生的语言运用能力，帮助学生真正掌握汉语。

综上所述，要提高课堂活动的有效性，教师还要对课堂活动的开展情况及时地做好评估。教师要从课堂秩序情况、教学目标完成情况、学生的参与度、语言点的练习情况、语言点的掌握情况来及时地进行总结。只有对每次所开展的课堂活动进行回顾和反思，分析值得保持的地方和应该改进的地方，并及时对课堂活动进行调查，才有利于课堂活动开展的良性循环，进而提升课堂活动的有效性，使得课堂活动更好地为提高教学质量服务。

思考题

1. 你认为要让学生在课堂上成功地开展小组活动，教师需要在活动前、活动中和活动后做好哪些组织和管理的工作，需要避免出现哪些问题。

2. 观察一次课堂教学，分析教师是如何进行课堂活动设计的。

第五章

语言要素的课堂教学活动

第一节　语音教学活动设计

一、语音教学导读

国际中文语音教学是整个汉语教学的重要组成部分和前提基础。不同语言之间的重要区别之一就是语音系统的差异。可以说，语音学习是整个第二语言学习的基础。

(一)汉语语音的特点

现代汉语的音节由声母、韵母和声调三部分组成。与印欧语比起来，现代汉语的主要特点有：

一是没有复辅音。在英语中有两个或两个以上辅音相连的情况，如 star、spring、fast 等，而在汉语中却没有这种复辅音。汉语中的 zh、ch、sh、-ng 等辅音只是用两个字母表示一个音素，而不是复辅音。汉语的声母由辅音构成，通常出现在一个音节的开头。

二是元音占优势。在汉语的音节中，可以没有辅音，但一定要有元音。除了极少数表示叹词的音节 hm(噷)、hng(哼)、m(呣)、n(唔)、ng(嗯)等是由辅音构成以外，其他音节中都含有元音。

三是有声调。汉语是有声调的语言。普通话中共有四个声调，分别是阴平（一声）、阳平（二声）、上声（三声）和去声（四声）。声调具有区别意义的作用，比如，bā（八）、bá（拔）、bǎ（把）、bà（罢）。

四是汉语的音节结构简单，音节界限分明，声母和韵母之间的配合具有很强的规律性。这些都有助于学生学习并掌握普通话音节的正确读音。

（二）语音教学的内容

在实际交际中，人们的思想表达和交流并不是由单个音节实现的，而是由音节和声调、轻重音等超音节内容共同组成的语流实现的。我们认为，语音教学内容应该兼具音素教学和语流教学，包括声母、韵母、声调教学；拼写规则教学；连读音变、轻声、儿化教学以及语调教学（包括停顿、重音、句调）等。本书中，我们也根据不同的教学内容设计了相应的语音活动。

（三）语音教学的原则

刘珣（2000）指出，科学的教学原则反映了人们对语言教学客观规律全面、正确的认识，是教学活动必须遵循的基本要求①。如果教学没有一定的原则指导，那么教学的效率和效果也势必会受到影响。根据汉语语音特点和国际中文教育的性质、目标、任务，我们认为语音教学至少要遵循以下几项原则：

1. 单音教学与语流教学相结合

我们在学习外语时经常会遇到这种情况：当对方跟你说一个单词时，你可能听不清，但当对方重复一个个音素，然后再把它们拼合在一起时，你就明白了。所以，在语音教学中，要把音节分解为音素，进行单音训练。只有把每一个单音读好，才能读准每一个音节、每一个词、每一句话。

人们在进行交际时，要发出一连串的单音，形成语流。在语流中，会发生同化、异化、弱化、脱落、增音等各种音变。因此，单音读得好并不代表在语流中也能说得好。最好的方法就是把二者结合起来，即先教每一个单音的正确发音，然后将单音融入语流中，让学生体会发音的变化，再进一步纠正语流中的单音。

比如教三声声调，先给学生一些声调为三声的单音节词练习，如“你”“我”

---

① 刘珣. 对外汉语教育学引论[M]. 北京：北京语言大学出版社，2000：94-96.

“好”“小”等。等学生掌握好三声的发音方法后，可以给学生一些双音节词练习。这些词的第一个音节为三声，第二个音节分别为一声、二声、三声和四声，如“每天”“老王”“你好”“吵架”等。学生在读这些词的时候，老师可以引导学生体会三声音节在语流中的变化。最后，老师可以总结出三声音节同其他声调音节相组合时的语音变化情况，进一步纠正学生在语流中的发音。

2. 进行对比分析，突出重点、难点

教师要将目的语跟学生的母语进行对比，找出学生的语音难点。一般来说，最难学习的首先是两种语音体系中的近似音，其次是目的语中有而母语中没有的音。比如，汉语的舌尖后音 zh、ch、sh、r，母语为英语的学生常把它们误读为英语中的舌叶音。

3. 机械性的练习与有意义的练习相结合

机械性的练习(模仿、重复)容易使学生感到疲劳，甚至厌倦。因此，可以给学生一些简单而有意义的音节、短语、成语、俗语、句子、小对话和小笑话等进行练习，这样，可以在一定程度上引起他们的学习兴趣。

将活动教学运用于国际中文语音教学过程中，一是可以用丰富多彩的“活动”代替单调、机械的模仿、重复练习，提高学习的趣味性、生动性；二是通过“活动”载体，把单项的语音教学与语言交际实践有机结合，贯彻“以培养综合语言应用能力为中心”的国际中文教育目标，这样可以在很大程度上提高教学效率，促使学生尽快形成正确的汉语发音。

4. 语音教学应贯穿整个语言教学过程

在语言教学的初期会有一段时间集中进行语音教学，课程时间短的有 15~20 课时，长的有两三周。但学生一般并不能在这一阶段完全掌握好所有的发音情况，在之后的学习过程中教师仍需要不断地纠正他们的发音。而且很多在中国生活了几十年的外国人，依然会有发音方面的问题。因此，语音教学是一个漫长的过程。

二、语音课堂教学活动示例

(一)声韵举示

【活动介绍】用于检验学生对汉语拼音、声母、韵母的掌握程度。训练学生对汉语拼音的快速反应能力，也能很好地活跃课堂气氛。

【适用学生水平】HSK 1—2 级。

【所需时长】5 分钟。

【活动准备】教师将写了汉语声母、韵母的卡片随机发给学生，也可将声母卡片给男生，韵母卡片给女生。每人可持多张卡片。教师可根据学生平时掌握语音情况，有意将掌握欠佳的声母、韵母卡片发给特定学生。也可专门制作容易混淆的声母、韵母的卡片。

【活动步骤】

(1)教师一次发一个音节。教师说“开始”后开始举示，正确得 1 分，错误不得分。例如 ma，则声母应举 m，韵母应举 a。

(2)练习结束后，可由教师统计得分，也可由学生自报得分。

【活动说明】

(1)本活动可迅速检验出学生对拼音掌握的熟练程度及弱点所在。卡片可自制，不宜过小。声母、韵母可用不同颜色的纸张或用不同颜色的马克笔书写，字体大小应能让全班同学都看得清。

(2)本活动的目的在于检验学生对汉语拼音的快速反应能力，因此进行的速度不宜过慢。每次教师发出一个音节后，应让学生在 3 秒内举出正确的声母卡片和韵母卡片，超时即此题作废。

(3)教师应确保每位学生都有举示的机会，且至少 3 次。

(4)本活动可在同一课型中多次使用，第二次使用时学生可交换卡片。

(5)本活动也可加入声调进行练习，声调可直接附在韵母卡片上，也可单独制作卡片。教师每次读出音节后，拿到声调卡片的同学应举出正确声调。

【活动后总结】教师应通过活动发现学生掌握声母、韵母、声调的不足之处，并在之后的语音教学中要加强对这部分不足的训练。

【注意事项】

(1)教师应严格规定开始举示和结束举示的时间，以保证活动效果，并便于计算得分。

(2)对活动中表现优秀的同学，教师可事先准备一些奖励，以提高学生参加活动的积极性。

（二）四声四色球（声调）

【活动介绍】汉语中的声调是教学难点，我们可以选择四种颜色的小球来分别代替四个声调，将声音跟具体的事物紧密结合在一起，以此来进行发音练习，可以给学生很牢固的印象。

【适用学生水平】HSK 2 级。

【所需时长】10 分钟。

【活动准备】若干套四色小球。

【活动步骤】

（1）把学生分成几个组，每组发两套红、黄、蓝、绿四种颜色的小球。告诉学生：红色代表第一声，黄色代表第二声，蓝色代表第三声，绿色代表第四声。

（2）活动可以分必答部分和抢答部分。必答阶段每组学生都要轮流参与回答，每个学生都回答过之后进行抢答比赛。

（3）必答——每组第一位同学准备，如老师在第一组说“图书”，第一组第一位学生应该举起黄色和红色的小球，回答正确得 10 分，如果回答错误，同组其他学生有一次机会改正，修改正确得 5 分。在第二组老师说“操场”，第二组第一位学生要举起红色和蓝色的小球。

（4）抢答——每组每个学生都回答了至少一个问题后，开始抢答比赛。如老师说“卖”，最先举绿色的那个组得 10 分，第二举起的得 5 分，第三举起的得 3 分，依此类推。最后直到规定的时间结束，得分最高的组获胜。

【注意事项】抢答注意先后。教师可设置必要的“开始抢答”信号。

【活动后总结】教师在活动过程中应注意学生出错较多的声调，在活动结束后进行讲解或让学生练习。

（三）西蒙的命令（音节）

【活动介绍】老师选取一名学生来做西蒙，西蒙说指令，其他人跟着指令做动作。这一活动既锻炼了汉语学习者对汉语的反应能力，又营造了说汉语的语音氛围。在此过程中，教师也可以检验学生发音情况。

【适用学生水平】HSK 1—2 级。

【所需时长】5 分钟。

【活动准备】将教室桌椅挪好，腾出玩游戏的空间。

【活动步骤】

(1)随机选取一个人做西蒙，告知大家游戏规则，当听到西蒙说“……”时，要立即做出相应的动作。

(2)当听到西蒙说“坐下”，全体学生要立即坐下；当听到西蒙说“伸出左手”，所有学生都要伸出左手。

(3)活动过程中，教师记录充当西蒙的学生的发音情况，看看有哪些不足。同时，还要观察其他学生听到指令后的反应。

【活动说明】“西蒙的命令”这个游戏给学生营造了一种讲第二语言的氛围。一部分地区的汉语学习者由于国籍或者自身的特点的原因，汉语读写能力特别强，但是听说能力较弱。因此，在汉语学习者学习的初级阶段，通过让学生说的游戏来鼓励他们多说，大胆开口说，这样能及时发现学生发音存在的问题并纠正发音错误。

【活动总结】“西蒙的命令”这个游戏活跃了课堂的气氛，尤其是在语音教学这种比较枯燥的课堂上。教师通过这个游戏也能随机观察到学习者的一些发音问题，在以后的教学上能有所侧重。

【注意事项】

(1)对于汉语初学者来说，充当西蒙的角色完全讲汉语比较难，因此，可能会在下指令时存在说中介语的现象，刚开始教师可以包容慢慢再让其改进。

(2)由于学习汉语时间较短，西蒙讲话的语速可能会比较慢，指令有时会一个字一个字“蹦”出来，因此，教师在适当时候可以提供鼓励。

(四)一口气(音节)

【活动介绍】每组选取一个代表，教师领读一个词语，然后各小组的代表要用一口气来不断重复这个词，如“苹果苹果苹果……”，一口气说的时间长者获胜。这个活动可以强化汉语的发音。

【适用学生水平】HSK 1—2 级。

【所需时长】3~5 分钟。

【活动准备】

(1)全班分好组，让各组选出一个代表来参加“一口气读词”比赛。

(2)说明游戏规则：教师在黑板上写下一个词的声母、韵母、声调，各小组代表同时用一口气读这个词，谁能坚持时间最长即为获胜。

【活动步骤】

（1）教师写下某个词的声母、韵母和声调，给学生 10 秒钟时间拼读，10 秒后游戏开始。

（2）在老师说出指令“开始”后，各组代表同时发声，老师以及其他学生是评判者，看谁坚持得最久。

（3）选出最佳选手后，教师点评各组学生的表现。

【活动说明】在教授了学生语音发音部位的情况下，不少学生在发音上仍然有问题，这个游戏能够强化学生对发音部位的认知，也能够让学生感知发音部位，同时，老师在此过程中也能够做出指导。

【活动总结】“一口气读词”课堂活动既加强了学生对声母、韵母、声调的发音练习，也能让教师发现学生发音不足的问题，为以后语音教学提供帮助。

【注意事项】

（1）注意各组代表在发音时的正确性。

（2）注意参赛者是否是一口气发出的，发音中断了就是失败。

（五）四声体操舞（声调）

【活动介绍】“四声”是汉语学习中一个普遍的难点。对学习者来说，“四声”仿佛是在口腔内进行的一种“暗箱”操作。如果能够使这种“暗箱”操作明朗化、明确化，就能够帮助学习者理解“四声”的发音特点和规律，从而帮助他们更好地掌握“四声”。“四声体操舞”根据汉语声调的音高和节奏特点设计出相应的体操动作，把“四声”和身体动作结合起来，使声调的变化规律可视化，从而帮助学习者更好地理解和掌握“四声”。

【适用学生水平】HSK 1—3 级。

【所需时长】6 分钟。

【活动准备】

（1）教师事先告知学生根据“四声”音高和变化特点设计的体操动作的做法：

第一声：身体站直，两手臂向胸前平伸，掌心相对。发第一声时两手向两侧平展，身体呈“+”字。

第二声：身体站直，两脚距离与肩同宽，双手合十放在胸前。发第二声时，双手向身体的左上方伸展。

第三声：身体放松站立，双手垂下。发第三声时，双手向上伸展，形成一个“V”字。

第四声：双手向上高举。发第四声时，双手向两边垂下。教师向学生亲自示范这四个动作。

(2)找到符合四声发音特点的音乐作为四声体操舞的伴奏。

(3)将四声体操舞的基本动作提前教给学生，让大家熟悉。

(4)根据教学需要(练韵母或练音节)，准备练习材料。

【活动步骤】

(1)此活动可以在教室进行，也可以在室外进行。如果教室空间足够，可以在教室前排进行。如果教室空间有限，可以请学生站在自己座位旁边进行活动。

(2)学生自由组成小组，5~10人一组，教师给每组发一份练习材料。

(3)选出一名学生担任裁判，明确打分标准，可包括动作整齐分、声调准确分、表情分等。

(4)请各小组表演四声体操舞。

(5)得分最高的小组为优胜组，给胜出的小组颁奖。

(6)游戏过程中，教师可在学生同意和学校允许的情况下进行录像，以便存档或后续播放。

【活动说明】

(1)如果教学时间不允许教四声体操舞，可以用简单的头部活动或手势来代替。比如一声头左右平移，二声头向右上扬，三声沿“V”字形线路摆头，四声低头。也可以让学生伸出手来比画声调。

(2)这个游戏不仅能在课堂教学时使用，也可以作为班级表演的节目。用于表演时，应该加大排练力度，保证动作整齐和美观。

【注意事项】

(1)在课堂上进行排练，如果学生太多，教室空间太小，会分散他们的注意力，教师难以维持课堂纪律，因此活动地点可以选在礼堂或更开阔一些的地方。

(2)有学生表演时，教师要提醒观看的学生尊重他人，遵守课堂纪律，不要对表演评头论足。在分组排练的时候，必须让学生在老师的视线范围内活动，以免发生危险或其他意外情况。

（六）听拼音摘卡片（声母、韵母、音节）

【活动介绍】这是一个训练学生辨别拼音能力的活动，目的是让学生掌握拼音中声母和韵母的发音。

【适用学生水平】HSK 1—3 级。

【所需时长】5 分钟。

【活动准备】成套的拼音卡片，也可以自己制作。

【活动步骤】

（1）老师把学生分成几组，并且为每组准备一套拼音卡片。

（2）老师先把几套拼音卡片贴在黑板上，每套卡片中的拼音顺序可以不同。

（3）游戏开始，每组第一名学生在黑板前等候。老师说出一个声母（或韵母、音节），学生就立刻摘下老师所念的声母（或韵母、音节）卡片，摘得对且快的得 2 分，摘得对但稍慢的得 1 分，第三名之后的和摘错的不得分。

（4）接着各组第二名学生上前，老师继续说下一个声母（或韵母、音节），最后得分多的组获胜。

【活动总结】听拼音摘卡片既训练了学生的反应能力，也很好地锻炼并加强学生的声母、韵母和音节速听能力。

【注意事项】

（1）摘得快是指在三秒内迅速反应，超过三秒的视为摘得稍慢。

（2）每组同学在摘卡片时其他同学不得干扰。

（七）拼音对对碰（音节）

【活动介绍】这个活动是针对“j、q、x”“zh、ch、sh”“z、c、s”与“u”和“ü”的拼合练习。

【适用学生水平】HSK 1—2 级。

【所需时长】10 分钟。

【活动准备】

（1）教师制作一些上面写有“j、q、x”“zh、ch、sh”“z、c、s”与“u”和“ü”的卡片。

（2）教师将声母卡片和韵母卡片放在两个不同的盒子里。

【活动步骤】

(1)将学生分为2人一组(视班级人数而定)。

(2)每组学生有30秒时间，从声母卡片盒子和韵母卡片盒子里每次抽取一张卡片。

(3)学生判断抽取的卡片是否能够拼合，若能拼合，则大声读出拼音；若不能，则立即放回盒子里，再重新抽取卡片。

(4)每正确读出一个拼音或者判断不能组成拼音，该小组获得1分。

(5)教师统计得分，比一比哪个小组得分最高。

【活动说明】“j、q、x”“zh、ch、sh”“z、c、s”与“u”和“ü”的拼读规则是汉语拼音中重要的拼读和拼写规则，通过此活动，让学生更加重视“j、q、x”“zh、ch、sh”“z、c、s”与“u”和“ü”的拼读规则，同时，活动中紧张激烈的竞争氛围让拼读更具趣味性。

【活动后总结】教师总结学生在活动中判断拼读规则的情况，并进一步强调“j、q、x”“zh、ch、sh”“z、c、s”与“u”和“ü”的拼读规则。

【注意事项】教师需要维持好课堂秩序，严格把控每组学生30秒抽取卡片的时间和拼读的时间。

(八)争分夺秒(音节)

【活动介绍】本活动适用于培养学生声母、韵母的组合能力，以及对音调的辨别能力。除此之外，也可用于检验学生的发音是否正确。

【适用学生水平】HSK 2—3级。

【所需时长】10分钟。

【活动准备】

(1)教师选择若干个需要练习的音节，将它们写在一张纸上。

(2)将这些音节的声母、韵母做成卡片，每张卡片上写一个声母或韵母。

(3)制作4张声调(阴平、阳平、上声、去声)卡片。

【活动步骤】

(1)教师将学生分为若干组，轮流进行比赛。

(2)每组派出一位代表，教师将写有若干音节的纸片交给该学生，让该学生朗读纸片上的音节。

(3)组内其余学生持有打乱顺序的声母卡片、韵母卡片和声调卡片。他们要根据本组代表所读的音节迅速找到对应的声母卡片、韵母卡片和声调卡片，拼出该音节。

(4)其他组合成员及教师可以评价他们的发音和拼写是否正确。

(5)教师计时，比一比哪组学生在规定时间内准确拼出的音节最多。

【活动说明】本活动也可由教师朗读音节，全班学生同时进行拼写比赛，比一比谁先拼出教师朗读的音节。

【活动后总结】

(1)教师应对活动中学生发音不准确或拼写不准确的音节进行及时总结。

(2)本活动可用于区别性辨音练习，也可作为语音部分的复习活动。

(3)活动后教师可让学生完成练习以检验活动效果。

(九)重左轻右(重音)

【活动介绍】本活动可以帮助学生练习汉语的轻音、重音，明确轻重音对句子意义的不同作用。

【适用学生水平】HSK 3—4 级。

【所需时长】10 分钟。

【活动准备】

(1)教师准备一些学生学过的常用词及例句。这些词语在句子中使用时，有轻读的情况，也有重读的情况，但是两者对句子意义起到不同作用。

(2)教师将所有的词和例句做成卡片。

【活动步骤】

(1)教师将例句卡片发给学生，每个学生手上有 1~2 个例句卡片。

(2)教师将黑板分为两部分，左边为重音区，右边为轻音区。

(3)教师随机出示一个词卡，让手持这个词的例句卡片的学生根据自己手中的例句，将卡片贴到黑板的对应区域。如教师出示“就”，则持有“不管我怎么说，他就是不听”和“我吃了饭就去找你”例句的两个学生分别将自己的卡片贴到黑板的左边和右边。

(4)教师评价学生正误，并带领学生练习该例句。

【活动后总结】教师应及时帮助学生总结归纳常用词对句子意义的不同作用。

【活动提示】

(1)例词示例：就、都、再、又、还

(2)例句示例：

重读：别着急，我就来了。/不管我怎么说，他就是不听。/就你不听话。

轻读：我吃了饭就去找你。/大点儿就大点儿吧，买下算了。

(十)拼音脑风暴(音节)

【活动介绍】本活动用于训练学生汉语拼音的拼写能力，也可以用于复习巩固已学词汇。

【适用学生水平】HSK 3—4 级。

【所需时长】10 分钟。

【活动准备】黑板和不同颜色的粉笔。

【活动过程】

(1)教师将全部学生分为两组(视班级人数而定)。

(2)教师先在黑板上随意写一个拼音，如“xue xiao”。

(3)每组学生轮流派一名代表在黑板上进行接龙，所接的词语只要含有前一词语中任意一个拼音即可，如“xue sheng”“xiao yuan”。

(4)两组学生用不同颜色的粉笔依次书写，接龙词语不能重复，比一比哪组写得更多。

【注意事项】本活动适用于学习了一段时间汉语，有一定词汇量基础的学生。

(十一)“快乐传真”(声母、韵母、音节、语流)

【活动介绍】通过语音传递的方式活跃课堂气氛，培养了学生听辨拼音的能力，同时又树立了他们准确发音的意识。

【适用学生水平】HSK 1—3 级。

【所需时长】6 分钟。

【活动准备】学生分为两组，分别围坐成一圈。

【活动步骤】

(1)教师悄悄地告诉每组第一个学生一个音素或者单、双音节，当然每组一次传递的内容最好是不同的，以免相互影响。比如教师说“e”，由第一个学生通过耳语告诉第二个学生，依次传递到最后一个学生。每组最后一个学生站起来大声说出他听到的内容。

（2）如果答案正确，即该组得一分。如不正确，教师可以抽查该组中间的学生，看看从哪出的问题，以此纠正学生的错误。答案无误的组得一分，最终分数高的组胜出。

【注意事项】

（1）教师要强调活动过程中只能通过耳语的方式来进行传递。很多学生会因为"小组荣誉感"而不自觉地交谈或者设法用除耳语外的其他方式传递信息给自己的下一个组员，所以可能出现每组都是满分的情况。

（2）教师找传递过程中的错误源时，要注意对时间的把握，特别是对于人数多的班级。

（十二）"绕口令"（音节、语流）

【活动介绍】绕口令是我国民间的一项传统语言游戏。它将声、韵、调易混的字词叠放在一起，节奏性强，使发音相近的词组成的句子形成妙趣横生的韵律。通过对绕口令的练习，让学生有针对性地练习一些易混淆、易形成语音偏误的声母。同时也训练学生对词和句子的语感，提高发音的流利度。

【适用学生水平】HSK 4 级。

【所需时长】10 分钟。

【活动准备】写有各种绕口令的卡片。

【活动步骤】

（1）教师根据卡片数量，将班级分成与之对应的组数。

（2）教师让每组练习本组卡片上的绕口令，并让小组内成员讨论小组所抽取到的绕口令是针对什么语音练习。

如：区分 b、p：八百标兵奔北坡，炮兵并排北边跑。炮兵怕把标兵碰，标兵怕碰炮兵炮。

区分 s、sh：四是四，十是十，十四是十四，四十是四十。

区分 z、zh：隔着窗户撕字纸，一次撕下横字纸，一次撕下竖字纸。是字纸你就撕字纸，不是字纸不要胡乱撕一地纸。

区分 h、f：粉红墙上画凤凰，凤凰画在粉红墙。红凤凰、粉凤凰，红粉凤凰、花凤凰。红凤凰，黄凤凰，红粉凤凰，粉红凤凰，花粉花凤凰。

(3)游戏最后5分钟，每个小组派出一位绕口令练习得最好的同学在全班同学面前展示，并由小组内成员回答此绕口令是针对什么语音问题。

【注意事项】“绕口令”着重练习的是语音，如该绕口令中汉字较复杂的，应用拼音代替。教师需向学生明确绕口令的含义。

(十三)委婉拒绝要掌握好分寸(“不”的变调)

【活动介绍】本活动让学生以表达“拒绝”或“否定”的情境为切入点，在使用“不”的情境中，熟悉“不”在语流中的变调规则，固化其在不同声调组合中的发音。同时，让学生体会汉语在表达拒绝、否定时的“分寸”及汉语所蕴含的“尊敬他人”的文化特征，并为学生正确、得体的交际打下基础。

【适用学生水平】HSK 3—4级。

【所需时长】20分钟。

【活动准备】

(1)教师准备“‘不’的结构分类卡片”，用拼音标注，包括：

①表示否定的“不+形容词”，如：不对、不好、不漂亮、不多等，对应委婉否定表达方式是不太对、不太好、不太漂亮、不太多。

②表示否定或拒绝的“不+动词”，如：不会、不去、不想、不可以、不要、不能等，委婉说法要先说“对不起”，如果拒绝别人的帮助要说“谢谢”。

③表示鼓励、安慰，如：不用担心、不用着急、不用害怕等。

(2)以上卡片均按学生人数准备，学生没学过的词需注上拼音及母语意义。

【活动步骤】

(1)热身：教师提问学生，在被拒绝或否定时心里有什么感受。教师进一步讲解，在中国文化的日常交际中，尊重他人是重要的原则。这一原则体现在语言交际中，第一说话要礼貌，第二表示否定时语气要委婉，其中重要的一点就是得体地使用“不”。

(2)教师在黑板上写“不”的拼音，讲明变调规则后，示范朗读并发放卡片1，让学生在“不”上用彩笔标明变调，并自由试读3分钟左右，然后教师领读，纠正错音。

(3)教师讲解委婉否定表达及用法，师生互动问答，如：某某(明星)漂亮(帅)吗？答：不(太)漂亮(帅)。

(4)教师发放卡片2、3，在保证学生发音准确、理解正确的基础上，互动问答：

A：你会开车吗？　　　　B：对不起，我不会。

A：你喝茶吗？　　　　B：不喝，谢谢。

A：你需要我做什么？　　　　B：不需要，谢谢。

【活动后总结】

（1）在汉语中，表示委婉否定的说法还有很多，如“我妈妈不太高，但很漂亮”。让学生仿照说句子。

（2）教师总结“不”的变调，强调要委婉说“不”，做个有涵养的人。

（十四）速配音物（音节）

【活动介绍】本活动借助有意义的单音节词、双音节词、短语及日常生活中常见的物品，来帮助学生掌握易混淆音“zh”“ch”“sh”“z”“c”“s”“j”“q”“x”，在有趣的活动中帮助学生形成准确的发音。

【适用学生水平】HSK 1—2 级。

【所需时长】10 分钟。

【活动准备】按学生人数的一半准备下列物品：

一个橘子、一张裙子的图片、一张 T 恤的图片、一张白色纸、一张紫色纸、一把叉子、一个黑板擦、一张数字 4 的图片、一张数字 10 的图片。

【活动过程】

（1）教师讲解代表物品的含义，让学生建立起音义联系。

（2）运用准备好的实物加强这些读音的音义联系。

（3）教师发放物品，两个学生一组，一人拿物品，另一人说出相应的汉语，然后交换。练习 5 分钟后上台表演。

（4）抢答：第一轮，教师说汉语，学生快速找物品，找得既对又快的为优胜组；每说对 1 个得 1 分。第二轮，教师手持物品，快速更换，让学生说出物品的汉语发音，说得既正确又快的为优胜组。每说对 1 个得 1 分。两轮得分相加，分数高的为最终获胜组。

【注意事项】

（1）所准备的物品最好为实物，没有条件的可以准备图片。

（2）为避免抢答时秩序混乱，教师可规定开始抢答的信号。

(十五)一一归队("一"的变调)

【活动介绍】本活动可帮助学生掌握"一"的变调。

【适用学生水平】HSK 2—3 级。

【所需时长】10 分钟。

【活动准备】

(1)教师准备一些含有"一"变调的词组，将它们做成词卡。

(2)将"yi""yi 1""yi 2""yi 4"做成 4 张不同的卡片。

【活动步骤】

(1)教师将"yi""yi 1""yi 2""yi 4"卡片分给 4 位学生，并请他们站在教室的不同位置。

(2)教师将所有词卡分配给全班剩余学生，每人一张。

(3)教师逐一念出词卡上的词语，学生根据教师念的词卡上"一"的变调找到持该发音的学生并归队。

【活动后总结】教师可让学生根据自己归队的情况，总结"一"的变调规律。如表 5-1 所示。

表 5-1 "一"的变调规律

<table>
<tr><td rowspan="4">一</td><td>yi 1</td><td>词/句尾或单用</td><td>十一、统一、唯一</td></tr>
<tr><td>yi 2</td><td>去声前</td><td>一定、一样</td></tr>
<tr><td>yi 4</td><td>非去声前</td><td>一般、一年、一两</td></tr>
<tr><td>yi</td><td>放在相同的动词中间</td><td>想一想、看一看</td></tr>
</table>

【注意事项】本活动也可用于练习"不"的变调规律。如表 5-2 所示。

表 5-2 "不"的变调规律

<table>
<tr><td rowspan="4">不</td><td>bu 4</td><td>词/句尾或单用</td><td>不、偏不</td></tr>
<tr><td>bu 2</td><td>去声前</td><td>不怕、不看</td></tr>
<tr><td>bu 4</td><td>非去声前</td><td>不吃、不同、不想</td></tr>
<tr><td>bu</td><td>放在相同动词的中间</td><td>来不来、想不想</td></tr>
</table>

第二节 词汇教学活动设计

一、词汇教学导读

词汇是语言的建筑材料，承担着语言表达的意义构建。作为构成语言的三大要素之一，词汇在汉语研究和汉语教学中都具有非常重要的地位。由于汉语词汇的总量非常大，并随着时代的发展不断地更新扩大，因此词汇教学将始终贯穿国际中文教育的全过程，是一项较大的挑战。对于一个汉语国际教育专业的学习者和未来从业者来说，词汇教学的质量在很大程度上决定了外国学生理解汉语及运用汉语进行交际的能力。因此，词汇教学在国际中文教育中具有较高的地位。

（一）词汇在语言教学中的地位

“将词汇教学放在语言要素教学的中心位置”这一观点目前已得到大多数学者的认可。

从学习者角度看，词汇学习是提高语言交际能力的前提，只有有了一定的认读能力，才能更有效地学习与运用，如语篇的阅读、语法的理解、日常交际等。从教学角度看，要使学习者具备成段表达能力需要打下多方面的基础，而词汇量就是重要基础之一。重视词汇教学并不是单单只保存词汇，而是要以词汇为中心展开国际中文的教学；重视词汇教学并不是舍弃语音、语法的教学，而是让它们更好地结合。

从语言交际的角度看，交际双方的注意力都集中在信息本身，而不是语言形式和规则上，而词汇是最基本的信息载体，是语言交际的核心。汉语学习者常常不能准确而完整地说出合乎语法的句子，但是依靠所掌握的一个个零散的词语也可以完成交际任务。由此可见，词汇对于语言交际具有关键作用。

（二）词汇教学的原则

1. 场景应用原则

词汇教学的主要目的不是让学生学习语言本体知识，而是让学生消化和理解语言蕴含的知识，体验词语的使用条件和方式，并尝试用语言解决问题，展示语言功能，分享使用语言带来的快乐。实现这个目的的前提是设计具有仿真性的语境。尽管仿真性的语境不是真正的汉语语境，但是它仍然是第二语言学习者获得语言能力的重要平台，第二语言学习者在这里可以体验到汉语语用条件的精髓。设计科学仿真语境的前提条件是懂得并会运用汉语语言学理论知识。

汉语是典型的孤立语，词形变化少，词语的各种意义都和使用该词语的语境关系密切。“仿真语境”的设计是第二语言教学的重要环节，它是学习者理解词语意义和用法的重要平台。“懂”这个词说来容易，做到很难，我们不可能在脱离语境的情况下实现对词语的正确理解。课堂教学创造仿真语境需要物质保证和技术支持，现代科技提供了技术保障。我们常用的仿真语境有：制作动画课件、观看小视频、现场表演等。仿真语境是言语运用的社会性模仿，是学习者第二语言社会化的需要。仿真语境的设计是场景应用原则的根本。

2. 情感参与原则

这个原则突出的是实践主体的参与。第二语言教学活动必须激发学习主体内在的学习动机。从学习的角度看，学生是主角，是教学活动的中心，是矛盾的主要方面。学生的参与度、参与状态决定教学效果的好与坏，因此，我们提出情感参与原则。这个原则通过“感觉知觉的联动性”具体贯彻到第二语言教学的实践中。

所谓“感觉知觉的联动性”是指激发学习者的学习动机，调动其所有的感官和思维进入学习状态。一旦感官联动，就会产生联动效应，各种感觉器官和思维的贯通就不只是线性的了，而是平面的或者是立体的。这个时候学生学习的参与度是最好的，也是贯彻情感参与教学原则的最佳时机。教师要抓住最佳教学时机，挖掘学生感觉知觉联动蕴含的巨大可能性，获得事半功倍的教学效果。

3. 词语复习的间隔性和变化性

学生在学习词汇时，形式、意义相近的新旧词语往往会相互干扰，因此，教师在设计词汇活动时，词语形式的呈现要有间隔性，对于词语意义、功能的训练要有变化性。这种间隔和变化不仅增加了编码的丰富性，也增强了学生的思维活动，使学生的大脑保持兴奋状态。

4. 第二语言词汇和第一语言词汇对比原则

在词汇学习的初期，学习者往往将第二语言词汇的形式和相应第一语言词汇的意义相联结，造成后期一些词语使用的偏误。因此，教师在词汇活动中应帮助学习者意识到母语和目的语的不同，使学生了解不同语言在词汇意义概念界定和表达方式上的差异，进而建立第二语言形式与意义之间的映射关系，为第二语言的学习奠定良好基础。

二、词汇教学活动示例

(一)我说你猜

【活动介绍】通过对词语含义的解释，提高学生对生词词义的掌握程度。同时，也可提升学生的汉语口语表达能力和汉语听力能力。

【适用学生水平】HSK 3—4 级。

【所需时长】10 分钟。

【活动准备】

(1)若干需要练习的词语，一般以 10 个左右为宜。

(2)黑板、粉笔，或幻灯片。

(3)根据学生人数将学生进行分组，一般将学生分为两组。

【活动步骤】

(1)教师在黑板上或在幻灯片上展示要学生猜的词语。

(2)每组每次上来两个学生，一个背对黑板，另一个面向黑板。

(3)面向黑板的同学用汉语解释出示词语的含义，解释的话中不能出现被猜的词语。同时，背对黑板的同学根据面向黑板同学的解释来猜出黑板上的词语。

(4)时间到后，看哪个组猜对的词语多。

【活动后总结】教师应注意在活动进行过程中观察学生在游戏中出现的错误。如是否有混淆近义词、混淆形近字的情况，是否有口头表达的偏误。

【注意事项】

(1)活动总时长为 10 分钟，最好对猜每个词的时间也做出相应规定，如不超过 1 分钟，以保证活动节奏。

(2)该活动有多种变体，同样适用于练习汉字。

（二）词语生产队

【活动介绍】通过运用汉语中构词能力强的成词语素，增强学生的构词能力，扩大学生的词汇量。

【适用学生水平】HSK 2—5 级。

【所需时长】8 分钟。

【活动准备】教师准备一些较为活跃的成词语素，如“人”“大”“好”等，并制成卡片。

【活动步骤】

（1）将全班学生分成若干个小组。

（2）教师展示一个语素卡片，由第一组的第一位学生说一个带有该语素的词，接着第二组的第一位学生继续说一个带有该语素的词，以此类推，最后一组的学生说完后由第一组的第一位学生继续说，直到没有学生可以说出带有该语素的词为止。

（3）教师展示第二个语素卡片，从最后一组的第二位学生开始，倒推到第一组的第二位学生。

（4）说对的学生得 1 分，说错或没有说出的学生不得分。得分最多的组获胜。

【活动后总结】教师可在活动后将这些活跃的成词语素能构成的词语做成幻灯片，带领学生朗读，进一步巩固这些常用词。

【注意事项】

（1）教师可以给每位学生限定时间，如在 10 秒内没有说出的学生则不得分。

（2）教师还可以缩小学生给出词语的范围，如规定词性或词语的长度等。

（三）五个东西

【活动介绍】训练学生的反应能力，帮助学生建立词语库，巩固词汇知识，提高表达能力。

【适用学生水平】HSK 3—5 级。

【所需时长】8 分钟。

【活动准备】教师提前准备一些有目标物品出现的“主题”，如“超市”“动物园”等，并将其制作成纸签，放入一个空盒子中。

【活动步骤】

(1)活动开始，教师从盒子中随机抽取一张纸条，选择有目标物品出现的主题。

(2)学生可围坐成圆圈，或按座位顺序从前至后蛇形进行回答。

(3)每个人说一个在这个主题下会出现的东西。如抽到的主题是“超市”，那么学生可以接力说“面包、水、饮料……”

(4)说出的物品不能重复，思考时间不能超过 5 秒或 10 秒。

(5)说错或回答不上的同学接受“惩罚”。

【活动后总结】教师可在活动后补充游戏中抽取主题中学生未说出的物品，帮助学生积累词汇。

【注意事项】

(1)教师可为每一轮主题设定时长，如 2 分钟。也可提前录制鼓声，以增加游戏的刺激和紧张感。

(2)教师可根据教材内容和学生水平自由变换主题，除了地点之外，也可设定为“上课时常用的东西”等。

(3)教师对说错或回答不上的同学的“惩罚”可以是要求他用所抽取的主题造句。

(四)沉默的传声筒

【活动介绍】帮助学生提高汉语词语发音准确性，同时训练词语的书写。

【活动时长】10 分钟。

【适用学生水平】HSK 3—4 级。

【活动准备】教师准备一些发音易混淆词语的拼音卡片。

【活动步骤】

(1)全部学生分为若干组，每组站成一排，背对教师。

(2)教师向每组的最后一位学生展示一个词语。

(3)教师说“开始”并开始计时，每组最后一位学生用口型把纸上的词语告诉前面的学生，这位学生再根据口型和自己的判断用口型告诉他/她前面的学生，以此类推。

(4)每组第一位学生把他认为正确的词语拼音写在黑板上，传得最快、最准确的组记 3 分。

（5）根据黑板上的拼音，每组在黑板上写出该拼音可能的词语形式，每写出一个正确的词语得 1 分，得分最多的组获胜。

【活动后小结】教师可在活动结束后引导学生回忆“猜测”词语发音的过程，让学生思考在哪个环节出现了错误，进而在此过程中明确目标词语正确的发音方法。

【注意事项】学生根据拼音写出多个同音不同形的词语，都算正确。

（五）构建词网

【活动介绍】在词汇教学中，教师应引导学生关注复合词的构成方式。此活动能激发学生对复合词的好奇心，从而帮助学生扩大词汇量，同时还能创建互相学习的良好氛围，帮助学生成为独立的语言学习者。

【适用学生水平】HSK 4—6 级。

【活动时长】30~40 分钟。

【活动准备】教师提前准备一张“词汇网”的图片用以说明。

【活动步骤】

（1）教师与学生讨论中文的特点，讨论应聚焦在字与词的关系上。中文里的许多词都是复合词，具有固定的构词模式，一旦掌握了一个复合词，也就学会了其他几个词的一半。

（2）教师用 PPT 展示一个准备好的“词汇网”如图 5-1 所示，复合词最好从学生已经学过的材料中挑选。教师边画“词汇网”边让学生猜猜每个词语的意思，并利用这个机会带领学生复习复合词及组成这个词的每个汉字。

（3）教师给每个学生一个复合词，让他们做出自己的“词汇网”，并要求学生从目前正在或将要学习的课文中选出感兴趣的字词加入“词汇网”中，如在此过程中遇到问题可以查词典，同学之间可以讨论。教师一定要强调，这个活动不是做美工作业，学生的时间应该花在查阅词典、思考问题和学习新字词上。

（4）教师在评估学生的“词汇网”时，要圈出那些有用的字词，尤其是学生即将学的生词，确保所选的词能与其他词连接起来。

（5）最后，每个学生向同学们展示他的“词汇网”。

【活动后小结】活动结束后，教师可再次带领学生回顾汉语构词的方法，并强调这是扩大汉语词汇量的重要方法。

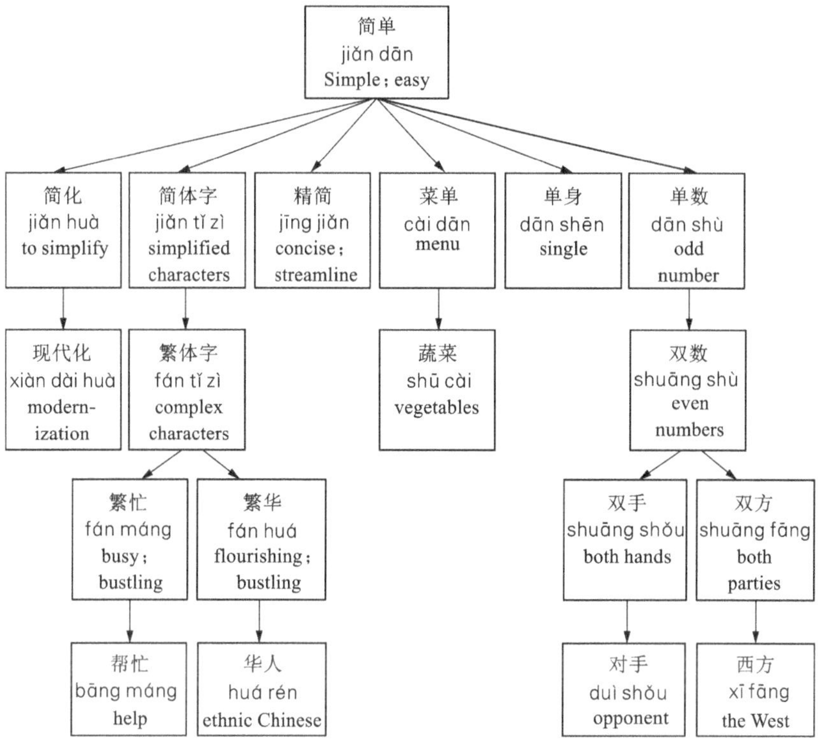

图 5–1　词汇网示例

【注意事项】词汇网的第一层级最好有六个复合词，余下的每个层级至少包含四个复合词。我们的范例挑选了学生可能学过或感兴趣的一些复合词。

（六）比拼词汇

【活动介绍】给定声母让学生写出以此为声母的词语，帮助学生巩固词语的发音，同时训练词语的书写。

【适用学生水平】HSK 2—4 级。

【活动时长】8 分钟。

【活动准备】教师需要提前了解学生的汉语水平，并根据学生的汉语水平选择合适的声母。

【活动步骤】

（1）将班级内的同学分为两组，每组每次派一名同学参加。

(2)教师分别给出所选词语的声母，给学生1分钟思考。如“HY”，学生可写出“汉语、还有、回忆、欢迎、会议”等词语。

(3)教师发出指令，两组学生开始轮流将符合要求的词语写在黑板上。

(4)活动结束，统计每组的得分情况选出胜利组。

【活动后小结】活动结束后可带领学生对自己写出的正确词语进行齐读。

【注意事项】此活动既训练了学生汉语词语的发音又训练了学生汉语词语的书写，教师应同时注意学生的汉字书写是否正确。

(七)疯狂续故事

【活动介绍】将词语融合于情境之中，训练学生运用词语的能力。

【适用学生水平】HSK 3—5级。

【活动时长】10分钟。

【活动准备】教师提前准备若干小故事作为参考，从故事中提取一些关键词，制成卡片。

【活动步骤】

(1)教师将学生分为4人一组，在教室前站成一排。

(2)教师给出一个句子作为故事开头，如“星期天我去公园”，第一位学生要接着这句话编故事，要一直说不能停顿，教师此时出示一张词语卡片，第一位学生立即停止，第二位学生要紧跟着第一位学生的故事进行续编，且必须将教师出示的这个词加入到故事中。

(3)教师出示第二张卡片时，第二位学生立即停止，第三位学生继续，按照此规则依次后延。

(4)教师带领全班同学熟悉活动规则和节奏后，可随机选择一名学生写一个词语来确定故事走向。

(5)最后教师与学生共同讨论出讲故事最精彩的一组。

【活动后小结】教师可在活动结束后选择故事中的重点词汇，对学生给予该词汇的情境和句子进行点评，对该词语用法进行巩固。

【注意事项】

(1)本活动的重点是要求学生的口述故事不能中断，以此进行语言表达的高密度、高强度训练。

(2)如出现学生续不下去、长时间停顿的情况，教师可进行适当的引导和提示。

（八）定时炸弹

【活动介绍】通过快速问答，训练学生对汉语词语的即时反应能力和词语使用、搭配的能力。

【适用学生水平】HSK 3—5 级。

【活动时长】10 分钟。

【活动准备】计时器 1 个。

【活动步骤】

（1）教师用计时器设定倒计时时间，并提出一个问题，将计时器递给第一位学生。

（2）第一位学生应尽量快速简短地回答教师的问题，并向第二位学生提出一个问题，同时将计时器传给第二位学生，以此类推。

（3）闹铃响起时计时器在哪位学生手里，他就需要重复前面所有的问题并对这些问题作出回答。

（4）该学生重新设定计时器时长，依前述规则继续传递，直到全班学生都参与进来，活动结束。

【活动后小结】教师应注意活动过程中学生词语搭配或用法有误的地方，并在活动结束后进行纠正。

【注意事项】设定计时器时长时，应充分考虑记忆力极限以及学生年龄、特点，不宜过长。

问题范例：

（1）A：你为什么学汉语？

　　B：我喜欢。

（2）A：你为什么选择来我们学校学习汉语？

　　B：因为很有名。

（九）西部牛仔

【活动介绍】训练学生对汉语词语的快速认读能力，帮助学生扩大词汇量。

【适用学生水平】HSK 2—4 级。

【活动时长】10 分钟。

【活动准备】教师提前准备一些写有汉语词语的词卡。

【活动步骤】

(1)教师将全班学生分为两组，每次两组各派一人到教室前方参加。

(2)两个学生分别从教师手中随机抽取一张生词卡，背对背站着。

(3)教师数“一、二、三”，双方同时往前走三步，然后教师说“转身”，两位学生同时转身，并迅速读出对方手里的词语，先读出的一方获胜。

【活动后小结】教师应在活动进行过程中记录学生认读有困难或有误的词语，在活动结束后带领学生朗读进行巩固。

【注意事项】此活动中的词卡也可换成字卡，帮助学生进行汉字的识记。

(十)词语串珠

【活动介绍】将长句拆分为词语，帮助学生培养断句析词的能力。

【适用学生水平】HSK 2—5 级。

【活动时长】8 分钟。

【活动准备】教师准备若干长句，如“这件衣服有点儿贵”，可拆分为“这”“件”“衣服”“有点儿”“贵”。

【活动步骤】

(1)教师将学生分成两组。

(2)教师出示一个长句，并示范如何拆分词语。

(3)要求学生在 3 分钟内将长句正确拆分为词语。

(4)时间到后对比两组学生的拆句结果，拆得正确且用时短的一组获胜。

【活动拓展】教师也可将词语链变为拼音链，训练学生的词语拼读能力。

(十一)大同小异

【活动介绍】活动以汉语近义词为对象，帮助学生感受近义词在感情色彩上的细微差异，同时，培养学生自主学习的能力。

【适用学生水平】HSK 3—6 级。

【活动时长】15~20 分钟。

【活动准备】

(1)教师准备五对近义词，这些词学生有的已经学过，有的没有学过。

(2)教师设计一份学习资料如表 5-3 所示，将近义词写在最左边的纵行，褒义词、贬义词、中性词这三个类别的词分别写在表格的上方，并留出足够的空间，让学生做笔记。

表 5–3 近义词学习资料表

	褒义词	贬义词	中性词
结果			
后果			
恳求			
乞求			
扩张			
扩展			
果断			
武断			
嗜好			
爱好			

【活动步骤】

(1)教师将准备好的近义词随机分散在整个黑板上，并请几个学生到黑板前将成对的近义词用同一颜色或形状圈出来。

(2)当每对近义词都被圈出后，给每个学生一份学习资料，并要求学生以个人或以小组为单位，借助词典判断每一个词语是褒义词、贬义词还是中性词。

(3)建议学生写出每一个词语的词组搭配。

(4)每个学生都做完以后，教师应讲解学生们的研究成果。

【活动后小结】教师可要求学生课后用学习资料中的词语写一篇小短文。如：用资料中所有的贬义词写一篇小短文。

【注意事项】近义词的差别除了体现在感情色彩上，还体现在具体用法上。教师应注意学生写的词组搭配和小短文中是否有感情色彩正确，但词语用法有误的地方。

(十二)声音寻物

【活动介绍】通过重复朗读目标词，让学生巩固所学汉语词语。

【适用学生水平】HSK 1—2 级。

【活动时长】5 分钟。

【活动步骤】

(1) 教师提前准备一些目标物品放在教室的任意地方。这些目标物品的中文词语是学生之前已经学习过的。

(2) 教师将全班学生分为两组，每次两组各派一名同学参加。

(3) 参加的同学面向黑板，教师用肢体语言告诉其他同学目标物品所在的位置。

(4) 以“铅笔”为例，教师在教学生“铅笔”一词时，可以把一支铅笔事先放在某名同学的抽屉中，让两组派出的同学来找，其他同学可以通过齐声朗读“钢笔”来进行提示。当寻找者接近目标时，同学们的朗读声就变得响亮；当寻找者远离目标时，同学们的朗读声就变得越来越弱，直到寻找者找到目标为止。

(5) 最先找到目标物品的组获胜。

【活动后小结】活动过程中教师应始终注意学生发音的准确程度，在活动结束后应及时指出学生发音有误的地方，并带读。

【注意事项】

(1) 教师应向学生说明活动规则，当这名参与比赛的学生离目标物品越来越近时，读生词的声音要大；当其离铅笔的位置越来越远时，读生词的声音就要越来越小。

(2) 声音大小的区分要明显，教师可用手势辅助指导。

(3) 当参加活动的同学在寻找目标物品时，其他同学不得破坏游戏规则直接提示他物品在哪里。

(十三) 发现反义词

【活动介绍】帮助学生熟练掌握汉语反义词及其恰当运用。

【适用学生水平】HSK 3—4 级。

【所需时长】10 分钟。

【活动准备】教师带领学生总结学过的反义词，并进行常见搭配的归纳。

【活动步骤】

(1) 教师将学生分为 5 组，并向学生展示 5 个场景：教室、校园、食堂、图书馆、体育馆，让学生识别。

(2)请学生在各组分配到的场景中找两样东西，这两样东西里必须有意义相反的地方。教师可结合一张图片做示范，如教室里的“高”桌子和“矮”椅子；校园里的“男”同学和“女”同学；食堂里的“凉”菜和“热”菜。

(3)学生对自己找到的相反事物进行描述。

(4)教师帮助学生总结找出的反义词，并判断对错，找到正确的反义词最多的一组学生获胜。

【活动后小结】教师可以在学生找出自己所展示图片所有的反义词后，请学生继续描述该图片，以锻炼学生的口语水平。

【注意事项】教师可根据学生水平，选择与学生生活经历贴近的场景图片进行反义词练习。

(十四)记忆大考验

【活动介绍】帮助学生提高记忆词形的能力，通过立体记忆的方式，建立词语之间的联系，提高词语学习的效率。

【适用学生水平】HSK 3—5 级。

【所需时长】15 分钟。

【活动准备】教师提前准备相关图片，要包含尽可能多的生词，如：一张房间的图片。

【活动步骤】

(1)教师给学生 3 分钟时间观察图片，学生尽可能多地记住图中出现的词语及位置，允许学生讨论分工，但此过程中学生不可以用笔记录。

(2)教师将图片盖住，学生列出词语清单，可以讨论，以 3 分钟为限。

(3)教师再次展示图片，写对最多词的一组获胜。

【活动后小结】

(1)教师应注意学生的汉字书写是否正确。

(2)教师还可要求学生对词语在图片中的位置进行口头描述，训练学生的词语搭配和口语表达能力。

【注意事项】图片除了是房间，还可以是其他场景，如教室、饭馆等。

(十五)量词大比拼

【活动介绍】量词是汉语词汇的特色词汇，此活动可用于复习、丰富学生的量词词库。

【适用学生水平】HSK 2—6 级。

【活动时长】10 分钟。

【活动准备】

(1)教师事先需要准备好比赛的词语，可以用图片或实物展示。

(2)教师将学生分为 A、B 两组。

【活动方式】

活动方式有以下两种：

(1)教师用卡片出示一个名词，规定 A 组学生说出能搭配的单数量词，B 组学生说出复数量词。两组交替进行。组内学生可按座位顺序依次回答，如有学生回答不出时，由下一位学生回答。

例如 “花”：A　一朵(枝)花　　B　一束(把)花

“筷子”：A　一只(支)筷子　　B　一双(副)筷子

(2)教师出示一个量词，要求 A、B 两组轮流搭配名词。

例如出示“张”：A　一张纸　　B　一张桌子

A　一张票　　B　一张床

A　一张脸　　B　一张照片

A　一张邮票　　B　一张报纸

说出较多正确搭配的组获胜。

【注意事项】由于不是所有的名词都有单复数量词的区别，也不是所有的量词都能搭配众多的名词，因此，教师在活动开始前要选择合适的名词和量词。

第三节　语法教学活动设计

一、语法教学导读

语法教学是国际中文教育中的重点和难点。如何进行语法教学，一直是国际中文教育界研究的主要内容。从国际中文教育实践层面看，语法教学是课堂教学不可或缺的内容，它是学生正确、得体地进行交际的基础。同时，语法教学对外国学生的汉语学习能起到提纲挈领、举一反三的作用。语法教学是使学生认识汉语语法现象、循序渐进地积累汉语语言结构，从而提高汉语学习效率、激发学生兴趣的有效保障。

二、语法在语言教学中的地位

学者们普遍认为，在第二语言教学中，语法教学的地位是重要的。Larsen-Freeman 和 Long(1991)认为，虽然课堂教学不能改变第二语言习得顺序，但是语法教学能加强习得，且能提高第二语言水平①。在充分认识语法教学重要性的基础上，李泉认为还必须明确：语法教学不应占据语言教学的中心地位，不应成为语言教学的主要内容。李泉特别强调：只有树立正确的第二语言语法教学观，才能给予语法教学恰当的位置。

三、语法教学的原则

(一)基于语义导向

在国际中文教育课堂教学中，语法教学本质并不是从形式到意义的模式，而是从意义到形式的一种教学方法。由于语法与语法形式之间存在紧密关系，所以，若想以汉语的形式表达自身思想，外国人需先确立表达的意义，然后确立具体语法形式，以此达到从意义到形式的思想表达。而在国际中文教育教学过程中，教师应结合语法原则，有效引导学生展示从意识到形式的整体流程，并在口语教学中基于语义导向的基础原则，以学习者构建语法角度为基础，通过句法、语义到语用的流程，达到语法教学与口语教学的有机融合。教师在进行国际中文语法教学时，可在特定语义引导及语言环境影响下，设置科学合理的语境，使学生能充分感知相应的语言环境，促进其学习效率的提升。同时，少数语法在不同语言环境下具有不同含义，但通过构建特定语境能够有效解决此类问题。

(二)突出整体

构式语法通常是指语言的意义、功能及形式之间存在密切关系。构式中的

---

① Larsen-Freeman D, Long M. An Introduction to Second Language Acquisition Research[M]. London: Longman, 1991: 15-30.

语言意义与形式之间的关系十分固定，但由于形式和意义有着不可预测的特点，无法以常规的语法意义组合规则及语法规则对其进行相应的分析。因此，在国际中文教育课堂中，教师应明确指出语言中不规则结构、半规则结构的重要性，并通过合理的方式帮助学生掌握构式语法。与此同时，国际中文教育中的构式语法思想，将语法当作功能或形式的一种结构体，重视突出语法整体性的特点，并确保整体语义、功能及形式之间的联系，进而达到在不同交际环境中合理利用的目的。

（三）理论联系实际

语法是指对语言系统抽象化、系统化的概括。教师在进行国际中文教育教学时，语法教学不能过于理论与抽象化，否则很容易导致教学内容枯燥乏味，使学生产生千篇一律的感觉。因此，在实际教学中，国际中文教师需依据课堂教学情况，采用多元化的教学形式，与学生进行沟通交流，明确其学习薄弱处，从而制定有针对性的教学策略，以此提升学生学习积极性。

语法是人们日常用语规则的总结，所以教师在教学时需将汉语语法和学生生活语境相联系，帮助学生更加精准地理解语法用法，从而达到提高学生语言交际能力的目的。

（四）结合实际语境

在国际中文教育课堂开展语法教学的过程中，教师应明确课堂教学目的、课堂教学任务以及了解学生学习状况，从而有效落实语法教学工作。然而，由于部分汉语教师过于强调语法构成之间的规律性，却忽略了学生在实际交际中可能遇到的困难，造成教学与现实脱节的问题。对此，语法教师应依据从实际出发的原则，结合具有多变性与灵活性的表达方式，在语法教学中结合实际语境，帮助学生了解不同语法之间的差异，为满足学生学习需求提供有力保障。

四、语法教学活动示例

（一）价格猜猜猜

【活动介绍】通过猜测具体物品价格的方式，帮助学生掌握“比”字句和价格的表达方法。

【适用学生水平】HSK 3—4 级。

【活动时长】10~15 分钟。

【活动准备】

(1)教师带领学生复习“比”字句和价格的表达方法。

(2)准备若干日常物品，如学习用品、生活用品等，并标明它的价格(可以虚拟)。

【活动步骤】

(1)全班学生分成不同的组，一般有几件物品就分几个组。

(2)每组出一位学生来领取一个物品，并看清楚物品的价格。教师说出价格的上限，如 100 元。

(3)组内学生根据教师的提示猜测该物品价格，领取物品的学生则用“比 X 元(刚才同学猜的价格)少/多”之类的句子给予回复，直至本组同学猜中为止。

(4)计算各组使用“比”字句的数量，最少者胜。

【活动后小结】活动过程中教师应注意学生比较句的表达有无错误之处，并在活动后对表达有误之处进行纠正。

【注意事项】该活动还可以运用比较句的其他形式来增加活动难度，如增加“不如”“没有”等比较句的否定形式。

(二)“拖拉机”活动

【活动介绍】用扩充句子的方式引导学生学习、掌握连动句。

【适用学生水平】HSK 3—4 级。

【活动时长】15 分钟。

【活动准备】

(1)教师准备数张大开白纸与马克笔。一般纸张数和马克笔数均要与小组数相等。

(2)每张白纸上写一种活动类别，如“生活起居”“饮食”“教室活动”“学习活动”“体育活动”等。

【活动步骤】

(1)教师将学生分成 4 人一组，每组一张白纸，按白纸上要求的类别，总结表示具体动作或活动的词语，如拿到“体育活动”类的小组，要在白纸上写下

“打乒乓球、跑步、游泳”等。

(2)教师将写好活动和动作的白纸贴在黑板上，全班一起复习、补充。

(3)教师参考白纸上的动作或活动说出一个连动句，如“我打电话叫杰克来”，并随机指定一位学生给该句子加上新的内容，组成新的连动句，如“我打电话叫杰克来一起去机场”。

(4)该学生接续完教师的句子后，随机指定一位同学接续自己的句子，如“我和杰克一起去机场接朋友”。以此类推，直至全班同学都完成。

【注意事项】本活动中复习动作类词语的步骤也可以省略。

(三)汉语扑克牌

【活动介绍】用打扑克牌的形式帮助学生掌握汉语句子中的词语搭配法则，帮助学生巩固汉语的词法和句法。

【适用学生水平】HSK 3—4 级。

【活动时长】20 分钟。

【活动准备】一定数量的汉字卡片，每张卡片上写一个汉字，构词能力强的汉字卡片可多准备一些。

【活动步骤】

(1)教师将全班学生按 4 人一组分好组，组内两两为一队。如 A、C 为一队，B、D 为一队。

(2)发给每个学生 20 张汉字卡片，开始出牌。

(3)A：我　B：有　C：一　D：只　A：小　B：狗　C：没有可以出的牌　D：可以再出任何一张牌，重新开始一个句子哪队先出完手中的牌哪队获胜。

【活动后小结】活动过程中教师应注意学生是否由于汉语知识不够而没有出可以出的字牌。教师在活动结束后要对其进行讲解补充。

【注意事项】最后一组决出胜负再进行下一轮，并且为方便其他同学观看，教师可在教室讲台区域设置桌子进行活动。

(四)大家来找碴

【活动介绍】在相似图片中寻找不同的方式，帮助学生掌握汉语表达中有差异的词语和句型，并培养学生的口语表达能力。

【适用学生水平】HSK 3—4 级。

【活动时长】10 分钟。

【活动准备】教师提前准备若干组有差异的图片。

【活动步骤】

(1)教师展示图片，如图 5-2 所示。

问题：这两个人有什么相同的地方，有什么不同的地方？

图 5-2　找碴活动

(2)教师将全部学生分成两组。

(3)教师开始计时，两组每次轮流说出一个这组图片中的不同。在规定时间内，哪个组找到的不同多则获胜。

(4)一组图片中的不同寻找完毕后，可更换下一组图片。最后累计两组找到的不同的总数。

【活动后小结】教师应注意活动过程中学生口语表达的正确性，并在活动结束后根据情况对学生表达有误的句子进行讲解。

【注意事项】此活动中的图片也可以用于练习比较句。

(五)我不能

【活动介绍】以描述图片的方式，帮助学生掌握汉语能愿动词“能”“会”。

【适用学生水平】HSK 2—3 级。

【活动时长】10 分钟。

【活动准备】教师提前准备词语图片，如“开车”“游泳”“唱歌”等。

【活动步骤】

(1)教师向全班学生呈现“开车”的图片。

(2)教师将全班同学分为两组。

(3)两组学生抢答，用“我会……，但我不能……，因为……”描述，如“我会开车，但我不能开车，因为我喝酒了”。抢到回答机会并答对的学生加 1 分，没有抢到回答机会的学生不加分，但要为其提供相应的解决方案。如“喝酒了不能开车，但可以叫代驾，或者打车”。

(4)教师向获胜的学生分发小礼物。

【注意事项】教师可以在此活动基础上进行扩充，如开展作文、演讲比赛等。

(六)“百宝箱”活动

【活动介绍】通过猜测物品，练习汉语中的一般疑问句，同时培养学生的口语表达能力。

【适用学生水平】HSK 3—4 级。

【活动时长】10 分钟。

【活动准备】

(1)一只大布袋，或一个一面有洞的大箱子。

(2)一些与学习有关的手偶、文具等，如铅笔、书、钢笔、书包、玩具猫、狗、鸟。

【活动步骤】

(1)把用于练习词语的各种物品放进布袋或纸箱。

(2)每次请一位学生上台，让他将手伸进布袋或纸箱摸一样东西，注意不要让他看见里面的物品，但可以让其他学生看见，以增加游戏的趣味性。

(3)伸手摸的同学用“是……吗?”提问其他同学，比如“它是学习用的吗”

等问题，其他学生用“是”“不是”“不确定”“都可以”等回答。

（4）最后用最少问题猜出物品的同学获得奖励。

【活动后小结】教师应注意活动过程中提问的同学运用“是……吗？”句型有无错误，如有错误应在活动结束后进行讲解。

【注意事项】

（1）回答问题时教师要注意提醒学生不要说出包含所猜物品名称的词语。

（2）除了以个人为单位进行比赛，还可以以小组为单位进行比赛。

（七）模拟新闻采访：台风天

【活动介绍】学生模拟新闻采访的情景，描述台风造成的种种不便，帮助学生进一步掌握汉语可能补语“主语+动词+得/不+了+名词”。

【适用学生水平】HSK 3—4 级。

【活动时长】15 分钟。

【活动准备】

（1）教师将学生分成 4~5 人一组，并给每组发一张表格。

（2）小组内一人扮演记者，其余的人扮演群众。记者采访几位群众，请他们谈谈这次台风造成了哪些问题。

（3）记者根据台风造成的问题，采访群众的生活因此都有哪些不便，例如：台风造成的停电带来了哪些不便。在采访过程中，记者把采访情况填写进表格中。

（4）各组记者采访完本组群众后，整理自己的采访内容。教师请几位记者来向大家汇报。

【注意事项】活动中记者和群众的身份也可以用其他角色代替，台风天气也可以更换为其他的场景。

（八）行李清单

【活动介绍】学生模拟临行前妈妈和孩子的对话，并拟定一份行李清单。通过角色扮演熟练掌握表达式“（主语+动词）+数词+量词+名词”，学习表示事物数量的方法。

【适用学生水平】HSK 2—4 级。

【活动时长】15 分钟。

【活动准备】教师制作一张行李清单表，便于活动中学生将旅行需要带的日常用品填写进去。

【活动步骤】

(1)教师将学生分组，两人一组，一人扮演妈妈，一人扮演来中国旅游的孩子。并给每组发一张事先准备好的行李清单表。

(2)小组两人进行对话，模拟妈妈和孩子一起拟定行李清单时的对话，并把应该带的物品填写进清单中。

如：

妈妈：去中国应该带哪些东西？

孩子：我觉得要带两件外套。

(3)各组清单填写完毕后，教师请几组学生用表演的方式汇报他们的行李清单。

【注意事项】此活动也可以以“开学大采购”这个话题来开展。

(九)模拟布置房间

【活动介绍】学生模拟布置房间的情景，通过摆放房间里的各种物品，熟练掌握“主+把+宾1+动(在/到)+宾2”的句式。

【适用学生水平】HSK 3—4级。

【活动时长】10分钟。

【活动准备】

(1)教师提前准备若干套家庭用品的卡片和若干张空房间的图片。

(2)教师将学生分成若干组，组数应等于卡片套数。

(3)教师分给每组学生一套家庭用品卡片与一张空房间的图片。

【活动步骤】

(1)教师给学生布置任务，学生按照教师要求依次摆放家庭用品。

如：

师：把床放到窗户旁边。

师：把镜子挂在衣橱的左边。

(2)教师将目标表达完后，可随机选取2组学生向其他学生展示自己布置的房间。此时，教师可以用问句向学生提问。

如：

师：你把床放到哪儿了？

生：我把床放到了窗前。

师：你把镜子挂在哪儿了？

生：我把镜子挂在了衣橱的左边。

【注意事项】学生也可以按照自己的喜好布置房间，并用“把”字句向其他同学描述自己是如何布置的。

（十）今昔对比

【活动介绍】学生以抢答的形式描述图片中人物的变化，通过这个活动帮助学生熟练掌握表达式“（主语）+动词短语+了”“（主语）+形容词+了”和“（主语）+时间/季节/年龄/数量+了”。

【适用学生水平】HSK 3—4 级。

【活动时长】15 分钟。

【活动准备】教师提前准备两组名人年轻时（或小时候）和现在的图片，并在图片上标注不能由看图直接得到的信息，如年龄、学业、工作、婚姻等情况，用于描述他们现在的变化。

【活动步骤】

（1）教师将全班学生分为两组，进行抢答比赛。

（2）教师展示同一人物过去和现在的两张图片，请学生说说此人现在和以前相比有什么变化，并用目标表达式表达出来。

（3）两组抢答，哪组说出的正确句子多，哪组获胜。

【活动结束后小结】教师可引导学生用目标表达式说出一些学生没有注意到的细节变化。

（十一）名人调查

【活动介绍】学生通过调查某个名人的履历，熟练掌握表达式“主语+动词+过+名词”，学习表示过去的经历的用法。

【适用学生水平】HSK 4—5 级。

【活动时长】15 分钟。

【活动准备】教师提前设计一张调查报告，用于学生调查一位自己喜欢的名人，调查内容可以是：上过什么大学，做过什么工作，参加过什么社会活动，去过什么地方等。

【活动步骤】

(1)教师在活动前一或两天给每个学生发一张调查表，并提前布置调查任务。任务如下：

①请学生利用课余时间调查一位自己喜欢的名人的事迹、履历，然后对其进行总结，并用目标表达式填写调查报告。

②请学生搜索与名人经历相关的图片，并将自己的调查报告制作成 PPT，以便下一次上课时进行汇报。

(2)教师请学生一边展示 PPT，一边使用目标表达式汇报他们调查的情况。

【活动建议】此活动也可以用"猜人物"的方式进行，一位学生用目标表达式描述这个人的过往经历，其余学生猜测其所描述的是哪一位名人。

(十二)旅游宣传大使

【活动介绍】学生制作关于自己国家的旅游宣传广告，介绍本国的名人、名胜古迹、特产、珍稀动物等，以此来达到熟练掌握表达式"处所/时间+有+名词"的目的。

【适用学生水平】HSK 2—3 级。

【活动时长】25 分钟。

【活动准备】

(1)教师提前准备一些中国的名人、名胜古迹等方面的图片。如孔子、长城、故宫、茶叶等，在图片上标注名字和拼音。

(2)教师带领学生练习存现句。

如：

师：你们知道中国有哪些名人吗？

生：中国有孔子。

师：你们知道中国有哪些名胜古迹吗？

生：中国有长城。

【活动步骤】

(1)课前教师将学生按照国籍分组，同一个国家的学生一组，并让他们在课后调查本国的名人、名胜古迹等，以 PPT 的形式制作一个旅游宣传广告。

(2)上课时每组学生选派一个代表，用目标表达式向大家介绍自己国家的名人、名胜古迹等，为本国做旅游宣传，吸引同学们到自己的国家去旅游。

(十三)今非昔比

【活动介绍】学生描述自己作为留学生刚来中国时的表现和一段时间后的变化，通过这个讨论活动熟练掌握表达式“主语+连+名词短语+也/都+动词”和“主语+连+动词短语+也/都+动词”。

【适用学生水平】HSK 4—6级。

【活动时长】15分钟。

【活动准备】

(1)教师提前设计一张表格，用于填写学生刚来中国和来中国一个学期或一学年后的表现和变化。

(2)教师以学生刚来中国和来中国一段时间后的表现和变化为例，带领学生做语言准备。

如：

师：刚来中国的时候，你们的汉语怎么样？

生：刚来中国的时候，我连一句汉语都不会说。

生：刚来中国的时候，我连拼音都不认识。

师：现在你们的汉语怎么样？

生：现在我连新闻都听得懂。

生：现在我连中文电影都看得懂。

【活动步骤】

(1)教师将学生分组，两人一组，给每个人发一张表格。

(2)小组两人一起讨论刚来中国时和来中国一段时间后，自己在学习和生活等方面的表现和变化，并将讨论结果填写进表格中。

(3)教师请几组学生到前面进行对话表演。

(十四)手机调查

【活动介绍】学生通过调查大家使用过的各种品牌的手机使用年限，总结出最耐用的手机品牌，熟练掌握表达式“主语+动词+了+时间段(+名词)”和“主语+动词+了1+时间段+了2”。

【适用学生水平】HSK 3—5 级。

【活动时长】25 分钟。

【活动准备】教师提前设计一个简单的调查表，列出常见的手机品牌名称。

【活动步骤】

(1)教师把全班学生分组，每组 4~5 人，给每组发一张调查表。

(2)小组每个人依次介绍自己用过的手机是什么品牌，曾经用了多长时间，以及现在正在使用的手机是什么品牌，已经用了多长时间了，介绍的人将情况记录在调查表中。

(3)各组总结：本组学生使用的手机中，平均使用年限最长的是哪些手机品牌。

(4)教师从各组选一个代表，汇报本组调查的手机品牌的平均使用年限，以及平均使用年限最长的手机品牌是哪个。

(5)各组汇报完毕后，教师带领学生一起总结平均使用年限最长的手机是什么品牌。

【活动建议】此活动也可以用来练习时量补语或者动态助词“过”。

(十五)繁忙的警察

【活动介绍】学生通过模拟交警处理交通事故的情景，如司机向警察描述车辆、人员和物品的损伤情况，熟练掌握表达式“主语+被(+施事)+动词短语”。

【适用学生水平】HSK 3—4 级。

【活动时长】15 分钟。

【活动准备】

(1)教师提前收集几张交通事故的图片。

(2)教师设计一张统计表格，用于记录案情。

【活动步骤】

(1)教师将学生分成三人一组，一人扮演警察，另外两人扮演司机。教师给每组发一张案情统计表格。

(2)司机分别向警察报案，描述交通事故现场、车辆的损坏情况以及人员的伤亡情况等。

如：

生：这辆车被追尾了。

生：后面这辆车车头被撞烂了。

(3)警察负责记录案情，并把现场情况填写进表格中。

(4)教师请各组扮演警察的学生到讲台前，汇报本组所记录的交通事故。

【活动建议】此活动也可用于练习结果补语。

第四节　汉字教学活动设计

一、汉字教学导读

在世界上各种文字中，汉字是迄今为止连续使用时间最长，也是上古时期各大文字体系中唯一传承至今的文字。从功能上看，汉字属于表意文字，兼顾直接表音。也就是说，汉字可以见其形知其义。汉字与汉语的特殊关系也决定了其作为第二语言特殊要素的重要性，拼音文字的学习完全可以与语音、词汇的学习相融合，但汉语语音、词汇等的学习却并不能代替汉字的学习。从数量上看，汉字数量庞大，但常用字集中在3000字左右。从汉字结构看，汉字分为笔画、部件和整字三级，负载多种信息。最后，汉字结构方式还体现了汉民族对世界的认知方式。

二、汉字在语言教学中的地位

掌握汉字系统是汉语第二语言学习者保持和提高汉语水平的基本前提。一般来说，汉语学习者从最开始的“不会说”到“会说”这一阶段的学习比较容易，但是从“会说”到“说得好”这一阶段的学习却很困难，所以学习者们通常用“先易后难”来形容汉语学习。这是因为，相比“会说”，“说得好”的标准是必须用书面语言来规范口语，因为高级口语是具有书面语色彩的口语化语言。而书面语的学习必须先解决汉字的认读问题。石定果(1997)也指出：“对于以汉语作为第二语言的学习者而言，掌握汉字的程度直接关系到其汉语水平的高低。”①

① 石定果.汉字研究与对外汉语教学[J].语言教学与研究，1997(1)：29-41.

三、汉字教学的原则

（一）语和文先分后合的原则

针对零起点的学生，汉字教学和课文教学应该分开进行。当学生的汉语水平到了中高级层次，并且学生基本掌握了必需的汉字知识以后，教师对汉字的教学要更加偏向于实用。由于独立的汉字课程不能保证学生所掌握的知识能够全部应用于实际，因此，教师需要把汉字教学适当融合于课文教学之中，以此让学生完全掌握运用汉字来进行交流与表达的能力。

（二）字与词教学相结合的原则

在汉字教学中，词的意义十分重要。因为在现代汉语中，单字可以独立成词的现象并不多见，在真实交际场景中使用的主要还是由许多单字构成的词。在词中也能更好地理解字的意义，脱离了词去孤立地学习一个个汉字，不仅不易掌握，也很难激发和维持学生的学习兴趣。字与词的教学相结合，有效利用了汉字的组词能力，可以达到更好的教学效果。

（三）利用汉字的表义和表音功能识记汉字的原则

形声字在常用汉字中占据较大比例，对于这部分内容的学习，倘若全靠死记硬背，效果必定欠佳。汉字形声字具有兼具表音与表义的功能，其字音与字义之间通常具有密切的联系。教师在教学中合理运用汉字的表义与表音功能，能够帮助学生建立起字音与字义之间的联系，进而加强学生对汉字的理解与记忆。

（四）按笔画、部件、整字三个层次进行教学的原则

汉字的结构有规律可循。教师在教学中对汉字进行“庖丁解牛”式的解析是必不可少的步骤。一般采取由构成汉字的最基本部件到整字的方式，这样才能更好地让学习者理解汉字是怎样由几个最基本的笔画组成的。这充分考虑了学生的基本认知规律，更易于被学生所接受。此外，汉字的正确书写笔顺也是不可忽略的细节。学生学会了正确的笔顺既有助于规范书写习惯，又有助于记忆汉字的基本形体。

(五)通过书写识记汉字的原则

书写对汉字的记忆具有很大的帮助，教师在教学中必须做到精讲多练，同时要求学生采用抄写、默写等方法多次加以训练，从而达到牢牢记住汉字的目的。同时，复习巩固也是识记汉字十分重要的环节。汉字教学内容若不经常复习则非常容易遗忘。除此之外，在复习过程中进行书写练习也是加深记忆的有效方法。

四、汉字教学活动示例

(一)组合配对大比拼

【活动介绍】学生把独体字组合成合体字，进一步强化“汉字表意”的概念。活动以比赛的方式进行，这有利于学生开动脑筋，并在相互协助的团队活动中掌握汉字的应用。

【适用学生水平】HSK 2—6 级。

【活动时长】30 分钟。

【活动准备】教师把需要组合的汉字做成 PPT，如图 5-3 所示。

A栏	B栏
人	子
口	也
女	门
木	力
田	月
日	马
一	白

图 5-3 组合配对汉字 PPT

【活动步骤】

(1)教师引导学生快速复习上述独体字。

(2)教师告诉学生比赛规则：将 A、B 两栏的汉字组合成另外的汉字，哪个组写出的汉字多，用时短，哪个组就为优胜组。

(3)教师将学生分成两人一组进行组字比赛，各组把组成的汉字写在一张白纸上。

(4)时间到后，各组汇报自己写出的汉字个数。

(5)各组派代表向大家讲解自己组的汉字，讲解内容包括汉字的发音和意义。

【活动拓展】教师也可让学生挑选自己熟悉的汉字组成句子，表达自己想表达的思想。

(二)秀才识字

【活动介绍】通过对形声字形旁和声旁的练习，加强学生对形声字概念的理解，准确掌握形声字中声旁与整字的读音关系。

【适用学生水平】HSK 3—6 级。

【活动时长】15 分钟。

【活动准备】

(1)教师整理学生学过的形声字，将声旁相同的字按组进行归纳，如“板、版、扳、饭”“们、闷、扪、问”等。

(2)准备声旁和形旁卡片，每套卡片应包含该组形声字的声旁部件和所有形旁部件，一个部件一张卡。

【活动步骤】

(1)按照每套卡片的数量将学生分组。

(2)向各组学生发放卡片，每人一张。

(3)首先，拿到声旁的学生大声朗读声旁，其余拿到形旁的学生依次将该声旁和自己手中的形旁进行组合构成形声字，并依次写在黑板上，然后朗读自己组成的汉字。

(4)其他组的成员负责判断该组成员组成的字的字形和读音是否正确，正确的字多的组获胜。

【活动后小结】教师在活动结束后可以引导学生整理归纳声旁的不同表音情况，尤其要学生注意自己常读错的形声字。

【活动拓展】

(1)本活动也可以设计成让学生自己在声旁的基础上加形旁构成新字的形式。

（2）教师可以引导学生读完新字后用该字组词，这样能同时练习该字的音、形、义。

（三）十里不同音

【活动介绍】通过对多音字不同读音的运用，帮助学生掌握多音字的不同读音及相应的字义和用法。

【适用学生水平】HSK 3—5 级。

【活动时长】15 分钟。

【活动准备】

（1）教师准备学生已经学过的多音字。

（2）将多音字写在卡片上备用，每卡一字。

【活动步骤】

（1）教师将全班学生分为人数相同的 A 组和 B 组。

（2）教师向全班学生展示一张多音字（该字有两种读音）卡片，A 组选派代表使用这个字的一个字音用法造一个句子，然后 B 组选派代表使用该字的另一个字音用法接上一个句子造句。

（3）出示第二张字卡，从 B 组开始操练。

（4）造出一个句子加 1 分，但多音字字音错误或句子不成立不得分。各组造过句的人在本组所有人都参与造句之前不能再次作为代表造句。

【活动拓展】本活动也可用于同形异义字的练习。

（四）过目不忘

【活动介绍】通过对汉字的快速识记，培养学生对汉字结构的观察能力、记忆书写能力。

【适用学生水平】HSK 3—5 级。

【活动时长】10 分钟。

【活动准备】

（1）教师准备用来练习的汉字若干，这些汉字应为学生未学过的汉字。

（2）教师将这些汉字制作成 PPT，以左右两边进行展示。

【活动步骤】

（1）教师将学生分为 A、B 两组。

（2）比赛开始后，每组第一人走到讲台前，以最快的速度（如 3 秒）迅速默记这个汉字，然后把它写在黑板的规定位置上，然后迅速返回，把粉笔交给下一位同学。

（3）如此依次进行，写的过程中如果忘记了，也不能返回再看。

（4）时间到后，教师检查，每错一个字扣 1 分，书写最多正确汉字的组获胜。

【活动后小结】教师引导学生将自己写的汉字与正确汉字进行对比，并让学生注意观察汉字结构和部件的位置。

【注意事项】

（1）将形近字前后排列能强化活动效果。

（2）教师应提前在黑板上写好序号，以便学生们规范书写。

（五）汉字大家族

【活动介绍】通过同音字的书写，帮助学生巩固汉字的发音，同时练习汉字的书写。

【适用学生水平】HSK 3—6 级。

【活动时长】15 分钟。

【活动准备】

（1）教师提前准备练习用的汉字音节。

（2）活动开始前通过一些同音字的例子，带领学生复习什么是同音字。

【活动步骤】

（1）教师将全部学生分成若干组。

（2）教师给学生一个音节，要求各组根据这个音节写出同音字。限时 3 分钟。

（3）时间截止后，各组派一个代表在黑板上写出自己组想出的所有同音字。写出正确同音字多的组获胜。

【活动后小结】教师应注意学生书写的汉字拼音和字形是否正确，对有误的地方进行讲解。

【活动拓展】教师可要求学生用自己写出的汉字组词或造句，训练对汉字的运用能力。

(六)添枝加叶

【活动介绍】通过对基础汉字增加笔画，帮助学生巩固已学的汉字，并形成笔画意识和结构意识，同时，提高他们的汉字学习兴趣。

【适用学生水平】HSK 3—6 级。

【活动时长】20 分钟。

【活动准备】

(1)教师整理学生学过的成字能力较强的部件，如“口、日、十、人、一、二”等。

(2)教师将这些部件写在卡片上。

【活动步骤】

(1)教师根据学生人数情况将全班分成若干小组，每组 3~5 人。

(2)教师将卡片发给每组第一位学生，并要求每位学生以卡片上的部件为基础添加规定数量的笔画构成新的字，写在卡片反面。

(3)第一位学生写好后将卡片传给本组第二位学生，以此类推。

(4)每个小组的组员以循环接龙的方式添加规定数量的笔画构成新字，构成的新字不得重复，想不出新字的组员应快速将卡片传给本组下一位组员。

(5)教师控制时间，规定时间一到，所有小组停止活动。教师统计每个小组写出的新字数，书写正确的汉字最多的组获胜。

【注意事项】要保证卡片一直在小组内所有成员之间不断传递，且一个学生拿到卡片后最多只能写一个新字就要将卡片快速传给下一位组员，确保每个学生都有思考和书写的机会。

【活动拓展】本活动方式也可用于添部件成字或添部首成字的训练。

(七)拼字扑克

【活动介绍】将汉字常用部首做成扑克进行组字练习，培养学生的部件意识和结构意识，增强汉字学习的趣味性。

【适用学生水平】HSK 4—6 级。

【活动时长】15 分钟。

【活动准备】

(1)教师准备学生已经学过的常用部首。

(2)教师将这些部首制作成卡片，一张卡片上写一个部首。每个部首可重复写三至四张卡片。

(3)用红色打印或手写一些单字或部件的卡片，要选取比较容易与上述部首拼成合体字的单字或部件，如“工、可、方、青、白”等。

【活动步骤】

(1)教师将全班分为若干组，每组 4~6 人。

(2)一组内每人先摸三张黑字牌，再翻开第一张公牌。

(3)谁能先用手中的某张牌与公牌拼成一个字并正确读出，就得 1 分。

(4)拼成字的两张牌放在自己面前，然后再补充一张黑字牌并再翻开下一张公牌。

(5)以此类推，打完全副牌后，得分最高者获胜。

【活动后小结】活动结束后，学生可将自己拼成的字写在黑板上，进行朗读并组词造句，进行运用练习。

【注意事项】

(1)教师在制作拼字扑克时，左偏旁要打印或写在卡片的左侧，单字或部件要写在卡片的右侧，以便拼出“顺眼的”汉字。

(2)若有两人以上拼出正确的字，最先说出的人得分。

(3)牌的数量不能太少。

(八)五字成行

【活动介绍】通过汉字搭配组成句子，加强学生对汉字音、形、义的整体识记和掌握。

【适用学生水平】HSK 3—4 级。

【活动时长】10 分钟。

【活动准备】

(1)教师在两张纸上各画 5×5 共 25 个方格，方格中写上需要学生掌握的 25 个汉字，两张纸上的汉字相同，但有 A、B 两种不同的排列顺序。如图 5-4 所示。

(2)按学生人数复印好。

【活动步骤】

(1)让全班学生围坐成一圈，把 A、B 两种方格纸交替发给学生，即相邻的两个学生的方格纸都不同。

(2)活动开始，由教师随机报出纸上的一个字，学生听到后，在这个字上做标记，最先有5个汉字排成一行(横、竖、斜行均可)的获胜。

汉	就	每	文	历
成	语	你	今	年
光	明	水	好	有
大	身	梦	平	新
学	图	体	价	高

今	语	就	成	明
学	年	每	大	高
汉	你	身	文	梦
新	有	历	体	价
光	水	图	平	好

图5-4 汉字方格

【活动说明】

(1)如果教师设计成更多种不同排列的字图交给学生，可以使游戏增加偶然性，让其更有趣味性。

(2)学生也可以不围坐成圈，仍旧坐自己的座位。

(九)心灵感应

【活动介绍】通过在背上书写汉字，增强学生对汉字的笔画、部件和结构意识，训练学生的汉字书写能力。

【适用学生水平】HSK 2—4级。

【活动时长】10分钟。

【活动准备】教师提前准备若干用来练习的汉字，这些汉字的笔画、部件不宜过多。

【活动步骤】

(1)教师将全班学生分为两组，每组学生站成一列，面向黑板。

(2)教师将要写的汉字告诉最后一个同学，该同学记住这个汉字。

(3)待教师发出指令，该同学用手指在前一个同学的后背上写出该字，前面的同学根据自己的判断确定汉字，并将其写在自己前面同学的背上。

(4)依次往前写，直至各组最前面的同学将该字写在黑板上后停止，写出正确汉字最多的小组获胜。

【活动后小结】对于未正确写出汉字的小组，教师可引导学生一起回忆在哪个环节出现了错误，是对哪个笔画产生了“感知”错误。

(十) 空中汉字

【活动介绍】用手在空中写字会给人留下深刻的印象，这不仅是因为夸张的动作能增强肌肉记忆，还因为与用笔在纸上写字相比，这种方式更能促使学生在脑中长时间地想象汉字的每个笔画。对于那些只关注自己的汉字写得是否漂亮而不专心记汉字笔画的学生来说，这个活动尤其有益。

【适用学生水平】HSK 1—6 级。

【活动时长】5~15 分钟。

【活动准备】教师提前准备一些供练习用的汉字，写在卡片上。

【活动步骤】

(1) 教师在学生学过的词语中挑选一些汉字，将每个汉字写在一张卡片上，卡片数量与学生总人数一致。

(2) 教师将学生分为 A、B 两组，首先请 A 组派出一个学生到教室前方，抽出一张卡片，背对其他学生，并用手在空中写出卡片上的汉字。A、B 两组学生一起猜字，首先猜出该字的小组得一分。

(3) 请 B 组派出一个学生到教室前方，抽出一张卡片，背对其他学生，用手在空中写出卡片上的汉字，A、B 两组学生一起猜字。以此类推，直到班上每个学生都在空中写了字。最后得分较高的小组获胜。

【活动建议】此活动有更具挑战性的方式：

自选汉字：A、B 两组分别为对方准备汉字，并写在卡片上。教师将 A、B 两组的卡片朝下叠成两摞放在桌上。A 组学生从 B 组准备的卡片中选一个字写出来，B 组学生从 A 组准备的卡片中选一个字写出来。

【活动后小结】活动过程中教师应注意学生的笔画或笔顺书写是否正确，并在活动结束后及时对有误的地方进行讲解。

(十一) 求同存异

【活动介绍】通过此活动培养学生关注汉字微小区别的意识和能力，帮助学生准确掌握变化后的汉字笔画的书写。

【适用学生水平】HSK 3—6 级。

【活动时长】15 分钟。

【活动准备】

（1）整理学生近期学过的包含相同部件但有笔形变化的汉字，如“朋、青、明、胖”，“月”为共同部件，但在不同汉字中有细微笔形变化。

（2）准备白纸若干张，白纸张数与班级人数相等。

【活动步骤】

（1）教师发给每位学生一张白纸。

（2）教师逐一朗读每组汉字，并用字组词，以便学生听到同音字时能确定要写的目标字。

（3）学生听完一组字后，找出该组字中包含的相同部件，并在每个字上标出有笔形变化的地方。

（4）教师随机挑选学生公布答案，看看大家挑出的相同部件和笔形变化是否正确。

【注意事项】有些字的笔画变化不止一处，可引导学生仔细观察，找出所有的笔画变化。

（十二）汉字的前世今生

【活动介绍】展示甲骨文，并让学生猜这个甲骨文的现代写法，并猜测汉字在现代的意思，帮助学生理解汉字的字形理据。

【适用学生水平】HSK 2—4 级。

【所需时长】5 分钟。

【活动准备】在开始活动前，教师需要根据学生已有的汉语水平选取一些甲骨文图形比较好理解的汉字。

【活动步骤】

（1）教师将班级内的学生分为三组，并安排一名同学辅助教师统计得分。

（2）展示甲骨文，让学生猜汉字。

（3）教师分别统计每组的分数，分数最高的获胜。

【活动后小结】教师在活动结束后应对活动中出现的汉字结合甲骨文进行讲解，帮助学生理解汉字造字的理据。

（十三）寻找字中字

【活动介绍】通过对复杂合体汉字的拆分，帮助学生培养汉字的结构意识和部件意识，以及对汉字的拆分能力和描述能力。

【适用学生水平】HSK 3—6 级。

【所需时长】15 分钟。

【活动准备】

（1）教师提前准备一些复杂合体汉字，这些复杂合体汉字应较好拆分，且拆分出的汉字学生大都已经学过。如“嗯、哈、重”等。

（2）教师将这些汉字制作成 PPT。

【活动步骤】

（1）教师将全班学生分成若干组。

（2）教师展示汉字 PPT，每次展示一个汉字。要求学生在 3 分钟内找出该汉字中包含的汉字，并写在纸上。

（3）3 分钟时间到后，每组学生依次写出或读出自己组的答案，找到字最多的组获胜。

【注意事项】该复杂合体字中的汉字也可以包含个别学生没有学过的汉字，教师可以利用此游戏开展新汉字的教学。

（十四）汉字乐高

【活动介绍】将汉字的偏旁、部首分别打印在不同的卡片上，学生自由拼搭，看谁拼的汉字多。这个游戏能够帮助培养学生拆分汉字的能力以及增强学生对汉字的结构和部件的意识。

【适用学生水平】HSK 3—6 级。

【所需时长】15 分钟。

【活动准备】

（1）教师根据学生实际水平选好一些以供练习的字。

（2）教师将选好的字根据学生人数分别打印好偏旁、部首和部件卡片。

（3）教师需先确定好偏旁、部首和部件能组合成什么字，做到心中有数。

【活动步骤】

（1）教师将卡片发给学生。

(2)教师讲解游戏规则，在3分钟内能找出偏旁、部首和部件拼搭变成汉字并能写下最多汉字的人获胜。

(3)时间一到，由教师收齐大家写的汉字并判断谁找的汉字最多。

【活动后小结】

(1)汉字乐高活动可以充分检验不同阶段学习者对汉字的掌握程度。

(2)教师可以由总体游戏结果确定下一步汉字教学是否需要改进。

【注意事项】

(1)汉字乐高活动的时间需严格把握，学生找汉字时长限定在3分钟。

(2)一定要提醒学生将找出的汉字及时写下来，超出规定时间写下来的汉字无效。

(3)在进行游戏的过程中，学生之间不允许相互提醒、相互偷看。

(十五)汉字艺术造型设计

【活动介绍】让学生根据现代汉字的字形，自己设计各种造型的汉字，进一步从结构角度增强学生对方块汉字组合特点的理解和认识，增强学生对汉字认读的兴趣。

【适用学生水平】HSK 2—4级。

【活动时长】30分钟。

【活动准备】

(1)教师先准备好一些已设计好的艺术造型汉字。

(2)教师根据学生水平准备若干便于进行设计的汉字。

(3)教师要求学生准备好彩色笔和8K素描纸。

【活动步骤】

(1)教师首先向学生说明活动规则和要求，并向学生展示例字，如图5-5所示。

(2)教师向学生出示需要学生设计的汉字，要求学生发挥自己的创意，对汉字进行艺术设计。

(3)教师进行巡视，对学生设计过程中可能出现的对笔画或部件理解不当的地方予以说明。

(4)活动结束后，教师请若干同学将自己设计的汉字向全班同学进行展示。

(5)教师可将学生设计的作品在教室内进行展览。

图 5-5 汉字艺术造型设计范例

【活动注意事项】学生设计的汉字造型不能对汉字原有笔画和部件作错误的处理和拆分，教师应注意学生设计的艺术造型应有利于对汉字的识记。

思考题

1. 拟定某个具体的教学对象，为下面的语言点设计课堂活动：

(1) 形容词重叠

(2) 动作的进行

(3) 结果补语

2. 分别为成人、儿童学习者设计两个不同的词汇学习的课堂游戏。

3. 有哪些素材可以被巧妙地用在汉字教学中？这些素材该怎么用？

第六章

言语技能的课堂教学活动

第一节 听力教学活动设计

一、听力教学导读

现代交际是一种“编码—解码”的过程，而听力则是对接收的信息进行解码的复杂认知过程。听力是有效进行汉语交流的前提和基础。根据美国学者里弗斯(Rivers)和邓普利(Templey)的研究统计，人类展开有效的成功的交际活动中，“听”占比为45%，数值最高、“说”占30%、“读”占16%、“写”仅占9%。听，作为理解性技能之一，不但决定了交流的顺畅程度，还影响学习者的交际效果，听力教学的重要性毋庸置疑。

二、听力在语言教学中的地位

我们判断学习者对一门语音的掌握程度，通常会从“听、说、读、写”四方面去描述。其中，“听”是学习者使用最多的语言技能。听力在语言教学中的重要地位，在一些语言教学法及第二语言习得理论中也有充分体现。如“听说法”首次把听力教学摆到了语言教学的首位。Krashen 的输入假说也将“听力”放在语言习得的首位。人们只有理解了信息，才能习得一门语言，而学习者获得语言信息的主要渠道就是“听”。

三、听力教学的原则

（一）听前注重输出驱动

聆听作为一种接受性的语言技能，听的过程一方面相对来说是被动的，另一方面聆听也不完全是被动的，聆听过程其实也是听话人主动建构意义的过程。听话人可以根据自己的理解和兴趣选择关注的重点，并基于已有的知识和经验对所听到的内容作出自己的阐释，同时，推断对方的观点和意图，然后作出反应。对于听力教学而言，让学习者从被动接收信息到主动建构，成为积极的参与者，是一个很重要的过程。

比如在 POA 产出导向法中"输出驱动"环节的主要任务就是通过"产出"使学习者认识到自己的不足，从而调动他们的学习积极性，刺激学习欲望，使其从被动接受到主动学习。"输出驱动"逆转"先输入后输出"的传统教学顺序，即在教学中，输入不再优先，而是在输出之后。

（二）建立多模态听力认知加工传输通道

根据认知负荷理论（Sweller，1988）[①]及多媒体学习认知理论（Mayer，Moreno，2003）[②]中的双通道假设和容量有限假设，人类大脑主要通过视觉和听觉两种独立的感官通道对所接收的信息进行加工，加工容量有限且消耗认知资源。某一通道容量超载便会引起认知资源的分配失衡。为减少认知负荷，所输入的信息应与已有经验建立一致的心理表征，这时有意义的认知加工才会发生。

听力学习也是一种认知和信息加工的过程，学习者的大脑初步加工新知识后，会将其与已有的知识进行关联并存入长时记忆中，这期间难免发生知识丢失的情况。为平衡认知资源的分配并减少知识的丢失，人们可以通过将多种符号输入多种感官通道来获取信息。这时，多模态的输入和协同就可以在新知识

---

① Sweller J. Cognitive load during problem sloving：effects on learning［J］. Cognitive Science，1988（12）：257-285.

② Mayer R E，Moreno R. Nine ways to reduce cognitive load in multimedia learning［J］. Educational Psychologist，2003（38）：43-52.

的交互再现中加强感官认知，促进工作记忆向长期认知记忆转化，进而提高信息内化的程度（张舍茹、闫朝，2014）[①]。

教师在根据“可理解性输入”原则设计并进行听力训练的同时，应以学生多模态感知为基础，以多媒体技术为支撑（谢竞贤、董剑桥，2010）[②]，为学习者提供多种模态和媒体的交互式语言输入环境，包括视觉模态（文字、图片、视频、教师手势语）、听觉模态（教师话语、听力材料、音乐、其他音效等）、触觉模态（师生或生生肢体接触、师生或生生与环境的接触）、言语模态（口头报告、角色扮演、讨论等）、空间模态（师生或生生空间距离）。

（三）听、说、读、写综合练习

听与说的关系密不可分，“听力”授课不能只听不说，而必须听说结合。听能够促进更好地说；说得好了，听的能力也会提高，二者相互促进。所以，“听力”课可以适当增加学生的跟读训练和师生之间的口语互动。

听力作业也可和“说、读、写”等活动紧密联系在一起，比如各种类型的有声作业，这是指学习者每次上完听力课后，根据课堂教学的内容录制一段几分钟的录音，可以是对课文内容的复述，也可以是阐述自己对课文内容的理解，作为课堂教学的补充。教师还可以把优秀的学生作业作为听力素材在下次课堂上使用，增加学习者在课堂上练习听力的机会，丰富听力教学的素材。

四、听力教学活动示例

（一）中文耳语

【活动介绍】通过学生之间小声的词语或句子传递，来训练学生的听力、记忆和复述能力，也可用于检测学生的汉语发音水平。对未听清的句子成分进行推测，亦可训练学生的逻辑推理能力。

【适用学生水平】HSK 1—3 级。

【所需时长】5 分钟。

---

① 张舍茹，闫朝．多模态教学与学习内化律相关性实证研究［J］．中国外语，2014（2）：74-79.

② 谢竞贤，董剑桥．论多媒体与多模态条件下的大学英语听力教学［J］．外语电化教学，2010（6）：9-13.

【活动准备】在课前，教师准备一些与学生汉语水平相适应的词语或句子，词语应是学生已经学习过的。

【活动过程】

(1)教师将学生分组，每组学生分别坐成一列。

(2)教师悄悄告诉每组第一个学生需要传递的内容，学生依次传递，可从前向后传，也可从后向前传。最后一个学生把听到的词语或句子写在纸上，交给教师。

(3)教师分别宣读后，公布原词或原句，看哪组传得又快又准确。

【活动说明】

(1)教师准备的词语和句子可根据学生水平进行调整，尽量结合学生当前所学的内容。初级水平学生可传数字词语，如电话号码；中级水平学生可传稍有难度的句子，如“今天下午 5 点我在留学生 2 栋宿舍楼下等你”。

(2)传递方式可以是耳语，也可以是教师将词语、句子写在纸上，让第一个学生看几秒钟(时长视句子长短而定)，然后拿走，再由第一个学生继续写在纸上传给下一个同学，下一个同学只能看一眼再进行默写继续传。

(3)活动可限定时间，也可限定传递的词语和句子数量。时间不宜过长，5 分钟左右为宜。词语数量在 5~10 个，中、短句子数量在 5 个左右，长句以 3 个左右为宜。

【活动后总结】活动结束后，教师可以和传递错误的组一起讨论在什么地方开始出了错，为什么会出错。教师了解相关情况后，有针对性地在后续教学中加强相关部分的操练。

【注意事项】

(1)教师要注意在活动过程中维持纪律，避免出现违纪现象。

(2)如果是国际班，可让不同国家的学生交叉分组。

(二)我是大编剧

【活动介绍】“我是大编剧”是一个训练综合听说能力的活动，同时，还训练学生的听后联想猜测能力和成段表达能力。

【适用学生水平】HSK 3—5 级。

【所需时长】20 分钟。

【活动准备】教师预先准备好一段录音，中间需包含一些音效(如门铃声、开门声等）和一些话语。

【活动过程】

（1）为了让学生之间能进行充分讨论和交流，此活动宜分组进行，活动开始前按学生人数分成若干小组。

（2）教师给全班放一段录音，要求大家仔细听两遍。

（3）然后组内讨论，学生们根据听到的声音和话语编成一个故事。

（4）最后可以进行生生互评，大家讨论，评选出谁是最佳编剧。

录音内容参考：

音乐声—门铃声—开门声—快递员说话声，主人和快递员的简短对话声—关门声—厨房水声—主人唱歌声—切菜声—小狗声—脚步声—开门声—主人和小孩的对话声……

【活动说明】

（1）如果要使故事情节更加具有戏剧性，教师可选择更多样性且更具有冲突性的音源，除此之外，在音源选择上要注意不同音色的区分性。

（2）故事情节走向上最好具有可控性，并且要注意与学生之间的文化差异。

【活动后总结】活动结束后也可以要求学生将口头表述的内容写成文字，锻炼他们的汉语写作能力。

（三）听我说找不同

【活动介绍】学生通过听取关键信息找到正确的目标图片。

【适用学生水平】HSK 2—4 级。

【所需时长】10 分钟。

【活动准备】教师准备两幅有细微差别的图片，以及对其中一幅图片进行描述的文字。

【活动过程】

（1）教师将两幅图片用 PPT 展示给学生（也可以将其复印好发给学生）。

（2）教师朗读文字材料，学生一边看两幅图片一边仔细听，找出教师描述的是哪幅图片。

（3）最先找出教师描述图片的学生获胜。

【活动说明】

（1）教师可以在学生找出所描述图片后，请该学生继续对该图片进行描述，锻炼学生的口头表达能力。

(2)教师挑选的图片应与学生正在学习的语言点、功能点结合。

(3)教师可根据学生语言水平设置听力信息关键点位置。

(四)各就各位

【活动介绍】在生词和句子学完后，按照课程内容排成一些人物对话或戏剧，让学生扮演其中的角色，对句型进行练习。培养学生听力和理解短文内容并找出关键词的能力。

【适用学生水平】HSK 2—3级。

【所需时长】20分钟。

【活动准备】无

【活动过程】

(1)教师读一段对话或课文，也可以读一段自己编的短文。

(2)教师让几个学生担任对话或课文中的角色(或人或物)。

(3)教师先把整段文章念一遍或讲解一遍。

(4)教师在讲述第二遍的时候，每提到一个人或物，扮演该角色的学生就得马上站起来并做出相应动作，如教师讲：星期六下午，一群小学生在打扫教室。看，王海正在擦窗户。此时，扮演王海的学生就要起立并做出擦窗户的相应动作。

【活动说明】

(1)教师在设置课堂活动情景时要明确，不能只给出一个大概的情景范围，要对情景做出清晰明确的解释和说明。

(2)在对情景做出说明后，教师要给予学生学习的时间，对学生进行相关的语言提示，学生在掌握语言后角色扮演活动会更加顺利。

(3)教师在选择活动成员时，要尽量多地让大家参与进来，尤其是平时性格比较内向的学生，教师可以借此机会让他们得到更多的交际锻炼。

(4)活动时长控制在20分钟以内，教师要把握好活动时间，不宜过长或过短。

【活动后总结】活动结束后，教师要及时对课堂活动进行评估和反思，总结学生在听力方面出现的普遍问题，例如无法捕捉关键词，对话内容不甚清晰等。教师要根据学生具体情况制定之后的教学计划。

【注意事项】

(1)教师要注意在活动结束后维持课堂纪律，避免出现学生过于热情而失控的场面。

(2)教师要注重时间管理，在说明活动时要清晰明了，保证活动的有序开展。

(五)拍词语

【活动介绍】将活动词语卡片按一横排贴到黑板上，让参加活动的学生在黑板前面站成一排。当他们听到教师或者学生念到的中文词语后，就用手以最快的速度拍到此词语的下方，速度最快者胜出。

【适用学生水平】HSK 2—3 级。

【所需时长】10 分钟。

【活动准备】词语卡片

【活动过程】

(1)教师带领学生把本节课重点词语先全部熟悉一遍，让学生有更深的印象。

(2)教师将卡片一横排贴在黑板上，在卡片的下方画个圈，让一男一女上台来并背对自己。

(3)教师用口型对下面的同学作提示，让学生反映词语，并大声说出来。

(4)老师再将该词确认一次后，发出明确指示，让台上的两位学生转身去拍词语下面的圆圈。拍得又快又准的一方胜出得分。如，教师：香蕉。学生：香蕉。台上学生马上去拍对应图片或词语下的圆圈，折得又快又准的加分。

【活动说明】

(1)教师在贴卡片或词语时，让全班学生认一个贴一个。在活动前，让全班同学再次熟悉下比赛中要辨认的词语。

(2)上台来的两位同学，面朝台下同学。老师通过口型提示，如超市，台下同学一起说超市，为防止台上同学听不清楚，老师要大声再读一次，然后发出指令“拍”，比赛选手才能去拍。

(3)在拍卡片前，为了活跃气氛，可让比赛选手先做点热身，如：选手在准备期间，让他们原地小跑，听到“拍”的指令时，再转身拍词。

(4)活动时长控制在 10 分钟以内，教师可以根据班级情况自行调整上台人数，一次以 2~4 人为宜。

(5)词语卡片数量为 8~16 个。

【活动后总结】活动结束后，教师要将学生的易错点整理总结，追根溯源，判断学生错误是出在口语方面还是出在识字方面。针对学生常犯的、带普遍性的错误，教师要展示相应的正确形式并组织练习，直到全班学生都能掌握或基本掌握正确形式为止。

【注意事项】

(1)教师要注意在活动过程中维持纪律，避免出现违规现象。

(2)学生拍错的词语，一定要全班同学再认读一次，纠正错误。

(六)找重点

【活动介绍】教师通过让学生对句子中的重音进行听辨，培养学生对句子中的重音的辨别和理解能力。

【适用学生水平】HSK 3—4 级。

【所需时长】10 分钟。

【活动准备】教师准备若干语义连续的句子，制成卡片，并在卡片上标记重音。

【活动步骤】

(1)教师将学生分为两人一组，要求学生听教师朗读句子，并找出句子中的重音。

(2)由每组的学生 A 找出句子中的重音，并就重音部分向学生 B 提问。如：学生 A 听到的句子是“他昨天去了动物园”，其中重音是“昨天”，则学生 A 应该提问：“他什么时候去了动物园？”

(3)学生 B 回答学生 A 的问题，并重复教师朗读的句子，注意要读出重音的部分。

(4)教师展示卡片，让其他学生一起判断学生 A 和 B 对句子重音的理解是否正确。

【活动说明】根据学生的水平，教师可以一次只读一个句子，要求学生提一个问题；也可以一次读几个句子，要求学生在听后根据理解和记忆提多个问题。

（七）情报搜集员

【活动介绍】此活动旨在提高学生对变调的敏感度，并帮助他们掌握正确的变调语音及其规律。

【适用学生水平】HSK 2—4 级。

【所需时长】10 分钟。

【活动准备】教师准备若干个变调的词语和普通词语，变调词语参考如下：

"一"的变调：一千、一十、一百、一万

"不"的变调：不听、不学、不写、不看

三声+三声：语法、可以、雨点、洗澡

【活动步骤】

（1）3~5 个学生一组，其中一人是记录员，其他人是情报收集员。

（2）每次每组分别派出一名情报搜集员到教师面前，听教师朗读 5 个词语，其中包含若干个变调的词语，情报搜集员听出变调的词语并记录下来。

（3）情报搜集员快速向记录员重复听到的变调词语，并由记录员用拼音记录并标出变调。

（4）最后由记录员读出本组所搜集的变调词语。搜集最多准确变调词语的组获胜。

【活动说明】

（1）教师应在距离记录员较远的地方小声向情报搜集员朗读词语，避免记录员提前听到。

（2）教师可根据学生水平调整朗读的词语数量。

（八）切西瓜

【活动介绍】同学手拉手站成一个圈（即西瓜）往前走，老师在同学走的过程中说词语，随机分开两名同学的手（即切西瓜），被分开的同学需要重复教师刚刚说过的词语，看谁说得又快又多，未参与游戏的同学在下面说词语、加油。这一活动既可做整体操练，又可做一对一训练。

【适用学生水平】HSK 2—3 级。

【所需时长】10~15 分钟。

【活动准备】教师提前准备学生近期学过的词语。

【活动过程】

(1)教师进行游戏规则介绍，保证学生理解游戏规则，使游戏顺利进行。

(2)教师将学生分为三个组，每个组 5~6 个学生。

(3)每个组的学生手拉手站成一个圈往前走，教师在学生走的过程中说词语。

(4)教师随机分开两名同学的手。

(5)被分开的两名同学回忆教师刚刚说过的词语并重复，说出正确的词语最多的组获胜。

【活动说明】

(1)教师在此活动中充当命题者和“切西瓜”的角色，并可以在第一遍带领学生熟悉游戏规则后，在每一组选出小裁判，由小裁判进行听说活动，进行小组之间的竞赛。

(2)教师要把握好说词语和“切西瓜”的时间，游戏难度由浅入深。游戏刚开始时为使学生熟悉游戏规则，教师可先说 5~6 个词语；在学生熟悉游戏规则后，慢慢增加游戏难度，可说 10~12 个词语。

(3)教师所说的词语尽量结合学生所学内容，以达到复习巩固的效果。

(4)活动时间不宜过长，控制在 10 分钟以内。

【活动后总结】教师在活动结束后将学生不熟悉的和发音不准确的词语总结归纳，带领学生反复朗读，纠正读音。对读音相近或相似的词语教师要注意重点辨析。

【注意事项】此活动可在教室内进行，学生可站成一排，教师随机分开两名同学牵着的手。

(九)谁是卧底

【活动介绍】教师通过让学生对词语进行听辨，帮助学生对已学过的词语进行归类，同时练习口语表达技能。

【适用学生水平】HSK 3—6 级。

【所需时长】15 分钟。

【活动准备】

(1)教师将学生学过的词语按词性、结构或者词义分成若干组，在每组中插入一个不属于该组的“卧底”词语。

(2)教师发给每位学生一张白纸。

【活动步骤】

(1)教师逐一朗读每组词语。

(2)学生听到一组词语后，将不属于这组类别的词语写下来，并记下自己归类的理由。

(3)教师挑选学生公布他们的答案，看看大家挑出的“卧底”词语是否一致。

【活动说明】学生可能会根据不同的归类角度选出不同的“卧底”词语，只要言之有理即为正确。

【活动后总结】教师可让学生说一说自己的归类理由，锻炼他们的口语表达技能。

(十)快速寻词

【活动介绍】快速寻词是一个将听和词语印象结合训练的活动，能训练学生的听力、记忆力和快速反应能力。

【适用学生水平】HSK 2—3 级。

【所需时长】5 分钟。

【活动准备】教师提前将需要练习的词语制作成图片用 A4 纸打印出来，并随机张贴在教室的某个地方。

【活动过程】

(1)活动开始前，教师可提前带领学生将要练习的词语进行朗读、复习。

(2)教师对目标词进行描述，学生根据教师的描述从张贴的图画中迅速找到答案。

(3)又快又准确地找到正确图画的学生获胜。

【活动说明】

(1)这个活动中教师的描述语言很重要，教师可根据学生水平决定描述语言的难度。

(2)此活动可以是单人活动也可以是小组活动。其余学生需要到教师处听取目标句。

(3)可以由教师进行描述也可以由学生来对目标词语进行描述。

【活动后总结】游戏结束后教师可以再次带领学生复习相关词语，加深学生对词语的印象。

【注意事项】

(1)教师要注意在活动过程中维持纪律，避免出现违规现象。

(2)教师要注意控制活动时长，维持活动过程秩序稳定，保证活动顺利进行。

(3)如果是国际班，教师可让不同国家的学生交叉分组。

(十一)当机立断

【活动介绍】教师通过与学生进行错误的配对对话这一活动，巩固学生的学习成果，增强学生听力技能中捕捉关键词的能力。

【适用学生水平】HSK 2—3 级。

【所需时长】10 分钟。

【活动准备】教师提前准备一段文字材料，文字材料中包括需要学生重点捕捉的关键信息。

【活动步骤】

(1)教师将文字材料发给学生。

(2)教师照着材料读，但在一些地方稍作改动。学生听到不同之处要立即打断老师，并纠正其读错的地方，用上“对不起，应该是……”。

如：山本今年四十岁。

读作：山本今年十四岁。

如：此处设有雅座。

读作：此处没有雅座。

【活动说明】教师要掌握好朗读的速度，速度太快学生听不出不同之处，太慢达不到效果。教师也可在材料上故意写错误的语法，但朗读正确的，这样可通过活动中的讨论加深学生的印象。

【活动拓展】此活动也可用于练习语音、汉字和语法。

(十二)往前走

【活动介绍】“往前走”这一活动是指教师在黑板上写出两组读音相近的词

语，并准备“旅游线路图”，老师在台上说词语，学生根据自己听到的词在图上标注出来，将所有听到的词连在一起绘制地图，可到达最终目的地的学生获胜。

【适用学生水平】HSK 2—3 级。

【所需时长】5~10 分钟。

【活动准备】准备“旅游路线图”。

【活动过程】

（1）教师先在黑板上写上左右两组读音相似的词语。

（2）每个学生持有一张“旅游路线图”，听老师说词语，学生用笔画出路线，最后看有多少人能到达正确的地方。

【活动说明】

（1）教师面对不同水平学生可以准备不同的听力内容，汉语水平较低的学生可以听写简单的汉语词语或词组；面对中级汉语水平的学生，则可以将内容换成对话或者是一段独白，让学生捕捉对话式读白中的关键信息，从而到达目的地。

（2）教师准备的“旅游路线图”不宜过于复杂，应当结合具体教学内容进行设计，同时也要考虑教学对象的汉语水平。

（3）活动时长控制在 10 分钟以内，教师也可以通过限制词语数量达到控时效果。

（4）近似词语：准备 8~10 个。

【活动后总结】教师根据学生的路线图判断学生对哪几组词语的学习有较大的困难，教师再对这些难题进行统一解答，从而取得更好的教学效果。

【注意事项】

（1）教师要注意在活动过程中维持纪律，避免出现违规现象。

（2）材料可以扩展成各种不同情境的对话，但要注意把控时间。

（十三）草图游戏

【活动介绍】草图游戏是一个训练听觉能力的游戏，教师让学生拿出纸笔，然后播放录音内容。学生可以根据录音内容去画草图，物体以方块或圆块表示出来，在草图中写出该物体的名称。

【适用学生水平】HSK 2—3 级。

【所需时长】5~10 分钟。

【活动准备】无

【活动过程】

（1）教师介绍游戏规则，确保学生可以理解游戏规则，使得游戏活动可以顺利进行。

（2）教师播放听力材料。

（3）学生边听听力边在纸上绘制草图。

（4）教师邀请 1~2 名学生到讲台上画出他们的草图。

【活动说明】

（1）教师选择的听力内容要根据学生汉语水平进行调整，对于低级汉语水平的学生来说，听力材料不宜过于复杂，应以短句为主，长难句为辅。例如：让我们一起来画我们的教室。教室前面有一块黑板。黑板前是一个讲台。教室里一共有 25 个课桌、6 扇窗户。两扇门是开着的。中级汉语水平学生的听力材料难度较大。例如：让我们一起画一棵树。这棵树是绿色的。上面有五个红红的苹果。树枝上还有几只小松鼠跳着、蹦着，躲在绿叶间。

（2）教师控制听力材料的播放次数，根据学生描绘情况决定是否增加播放次数，但播放次数不宜超过 3 次，播放 3 次以上会造成时间上的损耗，且学生对听力内容的提取有限。

（3）教师播放听力时间控制在 10 分钟以内。

【活动后总结】教师根据学生在游戏结束后绘制的草图进行对比分析，找到学生在此次听力活动中难以掌握的部分，同时，应带领学生不断朗读未掌握的听力材料，让学生做到对此次听力材料基本掌握。

【注意事项】

（1）教师要注意在活动过程中维持纪律，避免出现违规现象。

（2）材料可以扩展成各种不同情境的对话，但要注意把控时间。

（十四）真假猜猜猜

【活动介绍】此活动通过结合富有趣味的真假猜测内容，提高学生对汉语语篇的听力理解能力和口语表达能力。

【适用学生水平】HSK 3—4 级。

【所需时长】15~20 分钟。

【活动准备】

(1)教师准备“真”和“假”两张卡片(如有条件可以给每位学生制作一个手牌),贴在黑板的两边。

(2)教师准备一个关于自己的故事,可真可假。

【活动过程】

(1)教师让学生放松,做好聆听准备。

(2)教师向学生讲述一个故事,故事可能是真的也可能是假的。学生可以边听边做记录。

(3)教师说完故事后,全班学生有固定的提问时间,比如3分钟。学生可以随意对故事中的内容进行提问,如故事中教师说“我去过新疆”,学生如对此存疑,可以进行提问。

(4)提问时间结束后,学生要对故事的真假进行猜测。看哪些学生能猜测准确。

【活动说明】

(1)教师准备的故事要尽量简单易懂,贴近生活。

(2)也可以让学生参与讲故事环节,教师讲完一个故事后,可由学生继续说故事。

【活动后总结】活动结束后,教师要将学生听和说过程中的错误点整理总结,追根溯源。针对学生的不足,教师改进教学计划和教学方案。

【注意事项】如由学生说故事,教师提前将任务布置给学生,并对学生准备的故事进行提前阅读,避免因文化差异出现的课堂问题。

(十五)跑向目的地

【活动介绍】“跑向目的地”是一个综合听写、听说、听读的活动。通过组员之间的配合达到听和其他技能的综合训练。

【适用学生水平】HSK 4—6级。

【所需时长】15~20分钟。

【活动准备】教师将一篇文章拆分成若干句子,并标上序号。

【活动过程】

(1)教师说明游戏规则,确保学生充分理解游戏规则并能顺利进行活动。

(2)将学生分成几组,让每组留守一人执笔(在位子上不动)。其余学生需要到教师处听取目标句。

(3)组内每位学生负责一个句子的记忆复述，并说给组内留守人听写。

(4)全部句子写完后，整个小组再根据写下的句子重述这个故事。

(5)此活动目的在于训练学生听写能力、听说能力、听读能力、记忆能力，以及组员之间的配合能力。

【活动说明】

(1)教师给出的篇章内容难度要适中，紧密结合学生学习内容，与学生汉语水平相匹配。

(2)教师要把握活动时长，时间控制在20分钟以内，同时要维持现场秩序，保证活动可以顺利进行。

【活动后总结】

(1)教师在活动结束后整理总结学生在听写过程中的错误，大家一起纠正错误并重复朗读，直到学生完全掌握学习内容。

(2)教师可以根据原篇章的内容和结构逻辑，对小组重述的结果进行评定，可以生生互评，也可以师生共同评定。

【注意事项】

(1)教师要注意在活动过程中维持纪律，避免出现违规现象。

(2)教师要注意现场学生的安全，灵活应对突发状况。

第二节　口语教学活动设计

一、口语教学导读

口语表达是一种技能，要熟练掌握这种技能，学习者首先需要具备相应的语言知识，包括语音、词汇、句法、语义、语用和语体等知识。此外，还必须具备一定的社会文化背景知识。这些知识可以以语言的和非语言的形式存在。学习者如果不了解这些文化差异，可能就会造成跨文化交际的错误。

二、口语在语言教学中的地位

在听、说、读、写四项技能中，“说”是语言输出的一种重要形式。在语言教学中究竟如何对待“说”的技能，不同的学者有不同的看法。Krashen的“输入假说”认为学习者要习得一门语言，重要的是有可理解的输入。Swain 认为“输入假说”不可否认有重要的作用，但同时可理解的输出对学习者而言更为重要，因为语言输出的过程促进语言学习者进行句法处理和自我监控，并从对话人或教师那里得到反馈，学习者能从这些反馈中意识到他们语言中存在的问题。

三、口语教学的原则

（一）i+1 原则

“i+1”原则是这样一种概念：“i”代表学生已有的汉语水平，相当于 Krashen“输入假设”（input hypothesis）中的 i，是可懂输入的依据、语言习得的基础，“+1”则指略高于学习者现有水平的语言输入。这样的“i+1”的输入，对于学生来说是一种可懂的输入。在罗勃特 · W. 布莱尔提出的领会教学法中可以了解到，我们正是通过可懂的语言输入来习得语言的。i 是一种语言条件，有无语言条件，直接影响到教师教学的效果优劣，以及学生习得语言的难度大小和速度快慢，甚至会影响到汉语学习的成败。

（二）交际化原则

口语技能最终是使用在交际中的，口语技能培养过程中应做到语境优先、角色适用、双向协同、交际仿真四个要求，将交际性原则贯穿口语技能培养的始终。

语境优先指口语技能培养中，教师应灵活、多样地创设与口语知识相关的语境，帮助学生运用所学口语知识点。角色适用原则，是指教师在课堂教学中模拟情境要考虑到学生自身的心理特点和文化背景，在角色的选择上给予学生自主选择权，当然也要做到公平原则，且在此过程中教师要适当协调。例如，在课堂教学的交际训练中，教师可以让交际双方角色互换。这样不仅使学生体验到两种不同的言语交际角色，达到多练的目的，也避免了学生由角色选择失误而造成的交际压力。

双向协同指课堂交际教学的顺畅进行，不仅需要师生、生生进行双向合作，还需要交际双方协同合作。这表现在生生交际练习时，教师作为旁观者和交际过程的监督者，对生生交际训练进行实时、适时的监督，而学生也会观察教师的非言语行为，以反省自我交际行为。交际仿真要求学生在进行模拟交际练习时，要按照真实性、逼真性的要求，尽量保证交际过程的连续性。此外，学生进行模拟交际训练时尽量不要看课本，不要做提示纸条。

（三）个性化原则

个性化原则，是指教师在口语技能的培养中要让学生跳出课本，用所学的口语知识来讲自己的故事。课本中口语对话的编写在情景和话题上都有一定的局限性，教师要善于总结和推广运用，将课本中的口语句型、功能与学生的生活相联系，鼓励学生勇于用汉语表达自己的生活。具体到课堂教学中，在生词讲练环节，教师可以多举与学生生活相关的事例。在交际性练习环节，教师可以营造与学生生活相关的语境，要求学生在此语境下使用汉语。

（四）精讲多练原则

精讲的目的在于让学生掌握要领，让汉语知识条件化，并为学生有效地、顺利地进行语言实践操练创造条件。多练的目的在于让学生将所学到的语言知识在运用中内化，在实践中转化为自身的技能。汉语教学的效果是教师和学生双方共同合作、相互作用的结果。教师的教建立在学生的学的基础之上，且以后者为中心，以后者为课堂教学活动的出发点和落脚点。因此，我们认为精讲多练不仅仅是一种教学原则，更是一种教学理念、教学境界，是教师在汉语课堂中必须始终坚持的教学意识，其与课堂教学有效性密不可分。

四、口语教学活动示例

（一）看图说话比赛

【活动介绍】看图说话比赛，教师将学生分组，学生根据教师所展示的图片表达自己想说的话，表达的内容可以是自己在图中看见的什么或自己直接的感想，表达的内容得到老师肯定则得分。小组间进行比赛，以此锻炼学生口语。

【适用学生水平】HSK 2—3 级。

【所需时长】20 分钟。

【活动准备】需要准备记分表格、几张大图片。

【活动过程】

（1）教师将学生分成几组，每组取一个组名，然后将组名写在事先准备好的记分表格上，之后贴在黑板上。

(2)教师出示第一张图片。要求每组第一个学生轮流用中文说出他们从图片上看到了什么。后面的学生不可以重复前面学生说过的东西。老师从中选出一个学生，并给予肯定。

(3)得到肯定的学生在记分表里记上一分。

(4)每组的第二个学生继续游戏。

(5)学生将图片内容说完后，老师换另一张图片，游戏继续。

(6)游戏结束后，得分最高的那个组获胜并得到奖励。

【活动说明】

(1)教师要根据学生具体水平选择合适图片，所选图片要与学生所学知识相关。例如：面向初级水平学生给出的图片可以偏向简单的动画；面向中级水平学生给出的图片则要更为复杂。

(2)教师要求学生用特定的句式表述，如："我看见""我猜想""我疑惑""我预测"等。

(3)课堂活动时间在 20 分钟以内，时间过长课堂秩序难以控制，过短则达不到训练效果。

(4)准备至少 15 张图片。

【活动后总结】比赛结束后，老师在给予获胜组奖励的同时，要注意总结、纠正学生在比赛过程中出现的口语问题，并在以后的课堂教学中着重强调这些部分。

【注意事项】

(1)教师选用的图片要注意学生的文化差异和文化习惯，谨慎挑选。

(2)教师要鼓励同组的学生互相帮助。

(3)教师要注意在活动过程中维持纪律，避免出现违规现象。

(4)教师选择的图片要适合学生的学习水平，图片要色彩缤纷或内容有趣。

(5)如果是国际班，可让不同国家的学生交叉分组。

(二)抛绣球

【活动介绍】"抛绣球"这一活动可用于两人之间的对话训练。教师将球抛给学生，学生接到后与教师进行对话，以此锻炼学生的遣词造句能力和口语能力。适合用于练习"你叫什么""我叫……"以及一些学过的问候语。

【适用学生水平】HSK 1—3 级。

【所需时长】大约 15 分钟。

【活动准备】教师准备沙包以及对话句式。

【活动过程】

(1)学生坐在座位上或站成一队。老师站在学生前面，背向学生抛球，球离手后转身面对学生。

(2)接到球的学生与老师进行对话练习，老师提问学生回答。

(3)对话结束后，由接到球的学生取代老师的位置，上前抛球。

(4)第二轮接到球的学生与抛球学生进行对话练习。

(5)此法可扩展运用到其他需要两个人进行对话练习的语言点。

【活动说明】

(1)选择沙包时要注意重量，教师在抛的时候要注意力度、方向，考虑学生安全问题。

(2)对话内容要根据本班的实际情况，结合课文内容和课本上的练习题，组织交际性练习项目。教师要设法使学生在学过的词汇和语法范围内说自己想说的话，表达自己的思想和见解。

(3)活动时间控制在 15 分钟左右。教师要在学生表达困难时及时提醒，避免浪费过多时间，尽量让每一个学生得到对话锻炼。

(4)对话句式准备以 5~6 个为宜，其中应包括 1~2 个长难句。

【活动后总结】活动结束后，教师要将学生的易错点进行整理总结，追根溯源，判断学生错误是在口语方面还是在识字方面。针对学生常犯的带普遍性的错误，教师应展示相应的正确形式并组织练习，直到全班学生都能基本掌握正确形式为止。

【注意事项】

(1)教师对学生在活动过程中出现的语音问题要及时纠正，但要注意的是，要有计划、有重点地纠正学生错误。

(2)教师要注意在活动过程中维持纪律，避免出现违规现象。

(3)教师要注意扩展各种不同情境的对话，但同时也要注意把控时间。

(三)中国大富翁——中国之旅

【活动介绍】教师通过课件展示中国地图，并设计好要前往的各个地点和制作好骰子。学生转动骰子，数字为几便前往相应的地点。教师引导学生运用所学语言点结合该地特色输出句子。这种教学活动不仅有趣味性，能提高学生对所学语言点的综合运用能力，还可以加深他们对中国文化的了解。

【适用学生水平】HSK 4—5 级。

【所需时长】10 分钟。

【活动准备】教师要制作好课件和骰子并设计好相应的路线和问题。

【活动过程】

(1)教师进行游戏规则介绍，让学生理解游戏规则。

(2)游戏开始老师点击课件开始按钮，并由学生转动骰子。

(3)学生根据投掷出的骰子数前往预设地点。

(4)教师组织学生观看该地的特色图片或视频。

(5)教师根据课文所学内容设计语言，由学生进行句子输出。

(6)教师及时对学生输出的句子进行评价反馈。

【活动说明】

(1)教师可以将大富翁棋盘中的格子内容根据学生所学知识进行变换。比如：学生在学习数字时，教师可以将格子换成数字；在学习方向时，教师还可以让学生以此为地图进行问路和指路的练习。

(2)格子中还可以设置关卡，增加游戏趣味性。比如：停止一次、返回起点、交换位置、前进 3 步、后退 6 步等等。

(3)在游戏过程中，教师可以增加与学生之间的互动交流，用对话形式让学生复习已经去过的地方。

例如：

老师：从起点出发，我们怎么去北京呢？

学生：先往北走三千米，再往西走两千米。

(4)游戏时长控制在 10 分钟以内，过长的游戏时间会让学生对游戏产生疲惫感，教师可以根据课堂进度把握游戏节奏。

(5)预设地点以 5 个左右为宜。

【活动后总结】教师根据学生在游戏过程中的输出内容，判断学生是否掌握学习内容。教师应对学生仍无法完全掌握的句型进行统一讲解，及时解决学生在套用句式时产生的语序、语法等问题。

【注意事项】

(1)教师要注意把控活动时长，维持活动过程秩序稳定，保证活动顺利进行。

(2)此游戏要求教师有较高的课件设计技术。

(3)教师要灵活应对突发状况。

(4)注意教学过程中的文化输出是为了辅助学生的语言学习，掌握好教学容量。

(四)四个角落

【活动介绍】此活动要求学生对某一观点发表不同看法，以此培养学生的口语表达能力和批判思维。

【适用学生水平】HSK 3—6 级。

【所需时长】30~45 分钟。

【活动准备】教师根据学生的语言水平准备一个具有争议性的话题。

【活动过程】

(1)教师将教室的四个角落设定为四个区域，分别为同意区、部分同意区、不同意区、部分不同意区。

(2)教师给出一个具有争议性的可辩论的话题。

(3)学生根据自己的观点选择区域，并且和区域内的其他学生组成队员，在规定时间内进行讨论。

(4)讨论时间结束后，每个区域选出一个代表，对自己区域内的学生的观点进行阐述。

(5)每个区域的学生可对其他区域的学生提 1~2 个质疑问题，被质疑区域的学生需要对质疑进行回应。

(6)最后可由生生互评或教师评选出最佳发言人。

【活动后总结】教师在活动结束后可要求学生将自己的观点写下来，锻炼他们的汉语写作能力。

【注意事项】

(1)教师要注意维持学生讨论秩序。

(2)教师在选择话题时应注意学生文化差异。

(五)故事接龙

【活动介绍】本活动围绕教师给出的一个主题展开，由学生自由发挥想象，在规定时间内给出与主题相关的故事情节，构成一个完整新颖的故事，并将它生动地讲述出来。

【适用学生水平】HSK 4—6 级。

【活动时长】10~30 分钟。

【活动准备】故事主题、记分表、奖品。

【活动过程】

（1）教师讲解故事接龙的规则，确保学生理解游戏规则，顺利进行此项活动。

（2）教师将学生进行分组，每组提供组名，由教师填写在记分表上。

（3）教师给出故事主题，如一次旅游、回家路上等等。

（4）各小组分别围坐成一圈，依次开始故事接龙。

（5）各小组自选一名队员给出故事开头，按顺时针或逆时针方向依次续接故事。

（6）每名队员每次只能接两句话，且续接时间每人每次不超过 1 分钟，这个过程由教师监督。

（7）最后一个小组故事讲述完后，每个同学进行投票。票数最多的小组为优胜组，获得奖励。

【活动说明】

（1）该游戏可以锻炼学生的思维能力、汉语表达能力，可在口语课或读写课上使用。

（2）对于情节生动的故事，教师还可以组织学生以小话剧的形式表演出来。这适用于中高级阶段的学生。

（3）学生在游戏过程中若有表达不清晰的情况出现，教师可通过重复语句的方法来帮助学生表达自己的故事。

（4）为使活动更加有趣，主题应选择具有悬念、趣味性强的，例如：包的秘密、阿姨的逆袭、公园的帽子等。

（5）活动时长以 30 分钟内为宜，具体时长以学生故事的完成进度为准，但每个人的思考时间不宜过长。

【活动后总结】活动结束后，教师可以选择故事情节完整且生动有趣的故事组织学生以话剧的形式表演出来，但同时也要注意对学生在讲述故事时产生的语法错误进行纠正。

【注意事项】

(1)教师要注意把控活动时长，维持活动过程秩序稳定，保证活动顺利进行。

(2)教师要灵活应对突发状况。

(3)如果是国际班，可让不同国家的学生交叉分组。

(六)视频配音

【活动介绍】通过为广告、微电影或者其他类型的视频配音，训练学生根据特定情境进行口语表达的能力。

【适用学生水平】HSK 3—6级。

【所需时长】20分钟。

【活动准备】教师根据学生汉语水平准备合适的视频文件。

【活动过程】

(1)教师将全班按适宜人数进行分组。

(2)教师播放视频，可以重复播放2~3遍。

(3)视频播放结束后，给学生10分钟左右的准备时间。

(4)学生准备完成后，教师组织学生开始配音。

(5)学生对所选片段开始配音。

(6)所有学生配音结束后，可以通过生生互评或教师评价的方式，选择出最佳配音员。

【活动说明】

(1)老师在课前寻找适合学生汉语水平的视频，视频内容不能过难。汉语水平较低的学生应选择难度较小、容易理解的片段；汉语水平较高的学生所选择的片段则可以更为偏向生活化。

(2)配音练习活跃了课堂气氛，增强了学生的学习兴趣，通过给学生提供真实生动的语言环境，促进了他们对中国文化的深入了解，并有效地避免文化冲突，从而实现汉语应用水平的提升。

(3)教师挑选视频时要注意视频长度，5分钟左右，最长不要超过10分钟。视频过长，学生难以记住相应台词；视频过短，则难度太小，达不到练习目的。

【活动后总结】教师在活动过程中要及时指出学生出现的错误，并在活动结束后对这些错误进行归纳总结，在之后的教学活动中应重点讲解与这些错误相关的语言点。

【注意事项】

(1)教师在选择视频时要注意各国的文化习俗，避免视频内容触碰留学生的文化禁忌。

(2)如遇人数较多的班级，教师要根据实际情况进行分组。

(3)视频以与学生正在学习的内容相关为宜。

(七)交换回形针

【活动介绍】用一枚简单的回形针可以交换回什么？通过有趣的回形针交换"贸易"，锻炼学生在社会课堂中运用汉语的能力。

【适用学生水平】HSK 4—6 级。

【活动时长】45 分钟。

【活动准备】根据学生数量为每位学生准备一枚回形针。

【活动过程】

(1)教师向学生介绍世界上第一个进行"回形针交换"的人的故事——Kyle MacDonald，在 2005 年，他首先用一枚回形针交换了一支笔，之后用这支笔交换了一个门把手，这样继续交换下去，最终他拥有了一栋小小的房子。教师向学生介绍这个故事，为学生进行接下来的任务建立信心。

(2)教师给每位学生分发一枚回形针，要求学生尽可能多地进行交换。

(3)活动时长可以根据学生语言水平而定，如 1~2 个星期。

(4)教师要求学生对每次交换做好记录，包括为每次交换拍一个小视频，以及做好文字记录，和谁进行了交换，交换了什么。

(5)课下交换活动结束后，回到课堂，教师将学生分组，组内学生先进行交流。

(6)组内交流结束后，教师组织全班学生进行交流，看谁用一枚回形针交换回了最好的、最有价值的东西。

【活动后总结】教师在活动结束后要归纳总结学生在交换过程中出现的语言错误，并将易出错点再次讲解。同时，在之后的教学活动中要着重讲解类似语言点。

(八)他是谁？

【活动介绍】让一个学生来描述班上一位同学的外貌，如"她有长长的头发，大大的眼睛，她今天穿了一件红色的外套……”，其他学生进行抢答，先猜出她是谁的获胜，此活动可分组进行。

【适用学生水平】HSK 2—3 级。

【所需时长】5～10 分钟。

【活动准备】教师将学生进行分组并且准备有特点的物品。

【活动过程】

(1) 教师将学生按适宜人数分组。

(2) 教师让一个学生用语言来描述班上一位同学或物品特征，如“她有长长的头发，大大的眼睛，她今天穿了一件红色的外套……”

(3) 在听到描述之后，其他同学可以进行抢答，先猜对的小组获胜。

【活动说明】

(1) 教师对学生描述内容的要求可根据学生水平进行调整。初级水平学生可只形容同学的外貌特征，如“她有长长的头发，大大的眼睛，她今天穿了一件红色的外套……”；中级水平学生可形容同学的内在特点，如“她性格内向腼腆，她成绩优异……”。

(2) 教师可以限定学生的描述时长，也可限定学生描述的词语和句子数量。描述时间不宜过长，5 分钟左右为宜。描述的词语数量在 5～10 个，中、短句子数量在 5 个左右，长句以 3 个左右为宜。

【活动后总结】活动结束后，对于描述错误的组，教师可以和他们一起讨论在什么地方开始出了错，为什么会出错等。出错的原因可能是发音出错或者词汇用法出错，教师应有针对性地在后续教学中加强对学生相关部分的训练。

【注意事项】

(1) 教师要注意在活动过程中维持纪律，避免出现违规现象。

(2) 如果是国际班，可让不同国家的学生交叉分组。

(九) 聪明的售货员

【活动介绍】学生扮演顾客与售货员，并通过此种方式掌握口语表达中的交际策略，训练特定情景下相关句型的表达能力。

【适用学生水平】HSK 2—4 级。

【活动时长】15 分钟。

【活动准备】

(1)教师准备食品店、杂货店等所售物品的图片若干套。

(2)教师将班级布置为两个商店的柜台形式。

【活动步骤】

(1)教师选出一个学生作评判员，并将其余学生分为两组，每组选出一位售货员，剩下的学生为顾客。

(2)评判员持有两组图片。

(3)每个售货员持有一套图片，放在货架上，不能让顾客看到图片内容。

(4)每位顾客抽取一张图片。看完图片上的物品后，将图片交还给评判员，评判员记录该图片的所有者。

(5)顾客依次到本组的售货员处购买自己在图片上看到的物品。顾客不能直接说出要买的物品，只能想办法将自己要买的物品描述给售货员听。售货员根据顾客的描述，在货架上将其所描述的物品找出来给他。

(6)先完成购买任务的一组获胜。

【活动提示】

(1)售货员手里的卡片可以重复，且卡片数量大于本组顾客的人数。

(2)两组同学也可以按先后顺序进行活动，限定活动时间，以在限定时间内成功购买物品多者为胜。

(十)艰难的约会

【活动介绍】通过营造邀请情境，帮助学生掌握邀请、拒绝与劝说等常见表达方式。

【适用学生水平】HSK 3—5 级。

【活动时长】15 分钟。

【活动准备】教师提前准备若干张邀请主题卡片，如：

邀请他/她喝茶	邀请他/她一起看电影

【活动步骤】

(1)教师带领学生学习或复习关于邀请与拒绝的套语及常见说辞。

(2)学生两人一组，每组抽取一张邀请主题卡片，一人发出邀请，并设法劝说对方接受自己的邀请；另外一人尽量想出合适且礼貌的理由拒绝邀请。

【活动提示】在对话中话轮数多，且邀请与拒绝理由合适者为优胜者。

（十一）优秀导游

【活动介绍】让学生用学习过的语法知识点，组织语言描述他们曾去过的地方，这样可以锻炼学生的口头表达能力，进行旅游方面的口语训练。

【适用学生水平】HSK 4—6 级。

【所需时长】15 分钟。

【活动准备】让学生提前分组准备关于某一景点的照片和资料。

【活动步骤】

（1）教师将学生分为 2～3 个导游组，2～3 个游客组。

（2）导游组的学生要逐一对不同的游客组介绍自己所导游的景点，游客组的学生要根据导游所介绍的内容进行咨询。

（3）游客组的学生要选出本组最喜欢的导游，并说明选择的理由。

【注意事项】

（1）教师要保证导游组的每个人都要参与活动，各司其职。让学生们有的介绍景点的历史，有的介绍景点背后的传说故事。

（2）游客组的学生要精心准备问题，认真总结导游组介绍的优点和缺点。

（3）为增加活动的趣味性和任务的难度，教师可要求导游组的同学每重复介绍一次，就压缩一些时间。

（十二）闪电应聘

【活动介绍】模仿闪电约会的方式，通过扮演应聘者和招聘者，培养学生的口语表达能力。

【适用学生水平】HSK 3—6 级。

【活动时长】30～45 分钟。

【活动准备】将教室进行重新布置，在教室中摆放两排椅子，一排坐的为招聘者，一排坐的为应聘者。两排椅子面对面摆放。

【活动步骤】

（1）教师将全班学生分为两组，一组为招聘者，一组为应聘者。

（2）教师为学生设定招聘任务、招聘者需要招聘什么样的人。

（3）教师给学生一定时间准备（此任务也可在课前预先布置），招聘者需要根据招聘任务拟定若干询问应聘者的问题。应聘者可以将自己具备的技能用纸笔写下来。

（4）准备结束后，招聘者和应聘者一对一面对面就座，开始活动。每位应聘者有5分钟时间回答招聘者的问题，时间结束后，应聘者起身移动到下一个位置，继续回答另一招聘者的问题。

（5）全部应聘者都应聘完后，招聘者发表观点，最想雇佣的人是谁？理由是什么？应聘者发表观点，最想去哪里工作？理由是什么？

【活动说明】此活动可在小班（10人以下）进行，也可在人数较多的班级（20~30人）进行。

（十三）语篇标记词卡片

【活动介绍】通过此活动，培养学生正确使用语篇标记词的能力，并提高他们口语语篇的衔接能力和输出的流利度。

【适用学生水平】HSK 3—6级。

【活动时长】15分钟。

【活动准备】教师准备若干不同类型的语篇标记词，并制成卡片，如：我认为、我猜测、我想、然而、但是、相反、反过来说、目前、同时、如果那样、因此、于是、为了、尤其是、特别是……卡片数量应多于学生数的3倍。

【活动步骤】

（1）3~5个学生一组，每人抽取3张卡片，由教师提供一个话题，学生开始进行讨论。

（2）讨论时学生尽量使用手中卡片上的语篇标记词。如果使用准确，则将卡片放入卡片堆中；如果使用不准确，则仍然保留卡片。

（3）教师和同组的其他学生检验使用卡片的学生发言是否正确，如果不正确需指出其错误。

（4）最先用完自己手里卡片的学生获胜。

【活动提示】并不是每个话题都适用上面提到的语篇标记词，教师在选择话题与语篇标记词时，要注意选取可以相互匹配的内容。

（十四）我是大侦探

【活动介绍】通过交流故事中的信息差，培养学生运用汉语口语开展真实交际的能力。

【适用学生水平】HSK 4—6级。

【活动时长】30 分钟。

【活动准备】教师准备一则完整的故事，将其分成两部分，并复印好。其中，每部分的复印份数应为班级总人数的一半。

【活动步骤】

(1)教师上课时将坐在不同区域的两部分学生分别分为 A、B 组，例如坐在左侧的为 A，坐在右侧的为 B。

(2)教师将准备好的故事的第一部分发给 A 组的同学，第二部分发给 B 组的同学。

(3)教师限定时间让学生阅读自己拿到的故事的部分。

(4)拿到故事前半部分的 A 组同学要通过询问 B 组同学获得故事的结尾，拿到故事后半部分的 B 组同学要通过询问 A 组同学获得故事的开头。

(5)最先拼凑出完整故事的组获胜。

【注意事项】教师所选故事最好是带一定悬疑性质、需要推理的故事。这样 A、B 两组同学的信息差比较大，交流的动力更大。

(十五)我是租房客

【活动介绍】通过模拟房屋出租人和租房客，培养学生在特定情境下运用汉语的能力，培养其交际技能。

【适用学生水平】HSK 4—6 级。

【活动时长】15 分钟。

【活动准备】教师提前准备一则租房广告，租房广告既可以由教师自己拟定，也可以从网络上下载。

【活动步骤】

(1)教师将学生两两进行分组。一人扮演房屋出租人，一人扮演租房客。

(2)租房客给出租人打电话，要求进一步了解具体情况。

(3)租房客要尽可能详细地表达清楚自己的需求，出租人要尽可能说明自己房子的优点，劝说租房客来看房。

(4)最后由全班学生来投票选出最佳租房客。

【活动说明】此活动也可换成其他角色设定，如旅行社工作人员和顾客、培训班工作人员和想报名的学生。

第三节　阅读教学活动设计

一、阅读教学导读

阅读是一项重要的语言技能，它是汉语言知识的掌握和综合运用的体现。同时，阅读技能的培养和掌握，对教师提出了极大的挑战和极高的要求。对于留学生来说，汉语的听、说、读、写能力都应该齐头并进，其中一种能力的缺失都会影响其他能力的提高。

二、阅读在语言教学中的地位

根据 Krashen 的理论，第二语言教学需要为学习者提供大量的可理解输入，阅读，承担着为学习者提供可理解输入的任务。阅读中学到的新的语言及文化知识还可以用来提高学习者的听力、口语与写作水平。由此可见，阅读能全面提高学习者的语言能力。阅读对学生词汇知识学习以及写作学习都有积极的作用。学习者所学的语言知识能否得以巩固，很大程度上要看学习者是否真正会阅读。

三、阅读教学的原则

在阅读教学中，通常会把整个阅读过程分为三个环节：读前环节、读中环节与读后环节。阅读教学和活动设计要考虑这三个环节的不同特点。

(一) 根据图式理论激活学生已有背景知识

根据图式理论，在正式阅读前设立读前环节，可以帮助学生建立和文章内容有关的图式，进而帮助学生理解阅读材料，提高其阅读效率。在这种原则指导下，教师在设计读前环节的活动时，可以从提供背景知识、熟悉文章话题、预测文章内容、熟悉文章词汇等方面入手，同时要注意设计的活动要能激发学生的阅读兴趣。

(二) 对阅读材料进行感知、理解、分析和综合

读中环节是阅读活动的核心环节，也是学生进行阅读实践的环节。读前环节

让学生对文章所涉及的相关背景知识有了一定的了解，对文中可能出现的语言障碍也进行了清除，这为读中环节的顺利开展创造了条件。在读中环节，教师需要帮助学生明确作者的写作意图，帮助学生弄清楚文章的结构和具体的内容。除此之外，还要给学生充裕的时间对阅读材料进行感知、理解、分析和综合。

（三）针对不同题材、体裁的文章，设计不同的活动

读后环节是阅读的拓展阶段，也是学生信息输出与反馈的过程。在这一环节中，教师可以通过开展听、说、读、写等各项语言活动，加深学生对阅读内容的理解，检验学生的阅读成效，从而全面提高学生的语言综合运用能力。但教师也要注意活动形式的多样性，针对不同题材、体裁的文章设计不同的活动。

四、阅读教学活动示例

（一）连词成句

【活动介绍】学生按照汉语的词语顺序特点，将所给词语组合成规范的汉语句子。教师让学生将词进行排序，不仅可以使学生认识词序，还有利于他们正确理解和输出汉语句子，深入体会汉语句子的组合方法、汉语句子的组合层次与汉语句子组合中的语义选择。

【适用学生水平】HSK 1—3 级。

【所需时长】5~10 分钟。

【活动准备】在课前，教师准备一些排序后为单句或复句的词语，并用较大字体打印在一张纸上。根据需要，把写了不同词语的纸裁成纸条，并把每套纸条装在不同信封里。信封个数应与学生组数相同。

【活动过程】

（1）教师将学生进行分组，并给每个小组发放一个信封。

（2）学生以小组为单位把词语排成正确的顺序。

（3）每组轮流大声朗读所排出的句子。

【活动说明】

（1）教师准备的词句应与学生水平相适应，且尽量结合学生当前所学的内容。初级水平学生可先练习短句子；中级水平学生可练习长句子。

（2）活动可限定时间，也可限定成句的词语数量。活动时间不宜过长，5~

10 分钟为宜。每套纸条所包含的词语不宜过多，数量以 5～15 个为宜。

(3)教师需要注意词语可能有多种搭配方式，例如："我 不 过来 东西 多 都 这么 了 吃"，以上词语有两种组合方式：这么多东西我都吃不过来了。/东西这么多我都吃不过来了。

(4)可练习的中短句子，例如：

①"在""果园里""农民""西瓜""收"

农民在果园里收西瓜。/果园里农民在收西瓜。

②"老虎""食物""一只""寻找""正在"

一只老虎正在寻找食物。

③"我""是""朋友""苗苗""和"

我和苗苗是朋友。

④"诗人""唐代""是""李白""一位""的"

李白是唐代的一位诗人。

⑤"山上""小朋友""看""在""日出"

小朋友在山上看日出。

可练习的长句，例如：

①"动物""里""很多""有趣""着""森林""的""野生""居住"

森林里居住着很多有趣的野生动物。

②"一片""是""的""野草""这里""长满""荒地"

这里是一片长满野草的荒地。

③"发现""五颜六色""有""我""野花""许多""路边""的"

我发现路边有许多五颜六色的野花。

【活动后总结】活动结束后，教师可以和没有成功的组一起讨论出错的地方，并对其进行讲解。

(二)句子排序

【活动介绍】通过将句子进行排序，培养学生连句成段能力，并锻炼学生的阅读理解能力和组织话语的能力以及学生的逻辑推理能力。

【适用学生水平】HSK 3—6 级。

【所需时长】10 分钟。

【活动准备】在课前，教师选择一段或一篇需要学习的课文，用较大字体打印在一张纸上，并根据活动需要把写了一个句子或几个句子的纸裁成纸条组成一套。把每套纸条装在不同信封里。信封个数应与学生组数相同。

【活动过程】

(1)教师将学生进行分组，并给每个小组发放一个信封。

(2)学生以小组为单位把句子排成正确的顺序。

(3)每组轮流大声朗读排列出的内容。

【活动说明】

(1)教师准备的段落或课文应与学生水平相适应，尽量结合学生当前所学的内容。初级水平学生可先练习短段落；中级水平学生可练习长段落。

(2)活动可限定时间，也可限定成段的句子数量。时间5~10分钟为宜，中短句子数量5个左右为宜，长句3个左右为宜。

(3)可练习的中短段落如：

①到了雨季，这种树就生出一些枝条和心形的叶片。

②所以，人们叫它瓶子树。

③在南美洲的高原上，生长着一种高大、奇特的树。

④雨季一过，绿叶纷纷败落，红花纷纷开放。

⑤这时，一棵棵树就像插满红花的大花瓶。

组合顺序为：③①④⑤②。

可练习的长段落如：

①华罗庚教授是一位自学成才的著名的数学家。

②20岁那年，他得了伤寒病，一躺就是半年。病好后，一条腿残疾，但他毫不泄气，继续向科学城堡进攻。

③1932年，22岁的华罗庚应清华大学数学系主任熊庆来的邀请，到清华大学工作。

④从19岁起，华罗庚开始写数学论文。

⑤在清华期间，他看了更多的数学书，并开始学习外文。由于他肯下苦功，进步很快，25岁时，就成了著名的数学家。

组合顺序为：①④②③⑤。

【活动后总结】活动后，教师可对学生出错比较集中的句群进行讲解，并对汉语篇章的逻辑组织方式进行强调。

（三）过目不忘

【活动介绍】通过对汉语长句的拆分，训练学生对汉语长句进行阅读的能力，以及正确对汉语语块进行分割并提高阅读速度的能力。

【适用学生水平】HSK 3—6 级。

【所需时长】15 分钟。

【活动准备】教师选择一些长句写在一张长纸条上，然后按意群折叠起来。例如：

我的房间	有一个大书柜，	书柜里面	摆着我和家人的照片。

【活动步骤】

（1）教师将折叠好的长纸条一段一段在学生面前闪现，每次闪现停留 1～2 秒。

（2）学生迅速读出或记下自己刚才看到的文字。

（3）教师逐次增加闪现句子的长度，即第一次闪现第一段，第二次闪现第一段和第二段，最后闪现出来的是句子全部。

（4）学生复述自己记住的全部句子，最后教师展示原句，学生对照自己复述的内容与句子看是否一致。

【活动说明】

（1）教师根据学生语言水平选择所展示的句子难度和长度。

（2）为了调动学生积极性，这个活动也可以改成小组竞赛的形式。

（四）根据上下文语境猜词

【活动介绍】学生先尝试猜测词义，再阅读相关文章，通过对上下文语境的理解，推测生词的词义。这个活动培养了学生运用各种策略猜测词义的能力，加深了学生对新的词汇知识的理解，并使之能够合理运用。

【适用学生水平】HSK 4—6 级。

【所需时长】20 分钟。

【活动准备】在课前，教师准备好阅读课上需要阅读的文章或者材料。

【活动过程】

（1）教师将学生分组，根据学生的母语背景和语言能力等各方面存在的个体差异进行分组训练。

(2)教师先展示生词，可以通过卡片展示，也可以通过 PPT 展示。同学们在无语境下对生词的意思进行猜测。

(3)教师再让同学们阅读包含生词的语句。

(4)学生根据句子内容再次进行猜词。

【活动说明】

(1)教师准备的词语和句子要与学生水平相适应，且尽量结合学生当前所学的内容。

(2)教师可以留给学生多些思考的时间，提示学生注意上下文语境。随后通过进一步讲解和提供大量例句的方法，让学习者掌握根据上下文猜词技能。为了进一步巩固技能，教师可让学生完成相关练习。

(3)活动时间不宜过长。教师应遵循循序渐进的原则，防止打击学生的阅读自信心。强化目标词的视觉输入，创设有助于猜词的语境，设置形义匹配题。

(4)例如：

①白天他是百货商店的售货员，晚上他还有一个【兼职】，是教学楼的保安。

②他是一个【夜猫子】，每天晚上不到两三点是不会睡觉的。

【活动后总结】活动结束后，教师可结合活动中的例子对如何结合上下文猜测词义进行适当归纳。

(五)情景剧

【活动介绍】学生将课文内容改编成情景剧表演。这一活动有利于潜移默化地培养学生的创新能力，增强他们互相协作的团队精神。与此同时，学生也会更加深刻地把握所学课文的故事情节，并对汉语阅读知识的学习与运用有更加深刻的理解。

【适用学生水平】HSK 3—6 级。

【所需时长】45 分钟。

【活动准备】教师选择一篇适合用于情景剧表演的文章。

【活动过程】

(1)教师根据学生的母语背景和语言能力将学生进行分组。

(2)教师应提前三天布置任务，给学生留有充足的时间进行情景剧的撰写与编排。

(3)上课后，学生按照抽签顺序依次向大家展示本组所编排的情景剧。

【活动说明】

(1)教师至少提前三天时间布置任务，让同学们有充足时间可以将所学课文进行情景剧排练。小组内应分工合作，确保每一位同学都参与其中。

(2)教师准备的课文应与学生水平相适应，尽量结合学生当前所学的内容。对于初级学生而言，可以选取已经学习过的课文进行情景剧表演；对于中高级学生而言，选取的课文可以是没有学习过的课文。

(3)学生在编写情景剧时，需要充分理解课文内容，并把握文章情节和人物性格特点，可以加入自己的合理想象，使情节真实自然。

(4)情景剧表演完毕之后，教师可以让学生进行投票，选出表演最佳的队伍。

【注意事项】教师可根据学生的学习风格、性格、文化背景等进行交叉分组，确保每位学生都能参与到活动中。

(六)下沉还是漂浮

【活动介绍】通过学生之间的分组竞争，训练学生对篇章理解和信息的把握程度。

【适用学生水平】HSK 2—6 级。

【所需时长】10~15 分钟。

【活动准备】在课前，教师针对需要考查的文章设置若干需要学生回答的问题，并明确答案。

【活动过程】

(1)教师将全班分成两组。

(2)两组学生分别站成两列。

(3)活动开始，教师按组员顺序，根据事先设置的问题提问。如该组员回答正确，则可以进行选择“下沉还是漂浮”。如选择“下沉”，则对方组的一名组员“下沉”，即被淘汰；如选择“漂浮”，则自己组组员保持不变，或可复活一名被淘汰的组员。

(4)依次进行下去，最后哪个小组剩余“漂浮”的人多则获胜。

【活动说明】

(1)教师设置有关阅读理解的问题要尽量多样化，可以是关于文章内容、人物或者词语的。

（2）也可以由学生来设置问题，教师可以在活动前要求学生每人提若干问题汇总到“问题池”当中，活动开始后由教师来抽取问题。

（3）此活动可以有多种变体，也可以用来练习词语、语法等。

【活动后总结】活动结束后，教师可针对学生在问题回答中存疑的部分进行集中讲解。

【注意事项】如果由学生来设计问题，教师需要提前阅读学生的问题，确保问题答案的正确性和唯一性。

（七）海报设计

【活动介绍】学生阅读文章后根据文字内容和自己的想象用画笔设计“海报”。这一活动能让学生深入了解文章，了解文章所要表达的寓意，体悟语言文字。与此同时，还培养了学生设计能力和概括主旨大意的能力，让他们对汉语阅读知识的学习与运用有了更加深刻的理解。

【适用学生水平】HSK 3—6 级。

【所需时长】45 分钟。

【活动准备】在课前，教师准备适合进行阅读的文章以及白纸和画笔。

【活动过程】

（1）每一位同学领取白纸和不同颜色的画笔。

（2）教师将学生分组，每组学生分别坐在一起讨论。

（3）教师让学生先阅读文章，之后根据文章描绘的事物或景物进行海报的设计。

（4）设计海报结束后，小组按顺序依次进行展示，并向大家介绍自己设计的灵感。

【活动说明】

（1）教师可准备一些示范图画供学生参考，为一些暂时没有灵感的同学提供思路。

（2）可根据学生水平进行调整，尽量结合学生当前所学的内容。活动难度设计应合理，要符合学生现阶段的学习水平。设计需要学生充分理解课文内容，把握文章情节，并加入自己的想象和联想。

（3）活动可限定时间，绘画和展示时间不宜太长，控制在 45 分钟左右。学生可以使用不同颜色的画笔，以便突出汉字所表示的字意。

【注意事项】

(1)此活动可以由个人独立完成，也可以由小组合作完成。

(2)学生先要对文章内容有一定的正确了解，之后再进行海报设计，只有完全理解这个文本的意义和内容，才设计得出贴切文本的“海报”，才不会出现海报内容与文章内容不符合的情况。

(八)简历制作

【活动介绍】当文本中的人物很有意思，或者是一个很著名的人物时，教师可以让同学们帮助这个人物写一份简历。这样既能够让学生在阅读时更加仔细，还能够接近现实的生活，让学生在真实世界去使用语言。此活动能增添学生的阅读兴趣，增强学生的汉语综合运用能力。

【适用学生水平】HSK 3—6 级。

【所需时长】45 分钟。

【活动准备】在课前，教师准备适合进行阅读的文章，还需要打印制作简历需要的信息纸。

【活动过程】

(1)教师先讲解简历的写法，给出框架和相关词汇。

(2)教师讲解完毕之后，学生阅读文章，记录文章所描写人物的相关信息和特点。

(3)学生仔细阅读之后将信息填写在简历纸上。

【活动说明】

(1)教师可准备一些简历供学生参考，并提供相关难点词汇，例如：国籍、住址、学历、优势、特长等。

(2)活动难度设计要合理，符合学生现阶段的学习水平。简历内容需要学生充分理解课文内容，了解人物的相关信息，在制作过程中也可以加入自己的想象和联想。

(3)活动需要限定时间，可以让同学们在课上完成，也可以当作课后作业在课余时间完成。

【活动后总结】活动结束后，对于简历上有明显和文章内容不符合信息的同学，教师可对学生进行集中讲解。

【注意事项】

(1)此活动可以是单人活动也可以是小组活动。

(2)学生需要先仔细阅读文章，记录下文章所描写人物的相关信息和个性特点，这样才能够将海报填写完整和正确，并避免简历内容与文章内容不符合。

(九)前世今生

【活动介绍】当文本中的人物很有意思，或者是一个很著名的人物时，同学们可以发挥想象，给文中的主人公编写“前传”(例如可以设计主人公的童年环境或者童年经历)。这样既能够让学生在阅读时更加仔细，还能发挥学生的想象力。除此之外，还能增添学生的阅读兴趣，增强学生的综合运用能力。

【适用学生水平】HSK 3—6 级。

【所需时长】45 分钟。

【活动准备】在课前，教师准备适合进行阅读的文章，同学们准备好写作需要用的纸。

【活动过程】

(1)同学们先阅读文章，记录文章所描写人物的相关信息和特点，以及故事发展的情节。

(2)学生仔细阅读之后思考文中人物为什么会变成这样，为什么是这样的性格。

(3)学生发挥自己的想象，给文中的主人公编写“前传”(例如可以设计主人公的童年环境或者童年经历)。

(4)学生对自己为主人公撰写的前传进行分享。

(5)通过生生互评或师生共评，评选出最符合人物特点的前传。

【活动说明】

(1)教师可准备一些示范文章供学生参考，为一些暂时没有灵感的同学提供思路。

(2)活动难度设计应合理，符合学生现阶段的学习水平。学生需要充分理解课文内容，把握文章情节，在撰写过程中可以加入自己的想象和联想。

(3)活动应限定时间，编写和展示时间不宜太长，控制在 45 分钟左右。可以让同学们在课上完成，也可以当作课后作业在课余时间完成。

【注意事项】

(1)此活动可以由单人完成也可以由小组合作完成。

(2)学生需要先仔细阅读文章，记录下文章所描写人物的相关信息和特点，才能够将前传的编写合理化，符合常识。要避免前传内容与文章内容发生冲突。

(十)情节地图

【活动介绍】学生阅读文章之后，将故事的开端、发展、高潮、结尾几大部分在纸上绘制成情节地图。此活动既能够让学生在阅读时更加仔细，又能增添学生的阅读兴趣。

【适用学生水平】HSK 3—6 级。

【所需时长】45 分钟。

【活动准备】

(1)在课前，教师准备适合进行阅读的文章和与学生数量相等的白纸。

(2)教师准备彩色笔，也可让学生提前自行准备。

【活动过程】

(1)教师准备一张情节地图，其中包括构成故事的几大要素：开端、发展、高潮、结尾。

(2)教师可以根据学生能力，要求学生进行关键词填空、情节填空或者自主绘制情节地图。

(3)情节地图完成后，学生进行展示，说明设计的理由。

(4)通过生生互评或师生共评，评选出绘制最佳的情节地图。

【活动说明】

(1)情节地图的呈现可以根据学生水平进行调整：刚接触情节地图时，可以先归纳出主要情节，打乱顺序让他们排序，并且让学生了解这几个要素的意义，从而帮助学生构建起对叙事性文章的基本逻辑框架，培养良好的阅读和思维习惯。在后期，可以把情节要素理解作为热身，检查学生是否掌握并且能够运用情节。学生对该活动了解后，教师可以根据学生能力要求学生进行关键词填空、情节填空或者自主绘制情节地图。

(2)情节地图不仅涉及字面意义的理解，还可以引导学生探究文章的深层含义，进而对中国文化加深理解。

(3)为加强学生之间思维的碰撞和讨论，此活动也可以由小组合作完成。

【活动后总结】情节地图是教师帮助学生梳理文章线索，并培养学生阅读思维的一种非常好的活动方式。活动结束后，教师可归纳总结如何根据文章内容绘制一份有助于学生理解文章内容的情节地图。

（十一）线索回忆

【活动介绍】一位同学阅读文章之后，给另一位同学描述故事情节，让他猜出卡片上所写的人物名字或地点、物品名称。这样既能够让学生在阅读时更加仔细，也可以增添学生的阅读兴趣。

【适用学生水平】HSK 3—6 级。

【所需时长】10 分钟。

【活动准备】在课前，教师准备适合学生进行阅读的文章，制作相应 PPT 或准备词语卡片。

【活动过程】

（1）教师准备上面写有文章中人物的名字、地点名称、典型物品名称等词汇的卡片或 PPT。

（2）A 学生将卡片举到额头位置参与猜的环节，B 学生进行描述。B 学生通过描述卡片上的信息，比如引用文章中相关的情节和线索，让 A 同学能够顺利猜出词汇。

（3）A 同学如果猜出来，B 同学要说“正确”，并且把正确的卡片放在一边；如若猜不出来，A 同学可以说“跳过”，同时把没猜出来的卡片放在另外一边。

（4）活动要规定时间，一般以 2 分钟为宜。学生可以进行分组比赛，在一定时间内猜中最多的小组获胜。

【活动说明】

（1）描述的同学不能说出卡片或 PPT 上的具体内容，只能用另外的表达方式说出相关情节的内容。对于年龄较小的学生，教师可以让他们配肢体动作和表情来进行表现，但一定要保证学生用语言回答。

（2）描述的同学一定要用到与目标词相关的故事情节。

（十二）阅读圈

【活动介绍】教师将学生分组，并让其围成一个圈。根据每组的人数，设置相应数量的角色卡。每一个角色代表不同的任务，组内的每一个学生都会得到一张数字卡,并需要完成相应任务。这样的分工协作能够让学生在阅读时更加仔细，增添学生的阅读兴趣。

【适用学生水平】HSK 3—6 级。

【所需时长】45 分钟。

【活动准备】

(1)在课前，教师准备适合学生进行阅读的文章。

(2)教师设定好阅读圈内的角色，并制作好角色任务单，按学生人数复印好。

【活动过程】

(1)教师将学生按适宜人数分组，并让他们围成一个圈。

(2)每个小组内都分别设置不同的角色任务，以 7 人组为例，可包括朗读者、词句收集师、总结大师、人物分析师、问题回答师、画师、表演师。角色任务的设置可以根据文章内容和学生情况进行调整。

(3)教师发放角色任务单。

(4)学生先独立阅读指定的文本，完成自己承担的角色任务，并填写角色任务单。在此之后，进行小组讨论，交流各自角色任务完成情况。

(5)组内任务完成后，学生按每个角色任务的完成情况进行汇报，教师再进行总结。

【活动说明】

(1)在角色的设置和分配上教师应充分考虑班级学生的情况和特点。

(2)此活动能够促进学生自主进行对话，同时也能让他们学会倾听。

(十三)眼疾手快

【活动介绍】教师通过指定问题，要求学生迅速在文本中找到答案，以培养学生的快速阅读以及查找关键信息的能力。

【适用学生水平】HSK 3—6 级。

【所需时长】15 分钟。

【活动准备】教师为学生将要阅读的材料准备相应的问题，并写在纸条上。

【活动步骤】

(1)教师将全班分成若干小组，每组 3~5 人。

(2)教师把准备好的问题纸条贴在黑板上，带领全班先通读一遍问题。

(3)各组开始阅读材料，并在材料中快速找到答案。找到了答案的组，可以去黑板上将该问题纸条取下来，将答案写在纸条上。

(4)全部纸条被取下时活动结束，拥有最多问题纸条且答案正确的组获胜。

【活动说明】教师也可以将题目用 PPT 展示出来。

(十四)画廊漫步

【活动介绍】通过小组内部对相关文章理解问题的讨论，以及组与组之间的质疑和讨论，激发学生的阅读兴趣，培养学生的批判思维能力。

【适用学生水平】HSK 3—6 级。

【所需时长】30~40 分钟。

【活动准备】

(1)在课前，教师为需要考查的文章准备 4~5 个问题，将每个问题写在白纸或黑板上，放在教室里不同的位置并标明顺序(类似画廊的布置)作为学习站。如果班级人数较多，教师可准备更多的问题，或重复使用这 4~5 个问题设立更多的学习站，以确保每组学生都能完成 4~5 个学习站的任务。

(2)每个学习站都应留有足够的空间，以便小组在学习站停留并讨论问题。

【活动过程】

(1)教师将班级分为若干个讨论小组，每组 3~5 人。

(2)教师可以分配或小组自行选择一个学习站作为起点。在每个学习站，每组学生需要完成白纸上的问题或任务，进行小组讨论，然后由记录者将小组回答写在白纸上。

(3)每组的回答要标明小组名称，或用不同颜色的笔来区分。

(4)教师发出“旋转”的命令后，小组按顺序进入下一个学习站，后一个小组可以回顾前一个小组所写的内容并给予评价，然后在下面写上自己小组的回答并标明组名。

(5)重复这一流程，直到所有的小组都完成每个学习站的任务。

(6)活动结束后，教师可要求学生针对其他组对学习站问题作出的回复进行评论，在课堂上进行报告分享。也可以组织学生分享和讨论在活动中的学习收获。

【活动说明】

(1)教师可以为每个小组内的成员分配不同的角色，比如组长、记录者、报告者、监控者等，并根据学生特点和情况进行角色分配，确保每个人都各司其职。

（2）学习站的问题可以衡量学生对文章的理解程度，也可以锻炼学生思维技能，如分析、综合和评价的能力。教师可以参考布鲁姆分类法（如图 6-1）的层次结构来设置问题。如：

问题 1：回忆事实。

问题 2：理解和陈述关键概念或主要观点。

问题 3：用新方式或新情况应用知识。

问题 4：将信息分解成关键组件，并找到证据。

问题 5：根据文章内容发展作出判断。

问题 6：针对文章中的问题提出自己的解决方案。

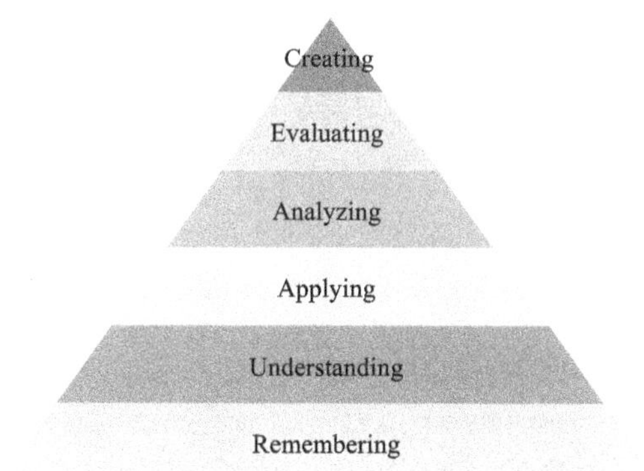

图 6-1　布鲁姆认知领域六分法

【注意事项】

（1）教师可以使用计时器来提醒每个小组轮转的时间，确保教室里不会出现多个小组处于同一个学习站的情况。

（2）当学生们讨论问题时，教师可以进行巡视，如果发现学生对问题或任务有不理解的，应及时给予解释。在活动结束前，教师要记下学生在文章内容理解上出现的问题，并在课堂分享时解决这些问题。

（3）画廊漫步在进行过程中时，教师也可以就学习站的问题或其他组的回答向学生提出一些能够激发他们讨论的问题。

（十五）大预言家

【活动介绍】学生利用词语或者短语预测文章大意，以培养在阅读过程中合理预测的阅读技巧。

【适用学生水平】HSK 3—6 级。

【活动时长】20 分钟。

【活动准备】教师选择一篇文章，提炼出一些关键词，做成卡片。

【活动步骤】

(1) 教师将学生分为若干组。

(2) 教师把准备好的词语卡片发给各组。

(3) 学生根据卡片猜测所阅读的是什么样的文章。

(4) 每组选出代表，把自己的猜测写下来或说出来。

(5) 教师给出文章，学生仔细阅读文章，并与自己之前的预测相比较，看看自己预测的和原文在哪些地方是一样的，哪些地方是不一样的。

【活动拓展】教师可以让学生说一说自己预测的内容和原文的区别，并谈谈自己为什么会这样想，这样可以训练学生的口语技能。

第四节　写作教学活动设计

一、写作教学导读

写作教学是国际中文教育的重要组成部分，学习者的写作能力和水平反映了其汉语语言综合运用能力。写作是一个复杂的过程，涉及写作任务、写作过程、语言水平以及文化水平等多方面的因素。教师应仔细思考如何调动学习者的学习兴趣和积极性；如何在操练语言技能之外，同时培养学生思考的习惯，提高他们的表达能力。教师应选择有效的写作教学法，并在实际教学中开展教学活动。

二、写作教学的地位

写作能力是学习者四项语言技能的重要组成部分，写作能力滞后会使学习者的语言能力发展失衡。写作技能可以促进其他语言技能的发展。首先，写作技能可以训练学习者语段、语篇表达能力，也可以成为学习者口头成段表达的基础，为其口头表达能力的发展提供帮助；其次，学习者在进行写作训练时，会阅读一些语言材料作范本，且带着模仿写作的目的进行阅读，可以使自己对语料中语言运用以及结构形式等领悟得更加深入细致。因此，写作技能对于提高学习者阅读水平也有很大帮助。

三、写作教学的原则

(一)确立明确的写作目标

第二语言写作存在不同的目标，在进行具体的写作教学和活动设计时，必须考虑清楚写作的目标。从语言层次的角度来说，写作目标是训练词汇，还是训练句子写作，抑或是训练语篇的衔接与连贯。不同的目标，要求进行不同的写作活动设计。

(二)写作内容与实际生活相联系

真实的写作任务有助于提高学生的写作兴趣。写作活动的真实性，包括写作形式的真实性，如写电子邮件和发送微信信息，都是现实生活中存在的写作形式，也是学生在日常生活或工作中可能会碰到的写作形式。还包括写作内容的真实性，比如：给自己的父母或朋友写信，这会使内容具有更强的真实性。

(三)写作技能的训练与其他技能相结合

写作与口语一样，属于语言输出型技能。高质量的输出依赖于大量的输入。教师如果在设计写作活动时考虑适当加入听力、阅读与口语的内容，设计听后写、读后写或说后写的活动，既能使学生综合运用各种技能，也能使写作活动具有更强的趣味性。

四、写作教学活动示例

(一)看图写故事

【活动介绍】学生把图画中所表现的内容用文字的形式写出来，即运用语言能力将形象化的材料转化为文字材料，来表达自己的所见所想，促进自己综合运用各方面的能力，如观察能力、思维能力、表达能力以及语言能力。

【适用学生水平】HSK 3—6 级。

【所需时长】45 分钟。

【活动准备】在课前，教师准备一些有利于学生写作创作，也有利于自身在教学上进行有益的创造性发挥的组图。可将这些组图制作成 PPT 便于课堂展示，或者直接打印成照片。

【活动过程】

(1)教师向学生展示图片，进行观察训练。

(2)学生发挥想象，构思合理的故事情节。

(3)学生尝试写故事提纲或初稿，然后开展小组讨论。

(4)教师引导学生归纳记叙文六要素并修改学生初稿。

(5)进行范文学习。

(6)教师小结学习内容，并布置学生课后完成二稿写作。

【活动说明】

(1)教师可以直接将组图按顺序展示，也可以将照片打乱，让学生将组图进行“拼图”。这样可以在短时间内把学习者的注意力集中起来，也可以训练学生的观察能力和逻辑推理能力，增加课堂趣味性。

(2)撰写初稿采用自由写作方式，学习者把心中所想、口中要说的话写下来即可。这样较简单的写作任务，让学生的表达需求得到满足，同时也能增强他们对写作的兴趣和信心。

(3)学习范文的目的是通过输入新的写作知识，帮助学习者整理原有认知图式，并建立新的图式。教师在教学过程中适当安排范文学习，讲解结构，点评范文内容，并在篇章的组织结构方面给予学习者足够的指导，这样有利于他们学会订立写作框架。

【活动后总结】活动结束后，教师评改学生的作业，提出存在的问题和修改建议，并对于学生文章中出现的问题进行总结和分析。如学生文章是否抓住了故事的主线，或者记叙文六要素是否完整等问题。教师要有针对性地在后续教学中加强相关部分的操练。

(二)他/她为什么会这样？

【活动介绍】通过对具有不同特点的人物肖像的观察，学生熟悉对人物进行肖像及心理刻画的方法及常用语句。

【适用学生水平】HSK 3—6 级。

【所需时长】30 分钟。

【活动准备】在课前，教师准备几幅人物照片，如生气的、伤心的、高兴的、疲惫的人物照片。

【活动步骤】

(1)教师向学生讲解活动规则，学生需要根据照片中的人物的表情，推测他们的经历与心情等。

(2)教师将学生分成 3~5 人一组，并发给每组一张照片。

(3)组内学生共同讨论图片中的人物可能的经历与心情等，并赋予该人物一些虚拟的信息，如名字、工作、兴趣、性格、喜欢做的事等。最后将这些内容整理，共同写成一段人物描述。

(4)各小组宣读本组所写内容，全班共同讨论哪组描写最符合大家对照片的理解。

【活动提示】为增加活动趣味性，教师也可以适当选择几张自己身边人的照片要求学生描写，并在学生完成任务后将该人物的真实情况告诉学生。

(三)妙笔生花

【活动介绍】训练学生正确运用连接词谋篇成章的篇章写作技能。

【适用学生水平】HSK 4—6 级。

【所需时长】30 分钟。

【活动准备】在课前，教师准备一篇文章，将其按照段落拆分成不同部分，并将各段中承上启下的句子标记出来，并删掉。

【活动步骤】

(1)学生 3~4 人一组，全班分为若干组。

(2)教师把拆分并打乱顺序的文章发给每个学生。

(3)学生仔细阅读每个独立的段落，每组按照正确的顺序给文章排序，并在教师标注的地方添加衔接的句子。

(4)最后学生将整篇文章还原，全班共同讨论，选出最佳衔接句，并形成最终文章定稿。

(5)教师展示原文，并带领学生分析他们还原的文章与原文之间的差异、还原文章的优缺点。

【活动提示】如果需要增加难度，教师也可以不给学生标注出删减句子的位置，让学生自己判断。

(四)辩论写作

【活动介绍】教师开展班级辩论活动，训练学生议论文写作能力。

【适用学生水平】HSK 4—6 级。

【所需时长】45 分钟。

【活动准备】

(1)在课前，教师准备一些具有争议性的话题，这些话题最好与学生生活相关。

(2)教师准备一篇议论文范文。

【活动步骤】

(1)教师将议题立场不同的学生分为正方和反方。

(2)两个小组先内部展开充分讨论，把自己能想到的论据写下来。

(3)小组间展开辩论，在辩论的过程中要记下对方的论据。

(4)辩论完毕之后，各个小组整理辩论材料。

(5)教师以提问的方式引导学生了解议论文的写作特点，然后让学生根据刚才的辩论写一篇议论文。

【活动提示】教师最好选择一些分歧性比较大的论题，以免在分组时出现“一边倒”的现象。除此之外，教师也可以直接按人数将学生分为正方和反方。

(五)记录员

【活动介绍】教师通过先听后写的方式，培养学生的汉字听写能力和学生按汉语逻辑组织篇章的能力。

【适用学生水平】HSK 4—6 级。

【所需时长】30 分钟。

【活动准备】

(1)在课前，教师准备一篇短文，内容要有趣且难度低于学生阅读水平。字数方面，初级水平以下的学生控制在 100~200 字之间；中级水平学生控制在 200~400 字之间。

(2)教师将这篇短文录好音，语速可以稍微慢于正常朗读速度。

【活动步骤】

(1)教师播放录音，并要求学生用方格纸快速记录听到的内容，能记下多少算多少，不会写的字可用拼音代替，不能用母语代替。

(2)太陌生的字词教师可以提前通过板书教给学生。

(3)录音播放三遍后，学生开始根据自己的记录写出全文。

(4)教师向学生展示文本。

(5)教师可以当堂抽查，也可课后批改，还能让学生自己修改或交换修改。

【活动说明】

(1)为了训练学生记录速度，录音结束后教师就可以开始计时，并且注意记录学生交卷的顺序。

(2)为了让学生得到标点符号和分段的训练，教师在评判时连同标点符号和分段都要考虑。评分可以只给等级，重在鼓励学生锻炼快速记录的能力。

(六)文体转换

【活动介绍】教师引导学生关注写作中不同文体的区别，提高学生对文字材料的组织和整合能力。

【适用学生水平】HSK 3—6级。

【所需时长】30分钟。

【活动准备】教师准备两组对话，将其中一组对话改成相应的叙述体。另一组对话制成音频文件，也可由教师在课堂上现场朗读。

【活动步骤】

(1)教师先展示一组对话体和叙述体的文字材料，让学生阅读。

(2)教师引导学生总结出两段材料之间是如何转换的，如用词的转换、语句和信息的增删、语序的变化等。

(3)教师再给学生播放一段新的对话体材料，让学生听两遍。

(4)最后，教师要求学生听后将新的对话转写成叙述格式的对话。

【活动提示】

(1)教师应提醒学生在听的过程中记下关键词。

(2)教师也可将对话以书面阅读的形式展示给学生，以降低理解难度。

(七)持之以恒

【活动介绍】教师通过给定句型让学生写日记的方式，培养学生用汉语写作的习惯。

【适用学生水平】HSK 3—6 级。

【所需时长】30 分钟。

【活动准备】

(1)教师准备五个在日记写作中常用的句型及例句。

(2)教师指导学生在手机或平板上下载并安装日记软件。

(3)教师要确保学生会简单的汉语拼音输入法。

【活动步骤】

(1)教师在课前布置作业，要求学生用拼音或汉字写出五个句子，描述他们特别的一天。

(2)教师在黑板上写出写日记常用的五个句型及例句。如：

句型 1：Time+是+Time

例句 1：今天是星期一。

句型 2：S+Adj

例句 2：我很忙。

句型 3：S+V(+O)

例句 3：我有五节课。

句型 4：因为 S+V(+O)，所以(S)+V(+O)

例句 4：因为我有五节课，所以没来得及吃饭。

句型 5：Time+S+才+V(+O)

例句 5：四点半下课以后我才吃了一个汉堡。

(3)教师指导学生使用拼音输入法写下课前准备的五个句子。对于个别学生，也可以让他们尝试手写输入法，这也是一个练习中文输入法的好机会。

【活动说明】

(1)教师可以通过奖励积分的方法，帮助学生培养每天写日记的好习惯。

(2)教师可以向学生推荐一些日常话题，比如：“今天你最喜欢的课是什么？为什么？”“今天你最喜欢的体育明星做了些什么？”

（八）连环画册

【活动介绍】教师通过让学生观察打乱的图片，锻炼学生的段落组织能力。

【适用学生水平】HSK 3—6 级。

【所需时长】45 分钟。

【活动准备】

（1）准备一组连环漫画，按小组数复印好。

（2）教师为每张图片提供一个关键词和一些相关的关联词语。如：首先、然后、接着、后来、最后、所以、因此、但是、然而、可是、尽管、虽然、即使、还是、就等。

【活动步骤】

（1）教师将图片打乱顺序后展示给学生。

（2）教师将学生分成若干组，每组学生选择 3～4 张图片。教师让每组学生按照自己理解的合理顺序排序。

（3）组内讨论，根据所给的关键词提示用一两个句子描述每一幅图片。

（4）各组用关联词将自己选择的图片连接成一个完整的故事，写成一段话。

（5）教师展示学生的写作成果，并和学生一起进行评改。

（九）写作接力

【活动介绍】学生通过写作接力的方式，围绕一个主题书写出符合题目要求的文章（例如：描写我的老师）。这有利于学生之间互相提醒、监督和学习。除此之外，也可以训练学生的观察能力和逻辑推理能力，并增加课堂趣味性。

【适用学生水平】HSK 4—6 级。

【所需时长】45 分钟。

【活动准备】在课前，老师准备一些与学生汉语水平相适应的文章主题，让学生进行创作书写。

【活动过程】

（1）教师将学生进行分组，各组轮流传递一本作文本。

（2）教师宣布写作主题（例如：描写我的老师）。

（3）教师宣布活动开始后，各组第一位同学开始书写第一段。

（4）写完一个段落之后，后一个人在前一个人的基础上思考，并结合自己的想法写出第二个段落。

(5)按照之前的步骤，组员依次写出自己心中所想的段落。

(6)写作时间结束之后，各小组展示共同接力完成的文章。

【活动说明】

(1)教师准备的文章主题可根据学生水平进行调整，尽量结合当前所学的内容。活动难度设计要合理，应符合学生现阶段的学习水平。

(2)如果学生在课堂内无法完成写作，教师可以让学生在课后时间完成，之后再展示最后的作品。

(3)这种形式的作文与平时的作文不同，虽同为作文，但在题材内容、表达方式、篇幅长短等要求上比较宽松，便于学生自由发挥。

【活动后总结】活动结束后，学生可以观看其他人写作的段落，进行借鉴，激发学生之间的竞争意识。

(十)金牌推销员

【活动介绍】“金牌推销员”这一活动通过任务环设计，引导学生学会观察人物，并运用汉语词语描写人物。

【适用学生水平】HSK 4—6 级。

【所需时长】45 分钟。

【活动准备】在课前，教师准备一个需要学生进行推销的商品，这个商品最好是方便携带的。

【活动过程】

(1)教师将全班学生进行分组，每组 3-4 人。

(2)教师向学生展示和介绍需要推销的商品。

(3)给每组一定时间，比如 5~10 分钟，让其合作写一份该商品的广告推销词。

(4)推销词写完后，每组派一位代表上台现场推销。

(5)所有小组的推销员展示完毕后，生生互评或师生共评，选出“最佳推销员”，获得“最佳推销员”称号的人的小组每人都将获得奖品。

(6)教师提醒其他没上台的同学注意观察台上同学的神态、语言、动作等各种表现，并用一些描写性的词语记录。

(7)评选出“最佳推销员”之后，教师要求每位学生用一些词语描述该同学在台上推销时的表现，然后每人完成一篇描写人物的文章。

【活动说明】

(1)任务一需要组员共同完成商品的推销词，这个过程需要组员共同献言献策，有利于激发讨论，促使学生运用汉语。任务二要求学生注意观察推销学生的神情和动作，并形成一篇人物描写的文章，将写作融于推销任务中，有利于激发学生的写作动机，令学生掌握描写人物的方式方法。

(2)教师应确保此活动中的两个小任务都达到要求。对任务一的推销词，教师可结合最佳推销词带领学生一起分析其优点。对任务二的人物描写，教师可结合学生记录的描写性词语进行分析引导。

(十一)毕业纪念册

【活动介绍】教师通过让学生写毕业纪念册的方式，锻炼学生对个人信息、经历、情感态度等方面的写作能力。

【适用学生水平】HSK 3—6 级。

【所需时长】30 分钟。

【活动准备】每个学生准备一个写同学录的本子。

【活动步骤】

(1)教师将同学录中可能包含的项目写在黑板上，供每个学生选择，如：我的档案、爱好、梦想、最喜欢的格言、最擅长的事、最喜欢吃的东西、最喜欢的国家、在中国最难忘的经历等。

(2)每个学生先在自己的同学录上将本人信息填写完整，然后将同学录与班内其他同学的进行交换，并互相填写对方同学录上的信息。

(3)教师将所有同学录在班上展示或让学生进行传阅。

【活动拓展】教师要求学生根据自己的同学录，以“我的同学××”为题写一篇文章，并在班中与学生一同评判出写得最精彩、最有意思的文章。

(十二)大故事家

【活动介绍】学生随机选取时间、地点、人物、动作，并把所有内容串在一起，编成一个逻辑通顺的故事。此活动有利于训练学生的逻辑思维能力，增加课堂趣味性以及培养学生思考的习惯，提高表达能力。

【适用学生水平】HSK 3—6 级。

【所需时长】45 分钟。

【活动准备】在课前，老师准备一些纸片或者卡片、笔。

【活动过程】

(1)教师将学生分组，可根据学生水平进行调整。

(2)每一个学生有四张小纸片，一张上面写“地点”，一张上面写“时间”，一张上面写 2 个“人物”，一张上面写 3 个“动作/表情”。

(3)分组完成后，每个小组分别对上面的要素抓阄，决定每个小组的时间、地点、人物和动作，必须把所有内容串在一起，编成一个逻辑通顺的故事，限时 15 分钟。

(4)各小组派出一名代表，轮流在黑板上用中文把故事写出来，抽到的要素用红笔画出，限时 10 分钟。

(5)写作完成后，学生们可以分享自己的写作过程。学生分享完后，教师对学生的书写和写作进行点评。

【活动说明】

(1)四张小卡片上的地点、时间、人物、动作或表情由学生自己编写，写完之后统一回收。一种类型的纸片放在一起打乱，方便之后抓阄。

(2)各小组派出的代表在黑板上书写故事的时候，尽量不带着纸质稿上去书写，必须现场写句子，但小组其他成员可以在底下略微提醒。

(十三)故事的后来

【活动介绍】当文本中的人物很有意思，或者是一个很著名的人物时，同学们可以发挥想象，给文中的主人公编写“后续”。这个活动有利于训练学生的逻辑思维能力，增加课堂趣味性，同时还能培养学生思考的习惯，提高表达能力。

【适用学生水平】HSK 3—6 级。

【所需时长】45 分钟。

【活动准备】在课前，教师准备适合进行阅读的文章，同学们准备好写作需要用的纸。

【活动过程】

(1)学生阅读文章，记录文章所描写人物的相关信息和特点以及故事发展的情节。

(2)在仔细阅读之后，学生思考这人物在经历了这个故事中发生的事之后，接下来会发生什么。

(3)学生发挥自己的想象给文中的主人公编写“后续”。

【活动说明】

(1)教师可准备一些示范文章供学生参考，为一些暂时没有灵感的同学提供思路。

(2)活动难度设计应合理，符合学生现阶段的学习水平。学生写作后续时，需要充分理解课文内容，把握文章情节，可以加入自己的想象和联想。

(3)活动可限定时间，编写和展示时间不宜太长，控制在45分钟左右。可以让同学们在课上完成，也可以当作课后作业，让同学们在课余时间完成。

(十四)完成文章

【活动介绍】教师通过让学生完成一篇被挖空的文章，培养学生对汉语篇章思维的理解能力和写作能力。

【适用学生水平】HSK 4—6级。

【所需时长】30分钟。

【活动准备】

(1)教师准备一篇文章，把文章的一些段落的中心句留下，其余语句删除，并留出空白。

(2)按班级人数复印好这篇文章。

【活动步骤】

(1)教师将删减后的文章活动页发给学生。

(2)学生根据自己的理解补充空白段落。

(3)教师带领学生将自己补充的段落与原文进行对比，并分析学生补充段落的优缺点。

文章范例：

朋友们，谈起书籍，每个人都不会陌生。但是，你是否把书籍当作自己的朋友呢？随着科技的不断发展，文明的不断进步，书籍作为一种传播知识的工具被广泛应用，我们已经无法离开它了。

日常生活中，我们接触到各种书籍。人们根据需要选购这些“精神食粮”。莎士比亚称“书籍是全世界的营养品”。当然，这里所指的自然是健康的书。因为只有好书才能给人以知识、力量，才有利于我们的身心健康。

小时候，我听过这样一句话“书中自有黄金屋”。后来，我渐渐地体会到书的魅力。它像磁铁一样吸引我，带着我在知识的海洋里遨游，使我懂得了“人类社会的起源”，认识了中国“上下五千年，纵横数万里”。

(十五)我的微信

【活动介绍】此活动通过模仿学生常用的网络社交方式，锻炼学生日常非正式语体的写作能力。

【适用学生水平】HSK 2—5 级。

【所需时长】45 分钟。

【活动准备】教师设计一张微信页面模板，通过邮件发给学生。

【活动步骤】

(1)教师在课前要求每个学生在微信页面模板上贴上一张关于自己的有趣的图片，并写上一句说明的话，然后发给教师。

(2)教师将每个学生发送过来的微信页面模板打印出来后，发给同学们轮流传看并留言，留言可以是自己的评论。

(3)教师可通过提问引导学生思考留言的内容，如：你觉得这张照片怎么样？对于这张照片你有什么问题？学生也可以在留言中提出一个新问题。

(4)最后教师把所有学生的微信页面模块贴在墙上。教师带领大家一起修改，并讨论写作中口语语体的特点，如怎样用词，怎样省略一些成分，怎样灵活改变语序等。

【活动说明】也可以选用学生所在地常用的网络社交软件，如 Facebook、微博等。

思考题

1. 在进行小组讨论时，应采取什么原则和方法分组？说说你的理由。(可多选)

A. 组内异质，组间同质　　B. 组内同质，组间异质

C. 学生自由组合　　D. 就近原则

E. 用抽签的方式分组

2. 请以初级国际班的学生为教学对象，就“问路、找路”的情景设计一个课堂活动，要求活动能尽可能地激发学生的交际能力，并保证语言训练的效果。

3. 中级口语课上，教师用猜词游戏锻炼学生口语，结果下课后有学生认为该教师没有好好备课，在课堂上只是玩，同学没有学会怎么用新词表达。针对这样的意见，你觉得可以怎样修改口语练习的环节和活动，使其既起到活跃课堂气氛又满足学生学习要求的作用？

第七章

国际中文教育线上教学活动

第一节 国际中文教育线上教学的现状

一、什么是线上教学

线上教学即 e-learning，又叫在线教育，或称远程教育、在线学习，现行概念中一般指的是一种基于网络的教学行为，与网络培训概念相似。线上教学是以班级为单位组织授课和双向互动，以录播课为主，采取"录播+线上答疑"的形式，也有的采取"直播+线上答疑"的形式，课后辅导采取"点播或线上答疑"的形式。

在线直播教学用于以班级为单位的线上教学，与线下课堂面对面授课模式较为相似，主要由教师在线讲授知识，学习者观看直播并借助音视频随时与教师进行互动交流。在直播过程中，教师能够看到学生在评论区提出的问题并实时进行解答，实现了教与学活动同步进行，因此，新冠疫情暴发后迅速成了各机构开展线上教学的主要形式。

我国线上教学起步较晚，20 世纪 90 年代中期才开始发展。但就目前而言，线上学习已经成为人们可选择的学习方式之一，这主要是由于线上学习具有灵活性、自主性和沟通性。"互联网+国际中文教育"是一种具有发展潜力的汉语教学模式。

线上汉语教学，是一种借助现代互联网技术的简单高效的汉语教学方式。线上汉语教学也是一种低成本、高便利的教学方式，它不仅完善了课堂结构，而且丰富了教学表现形式，因此，它成了一种有效推广汉语的形式。线上汉语教学的全过程充分体现了以"学生为中心""教师为主导"的教学原则。

二、国际中文教育线上教学的意义及作用

国际中文教育作为我国对外宣传汉文化的重要形式，其开展线上教学，主要有三层意义。其一是对于学生而言，线上教育的出现弥补了线下教育空间受限问题，使汉语爱好者可以突破空间限制，用手中的电子设备进行线上学习；其二是对于汉语教育事业本身而言，这种方式使得汉语教育的传播途径更为广泛，覆盖率更大，对于其长远发展具有积极影响；其三是对于汉文化的传播而言，国际中文教育的线上教学能够通过强大的互联网络覆盖到世界的每一个角落。只要学生想学习，就可以足不出户，在家里通过线上平台学习汉文化。这种便利的学习方式为汉文化的有效传播奠定了良好基础。

在汉语热持续高涨的今天，越来越多的人对中国文化产生了浓厚兴趣，而这些群体之中有一部分选择来我国深造学习，而另一部分则出于某些原因无法到我国学习，进而无法实现其对汉文化的渴望。但线上汉语教学则可以打破这一限制，通过强大的网络平台让他们实现对汉语知识的学习，并且通过线上互动、课后回放等功能的开设，让很多学生可以将自身的疑惑及时解决，进而提升其汉语能力。线上汉语教学依托互联网技术的优势及音频、视频设备传达信息的即时性，遵守了第二语言的教学方法与原则，它与网络平台充分融合，构建起推广汉语的全新模式。

网络平台教学中，教师转变传统教学方法，通过网络平台建立起网络教室与学习者共同完成汉语教学活动，最大化利用了教师资源。这种教学模式要求教师具备基本的网络教学知识，并通过使用网络技术完成所设计的教学任务。另外，教师在线上教学过程中把学生引入到汉语线上教学相应的学习环境中，使学生的汉语交际水平与能力得到有效提升。因此，线上汉语教学的开展，既满足了很多学生的汉语学习诉求，同时，也可借此机会推动汉语及汉文化的国际化传播。

三、国际中文教育线上教学的发展现状

近年来，随着经济全球化的迅猛发展，我国综合国力不断提高，汉语在世界范围内的影响力不断扩大。2019 年 12 月，新型冠状病毒疫情突如其来，逐渐肆虐全球。受疫情影响，世界范围内人口流动受到限制，经济发展速度减缓，国际关系也在此过程中发生着各种微妙变化。李宇明指出“汉语国际教育是一种‘国际敏感型’教育，是国际事态的‘晴雨表’。新冠疫情对汉语国际教育带来了显性或隐性的、直接或间接的、短期或长期的、负面或正面的影响”，如果不寻求出路，疫情很可能会使国际中文教育事业的发展呈现下滑趋势，出现办学实体减少、入学人数下降、办学“热区”转移、学习方式变革、一些教育资源闲置、一些人士的求学愿望不能得到满足等种种问题。在新冠疫情带来的巨大危机面前，全世界范围内的教育都迅速转型，转变教学模式，由线下教学为主转变为线上教学为主。

在此情况下，国际中文教育紧随世界教育大趋势，实施线上授课方式，线上教学教育生态在未给教育界试错机会的情况下形成了。手机和电脑等电子设备上“一夜之间”猛然增添了许多平台客户端，线下教学全面向线上教学转型，这既是必然趋势，也是不得已的选择。新冠疫情的暴发倒逼线上教学与线下教学的混合式教学模式大规模登上历史舞台，国际中文教育进入“后疫情时代”。线上教学成了满足人们汉语学习需求必要方式，慕课、微课、一对一实时教学等多种教学方式也因此得到了快速发展。

教育部科技司发布的《2019 年 11 月教育信息化和网络安全工作月报》指出，“爱课程”网中国大学 MOOC 平台的在授课程为 1.5 万门次。以孔院为例，疫情期间，孔子学院总部加大了对各国慕课、微课等网络资源供给，全球最大的网络中文教育平台“中文联盟”推出了一系列示范课、精品课，中国教育部中外语言交流合作中心推出了“中文联盟”数字化云服务平台，并支持中文教育企业推出“网络中文课堂”“中文学习测试中心”等项目。土耳其中东技术大学孔子学院搭建了中文学习网课新平台；秘鲁里卡多·帕尔玛大学孔子学院推出了“每课一问”“每课一展示”“观影问题交流”等形式多样的网上中文教学课。英国中文教师通过 Zoom 软件为学生开展在线授课，通过 Moodle、Microsoft Teams、Blackboard Collaborate 等系统与学生开展资源共享以及教学互动，通过 Facebook、WhatsApp 等社交软件为学生答疑，线上教育最大限度地保证了世界

各地中文教育的持续开展。

在新冠疫情的影响下，全球教育生态发生着改变，国际中文教育教学亦不例外。首先，教学模式由以往的线下教学为主，转变为线上教学为主。以往线上教学基本为线下教学的有益补充，属于“小众”，而“后疫情时代”的国际中文教育沿用疫情期间积累的网络教育资源和教学经验，与线下教学相结合，且地位日益凸显。其次，教学方法突破传统教学范式，利用现代网络多媒体技术，利用可操作性强的平台，汇聚汉语教学资源，展开全面教学。

目前，实践证明“后疫情时代”国际中文教育线上教学革新教学方法，顺应了5G和语言智能时代的要求，适应了全球汉语教育智能化的要求。最后，由于新冠疫情持续的时间较长，短时期内世界各国的汉语学习者还不能来到中国本土学习汉语，线上教学是最符合现实条件的。随着网络汉语教学的不断深入，汉语教师和汉语学习者均已逐渐适应了这种可以跨越时空的教学方式，探索出了适合线上汉语教学的方法和路径。

四、汉语线上教学平台

汉语线上教学平台是指以互联网为基础的网上学习汉语的平台，是进行汉语在线教育的主要载体，使得汉语学习者可以通过网络与教师沟通，进行汉语学习。汉语在线教育平台教师选拔标准高，为汉语学习者提供大量可供选择的优质教师。除此之外，形式多样的课程、内容丰富的学习活动以及根据学生特点专属定制的个性化教学，让汉语学习者足不出户便可学习汉语。它是一种新的汉语学习模式，在互联网和多媒体技术的帮助下，改变了传统的面对面教学的方式，将教室搬到网络平台上，老师和学生可以通过视频通话的方式上课，并且老师通过平台或者其他社交软件的交流功能及时对学生的课堂表现做出反馈。除此之外，老师、家长、学生可以随时随地沟通，这超越了时空的限制，使得汉语学习更方便、快捷。

(一)汉语线上教学平台发展现状

进入“互联网+”时代后，汉语线上教学平台已经成为众多汉语学习者学习的工具。在此背景下，市面上出现了众多汉语线上教学平台，它们实现了资源共享和师生间的互动交流，为汉语学习者带来了极大的便利。

汉语线上教学平台紧跟时代需求不断发展。汉语线上教学平台的数量和类型都十分丰富，本文将从资源类和互动学习类对平台数量进行统计。

首先是资源类平台，以网站“汉语链”中提供的平台数量和浏览器中搜索到的内容为参考进行研究。截至2023年4月13日，汉语链中所提供的网站数量为127个，去掉了失效、打不开等不可用的网站后，可供使用的网站还有45个，再加上在浏览器通过搜索“在线汉语学习”等内容发现的网站，排除重复部分，共计88个网站。这些网站所提供的汉语学习资源为汉语学习做出突出贡献。

用同样的统计方法对互动学习类线上教学平台进行统计，大约有40个互动学习类汉语教学平台。知名度较高、课程体系比较完善的有哈兔中文、悟空中文、LingoAce、LingoBus、PPtutor等，这些平台为汉语远程教学提供了支撑，促进了国际中文教育的发展。

汉语在线课程的数量也十分丰富，比如中文联盟累计开设了1.6万节在线课程，访问量达1503万人次；哈兔中文全系列的课程共760节，课程全面覆盖了听、说、读、写等方面；悟空中文各个阶段的课程共包括550多节，为超三十万的学员提供了汉语在线教育服务。不断更新的在线课程为汉语学习者提供了高质量、高标准的在线中文教育服务。

各类线上资源从整体上来看，呈现出资源种类不断增多、规模不断扩大、大众化和通用型的数字资源占据主导地位、语言类数字资源规模大于文化类数字资源的特点。另外，国际中文教材覆盖了80多个语种，教材种类高达1.9万种，数字教材近4000种。汉语学习线上资源多方面发展，为国际中文教育的发展做出了突出贡献。

（二）平台分类

从平台运营方角度来划分，汉语线上教学平台的主要运营者有语合中心、大学和商业性机构。语合中心运营的平台如ChinesePlus（中文联盟）这一App，它是一个面向全球汉语学习者、教师的汉语学习平台，有方便用户学习的大量的汉语和文化的在线课程。JUZI汉语则是由北京语言大学主办的汉语学习App，该平台作为一部融媒体辞书产品，集多部优质词典为一体，在提供优质的教学资源的同时解决了用户词典使用中的诸多问题，有助于提升用户学习效果。悟空中文、哈兔中文、LingoAce等平台则是具有营利性质的、由商业性机构运营的学习平台，在这些平台，来自全球各地的老师为学习者提供汉语学习家教服务。

按学习类型对平台进行划分，可以分为资源学习类平台、专项技能类平台、工具类和考试服务类平台。资源学习类平台学习资源丰富，如网络孔子学院，它涵盖了汉语及中国文化等多方面的学习资源，使更多外国人可以通过网络学习汉语、体验中国文化。专项技能类学习平台分别针对汉语语音、词汇、语法等内容进行专门训练，如 Hello Chinese 对汉语拼音进行了比较详细的讲解；Learn Chinese 比较系统地介绍了汉字。工具类学习平台对汉语学习起到辅助作用，此类平台有 Pleco，支持通过书写笔画的方式来查词并且可以生成自己的生词本；词娃娃 App 通过页面分类可以查字、词、多音字等。考试服务类平台显而易见是专门为汉语考试服务，如 Hello HSK，它紧扣考试内容，可以大量练习有关 HSK 考试的题，并且还有中英文的考试技巧讲解等。

综上所述，汉语线上教学平台种类丰富、资源多样、各有所长，它们在促进汉语在线教学方面具有独特的优势。

(三)代表性线上汉语教学平台简介

1. 网络孔子学院

2008 年，中央电大的 MyEChinese(网络孔子学院)远程汉语网络教学系统上线，旨在通过“易学汉语”完成对全球汉语学习者、中国文化爱好者的服务，提供汉语和中国文化学习的辅助学习资源以及远程学习支持服务；通过“易教汉语”完成对全球汉语教师、汉语预备教师、志愿者等的服务，并为他们提供职业准入、职业培训、终身学习的培训资源，以及教学辅助支持服务；通过“易校园”为全球学汉语、教汉语、说汉语的人以及相关人员提供虚拟社区服务。2010 年，在第十届国际汉语教学讨论会和第五届孔子学院大会上，MyEChinese 以其基于泛在学习的设计理念、专为全球孔子学院研制的教学模式和丰富多样的多种媒体教学资源，受到了与会者的好评。该系统中的教学示范课获得了国家汉办孔子学院总部颁发的“创新示范课奖”。

网站设有五十八个频道，涵盖汉语学习、中华文化、教学资源、互动社区、孔子学院等五大内容领域，拥有汉语、英语、法语、德语、阿拉伯语、西班牙语、俄语、韩语、日语、泰语等十语种内容，发布了 12000 多个不同类型的学习课件，以及近千小时的音视频多媒体内容，为全球汉语学习者、教师以及中国文化爱好者提供了丰富的汉语学习资源和多彩的文化内容，并为用户学习汉语提供及时高效的服务和支持。

2. 网上北语

2001年开发完成17门汉语网络多媒体课件之后，“网上北语”(eBLCU.com)网站及教学平台正式运行，北京语言大学成为中国第一个开展汉语远程教学的大学，网上北语也成为唯一可在全世界范围内进行远程汉语教学的专业网站。这标志着国内汉语教学开始进入网络时代，世界各地的汉语学习者又多了一条理想、经济、便捷的途径来学习汉语。学习者们在家里通过网络就可以学习汉语言和中国文化，取得学分和学位。

这一平台具有如下主要特点：①语种适应：平台具有多语种机制，能够面向全球汉语学习者和汉语教师，通过多种合作机制，实现多语种自适应浏览。②功能强大：通过7个板块提供全方位的汉语远程教学和科研服务，主要包括学习中心、文化博览、资源中心、信息广场、合作园地、虚拟社区、服务中心。③资源丰富：主要包括课件资源、媒体分类素材、汉语分类素材、试题库、语料库、教材资源、人才资源、信息资源等。网上北语提倡资源共建共享模式，实现开放式、互动式资源开发与合作。④涵盖面广：平台中的汉语教育包含了汉语学历教育、非学历汉语培训、少儿汉语、HSK考试辅导、休闲汉语，以及国际中文教师培训等方面。

3. 中文联盟

“中文联盟”是由五洲汉风网络科技(北京)有限公司、汉考国际教育科技(北京)有限公司、阿里巴巴钉钉、日本青少年育成协会、英国汉语教师协会、泰国孔敬大学孔子学院等20多家单位，为应对新冠疫情，利用互联网确保国际中文教育“停课不停学、不停教、不停考”，于2020年3月26日联合打造的数字化云服务平台。中文联盟有丰富的课程资源、多样的教辅素材和成长课程，中文联盟平台包含三个主要模块：汉语课程、汉语教学资源库、全球孔院项目。中文联盟的课程资源包括五个部分，分别为汉语学习、汉语考试、中国文化与当代国情、教师发展及中文、职业教育。

其中，汉语学习课程分为K12汉语学习，有《快乐汉语》《寓言故事》《诗词歌赋》《国学启蒙》《成语故事》《COOL PANDA》《七色龙分级阅读》等教材资源；成人汉语学习则有《当代中文》《长城汉语》等课程资源；专项技能汉语学习则有《中国汉字解码》《汉字的智慧》等课程。

汉语考试课程，则有HSK及YCT标准教程课程资源。拿《YCT标准课程

(2)》举例，每节课都有生词、课文、汉字及歌曲模块，能够满足日常的教学讲解、游戏、练习操练等要求。

中国文化与当代国情课程，有《中国历史常识》《中国文化常识》等课程资源，是教师进行文化课备课的好帮手。

教师发展课程，主要是国际中文教师笔试、面试等讲解课程，是我们顺利备考《国际中文教师证书》的重要砝码。

中文+职业教育课程，主要分为职业汉语学习，及职业教育模块。

汉语学习用户也可以通过手机访问中文联盟 App，通过 App 可轻松访问海量中国语言、文化在线课程资源；查阅汉语考试资料，查询 HSK 考试结果；观摩、参与名师网络直播，与全球优秀汉语教师实时互动、交流学习。

4. 唐风汉语

唐风汉语是一家 2006 年成立的且致力于国际中文教育的互联网公司，它提供面向全世界的汉语教学服务。公司所开发的智慧教学系统、汉语国际教育云平台和《中文+》移动学习工具等一系列产品均为高科技汉语教学及教学管理服务产品。

其中云平台集教学教务、教学资源、测评、教育应用于一体，以云服务个性化定制、租用模式与各类自建独立系统有机结合，实现区域教育资源的最佳组合。唐风汉语国际教育信息化云平台从资源、授课、作业、考试和互动五个方面助力国际中文教育的线上教学。

资源方面，教师可以在云平台上轻松获取三类资源。第一类是公共资源，这类资源包含视频、音频、图片、文字等，教师可在汉语日常教学备课时根据所需下载使用。第二类是配套资源，这类资源是以教材为依托的多媒体资源。主要包括与指定教材相匹配的教案、教学课件、视频、音频、动画、图片、阅读材料等，使用相关或者该指定教材的教师可以下载这些资源作为备课的素材或者有益补充。第三类是我的资源，这类资源是教师自己教学资源的保存处或者积累库，教师可以根据自身需要对自己的教学资源进行分类管理，这有利于教学的积累与迭代。

授课方面，云平台上的课程主要涵盖两部分内容：备课与授课。教师可以在备课模块中建立课程，根据教材章节或者课时分配，建立课程目录，在每一章节或者课时下均可以根据实际教学需求添加教学目标、课程视频、课程资源(PPT、听力音频、视频资料等)、课程作业和测试练习等。教师可以在授课模块中进行开课管理，按照教学进度释放课程资料，有时限性地布置作业、布置测试等。

作业方面，教师可以在云平台上建立作业、布置作业、批改作业，同时，作业中的客观题部分也可以设置成为自动阅卷，系统可以对学生完成作业的情况进行实时监测，也可对学生作业完成情况进行数据统计，让“学生做没做，做了多少，哪些题是高频错题”等问题一目了然。这些均有利于教师快速精准定位到学生认知理解薄弱的环节，从而使补充教学的方向更加清晰。

考试方面，教师可以在云平台上建立试卷、布置测试、批改试卷，还可通过设置隐藏试卷的方式来提高考试的安全性，防止试卷泄露。系统亦可对学生完成测试的情况进行实时监测，也可对学生完成测试情况进行数据统计。教师可以追踪班级整体的成绩变化，也可追踪学生个人的成绩变化。

互动方面，云平台设有问答模块。在这里，学生可以提出问题，展开话题讨论。其他学生和老师均可在此回答问题或者继续发问或者发起讨论。云平台还设有收发短消息的功能。教师可以一对一或者一对多发送短消息，学生亦可回复短消息。这个功能可以方便教师发出提醒信息，例如提醒预习、提醒完成作业、提醒考试时间等。

5. 哈兔中文

哈兔中文是一个一对一的跨境线上汉语教学平台，它以公司平台为媒介与外国学员进行“一对一”的跨境线上汉语教学。哈兔中文的跨境线上汉语教学实践是以小组形式展开的，每组 3 人，组内设置课程顾问、助教、主讲等岗位。课程顾问负责课前与外国学员进行沟通和课前调研，课后进行回访，对主讲的教学情况进行反馈。助教负责组织课程顾问和主讲进行集体备课，配合主讲撰写教案、制作课件，监督课上课后学生们的学习情况。主讲负责讲授课程，要熟悉学习内容及课件，使用合理方法达到学习效果。总而言之，这是一个小组分工、各司其职的工作模式。

6. 悟空中文

悟空中文 2016 年创立于新西兰，2017 年正式面向海外青少年推出了自主研发的在线国际中文课，2020 年向所有受新冠疫情影响停课的学生们免费开放“中华文化系列公益课”。该平台专注于为 3~18 岁的全球青少年提供在线教育解决方案。平台创立至今，已经成长为海外少儿在线教育的领导品牌，是海外家庭首选的国际中文教育平台。平台拥有 3000 多名来自全球的一流老师，教研团队由超过十年专业经验的海内外专家组成，且具有自主研发原创课程的能力。悟空中文课分为不同系列和等级，让学生能够循序渐进地掌握汉语的“听说读写技能”，提高汉语知识水平。

悟空中文所具有的一流的师资队伍、优质的课程体验使得平台的学习者遍布美国、加拿大、澳大利亚、新加坡等118个国家，同时平台在美国、加拿大、澳大利亚、新西兰等国家长期保持市场占有率第一。

7. LingoAce

国际中文教育在线教学平台LingoAce，是一家成立于2017年的科技型教育公司，公司总部位于新加坡。2017年8月14日，该平台上线全线课程产品1.0版本，2018年11月成立了北京产品运营中心，2019年3月上线了课程产品2.0版本，并且新增了国际版课程，2019年10月成立武汉教师培训中心，2019年12月成立洛杉矶产品运营中心，次年1月上线LingoAce课程产品3.0版本，同时新增了新加坡版MOE课程。2021年6月，LingoAce与北京大学出版社达成合作，未来双方将共同为海外青少年提供中文类教材，并在中文教师培训、青少年中文读物出版等方面进行长期合作。

该平台通过最新的互联网科技手段构建网上汉语学习平台，专注于为海外青少年提供趣味化的中文学习体验，为学习者提供有趣且有效的在线汉语课堂。该平台拥有高素质的中文教师队伍和多种课程，已累计为来自全世界一百多个国家的学生提供中文教学服务。

线上平台教学的优势在于将学习的主动权还给了学生，有助于激发学生学习主动性，转变思考方式；平台上丰富的学习资源，有助于学生全方位地学习语言文化；并且大多数学习平台可以为学员进行一对一教学，比起大班课来说，课程设置更加符合学员需求。但汉语线上教学平台目前还存在一些现实问题，主要有网络不稳定、学员失约、实时沟通存在互相不理解、线上教学效果减弱等问题。

五、国际中文教育线上教学的实施

(一)线上教学模式

1. 录播模式

录播模式即教师提前录制好教学视频上传至网络平台，学生异步自主学习。录播模式有助于解决时差问题，学生可以根据自己的时间安排进行线上学习，并通过社交软件与教师沟通。另外，录播模式也不易受到网络或设备问题影响，能够充分运用优质的网络教学资源。但同时，该方式对于学生自主学习能力要求较高，教师无法对学生的学习行为进行监督，教与学不同步，不能及时了解学生的问题及学习情况。学生可能会因为缺少监管而松懈，学习内容不扎实。

2. 直播模式

直播模式指通过网络进行同步音视频实时交互教学。直播模式的课程是在各种线上平台上实时进行授课。各种线上平台的功能略有差异，但基本都能进行语音或文字的即时交流，师生也能通过摄像头看到对方的影像。教师能分享自己的电脑屏幕或直接播放教学课件给学生看，同时还能在屏幕上实时书写、批注，能在课堂上实现较好的互动性。直播模式是当前线上教学的主要形式。

3. 录播直播并用模式

录播直播并用模式，即将录播和直播两种模式组合起来使用。教师需要提前准备好部分教学内容，用教学视频的形式呈现，学生需要异步自学，也需要参与同步直播教学。录播直播并用模式包括两种方式，一种方式是部分课时是录播视频自学，部分课时是直播交互式教学。另一种方式是每次课都直播，但直播前需要学生学习录播视频，直播教学围绕录播内容操练。

4. 录播融入直播模式

录播融入直播模式，即在直播的过程中适时地穿插录播视频。这种模式全程都在教师的监控下，能够较大程度避免学生因自主性较差而不主动完成视频学习或者不主动完成教师布置的课前任务的情况。该模式大致来说仍然属于直播教学的范围，是直播教学中最能满足语言教学实时交流与交互要求的一种模式。

5. 辅助课堂式国际中文网络教学模式

这种教学模式主要是基于传统的课堂教学模式，利用多媒体网络环境下的国际中文教育网站对课堂教学内容加以辅助。主要是在教学活动中，用更加多元化的方式方法对学生所学内容进行练习和巩固，提高学生的学习效率。比如“长城汉语”这一网站，利用其独特的教学模式，即讲练-复练模式、视听说模式、大综合模式和“面授+上机”模式，先后在泰国和韩国进行了实践，得到了良好的反馈。这种辅助课堂式的教学模式，一方面，能有效地提高学生的学习质量；另一方面，也为教师提供了一个很好的“帮手”。相比单一的线下操练方式，网络利用其资源优势，为学生提供了音频、视频等多样化的方式进行复习巩固，不但能吸引学生的注意力，还能让学生的汉语交际能力得到适当的强化。

6. 自主学习式国际中文网络教学模式

这种模式即学习者自己利用多媒体网络平台，在各大自主式汉语网站上根据自己的汉语水平、学习动机及个人兴趣进行自主学习。与传统的课堂教学模式不同的是，学习者在遇到不懂的问题时，不再是依靠教师进行解答，而是可以通过网络搜索找寻答案。网络上有着丰富的资源，对于一些问题有不同的看法和见解。自主学习式的教学模式，有利于学习者开阔眼界，而不局限于书本上所学的汉语知识。

自主学习式汉语网络教学模式主要分为综合类和专题类。综合类自主学习式的网络教学模式，主要是培养学习者在听、说、读、写四方面的汉语能力，所以对于网站的首要要求则是拥有丰富的教学资源和教学内容，例如，对于初级汉语水平的学习者提供在拼音、词汇等方面的教学音频、视频；对于中级汉语水平的学习者提供关于中国传统文化、习俗等方面的知识。其次，是对于网站的内容要做到实时更新。“网络孔子学院”和“网上北语”就是综合类学习平台的代表。专题类自主学习式的网络教学模式，相对于综合类网络教学模式，教学内容和形式比较单一，主要是为了针对学习者在听、说、读、写某方面的不足进行专项训练。

7. 网络一对一线上教学模式

在实际的国际中文教育线上教学当中，网络一对一教学是其中一种重要方式，这种方式主要是针对想快速提高汉语文化知识，或汉文化知识基础薄弱的学生而制定的。在实际的教学过程中，教师与学生处于同一网络虚拟环境当中，教师通过投屏向学生讲解汉语言知识，并通过网络传输系统将信息传递给学生，而学生也可以以语音、文字等方式进行及时的信息反馈。由于教师每次只针对一个学生，所以能够更有效地解答学生的每一个疑问。因此，在信息化时代下，这种方式已经成为推动汉文化快速传播的重要方式之一。

(二)即时通讯工具在国际中文教育中的使用

1. Skype

Skype(skype. com)是一个在全球范围内被广泛使用的网络即时语音沟通工

具，具备 IM 所需的其他功能，包括视频聊天、多人语音会议、多人聊天、传送文件、文字聊天等功能。它可以免费高清晰与其他用户语音对话，也可以拨打国内国际电话，包括固定电话和手机。很多非政府组织、公司和网络学校选择 Skype 作为语音交流工具。

Skype 发挥打字聊天和语音会议功能，可容纳 25 人同时上线，辅之以可以演示 PPT 的桌面共享软件 Mikogo 或在线 PPT 工具 SlideShare，就可以组建一个远程小课堂。《Facebook》与《Skype》已联合推出了基于网页版的一对一视频聊天服务。

2. 腾讯 QQ

腾讯 QQ 是腾讯公司推出的一款基于互联网的即时通信软件。QQ 覆盖了 Windows、Macos、Ipados、Android、IOS、Windows Phone、Linux 等多种操作平台。腾讯 QQ 支持在线聊天、视频通话、点对点断点续传文件、共享文件、网络硬盘、自定义面板、QQ 邮箱等多种功能，并可与多种通信终端相连。

在国际中文教育中，可以使用的 QQ 功能主要是 QQ 群课堂功能。QQ 群是腾讯公司推出的多人聊天交流的公众平台，群主在创建群以后，可以邀请朋友或者有共同兴趣爱好的人到一个群里面聊天。在群内除了聊天，腾讯还提供了群空间服务，在群空间中，用户可以通过群 BBS、相册、共享文件、群视频等方式进行交流。QQ 群课堂支持群内直播授课，教师可在群内共享 PPT，可以多人同时在线，可以开麦进行音视频交流。除此之外，教师可查看在线人数，并使用“作业”功能一键向学生布置作业。

3. 腾讯会议

腾讯会议是腾讯云旗下的一款音视频会议软件，于 2019 年 12 月底上线。它具有 300 人在线会议、全平台一键接入、音视频智能降噪、美颜、背景虚化、锁定会议、屏幕水印等功能。该软件提供实时共享屏幕、支持在线文档协作。2020 年 1 月 24 日起，腾讯会议面向用户免费开放 300 人的会议协同能力，直至新冠疫情结束。此外，为助力全球各地抗“疫”，腾讯会议还紧急研发并上线了国际版应用。

腾讯会议免费版最多支持 25 人同时入会，可以进行 2 个讨论分组，会议过程中可进行屏幕共享、投票、白板、直播、弹幕、在线文档操作、云录制及回放，主持人可控制参会者音视频状态。

4. 微信

微信(WeChat)是腾讯公司于2011年1月21日推出的一个为智能终端提供即时通讯服务的免费应用程序。截至2021年，微信的全球用户数已经超过了14亿，其中大部分用户来自中国。微信的功能非常丰富，包括即时通讯、语音通话、视频通话、朋友圈、公众号、小程序等。这些功能使得微信成为人们日常生活中必不可少的软件之一，在来华留学生中普及率也非常高。

微信应用于国际中文教育时一般与多种工具和平台组合使用。如果教师使用录播教学，可以使用中文联盟、网络孔子学院等的课程资源和微信，教师将平台学习要求发送至微信，在微信里进行答疑、作业收发及学习指导等。如果教师使用直播教学，主要使用网络会议软件和即时通讯工具，教师在腾讯会议进行直播教学，在微信中发布直播链接、进行课后答疑等。微信群内可以实现互动答疑、班级同学交流、发布直播链接、文档资料等，这比在其他平台更加及时、便捷。

第二节 国际中文教育线上教学特点

一、国际中文教育线上教学与传统教学的对比

(一)从学生自主性上看，线上教学对学生的自主性要求强于线下教学

以往的国际中文教育一直以课堂教学为主，强调以老师为中心，以课堂为中心，以知识为中心，学生是知识的被动接受者，一切以课前教学大纲及任务安排实行。在具体教学课堂中，教师满堂灌、填鸭式的教学模式留给学生独立思考和讨论的时间较少，学生无法发挥自身的主动性。

线上教学则更侧重于学生的自主学习，强调“以学生为中心”，通过教学平台引入优秀教育资源，促进学生深度学习和个性化学习。

线下课堂所采用的传统教学模式，教学重心放在知识的传授上。在当今科技的不断发展下，线上教学更偏重知识的获取，线下课堂也将不再是“照本宣科”。学生可以随时随地访问任何线上学习资源，随时在线测试学习效果，随时查漏补缺深化学习内容，在没有老师监督的情况下进行自主学习、自主预习复习测验。

(二)从教学资源上看，线上教学资源种类比线下教学丰富

1. 线上教学课件图像类型比线下教学丰富精准

首先，线上教学课件图像类型比线下教学更为丰富。图像能使课堂更具趣味性、更多样化，不论线上还是线下的教学，图像信息是课堂呈现不可缺少的视觉元素。线上教学在教学课件中不仅使用更多的图像信息，且在使用时更注意其丰富性，大大增加了动图和多种类合成图像的使用量。而线下课堂使用图像信息较少，且图像类型较为单一，以单独的静图为主。

另外，线上汉语教师为了更生动地给学生解释较复杂、较难理解的意义，会利用动图和多种类合成图像来创设情境，帮助学生更好更快地融入课堂教学的语境中。线下课堂则首选实物和动作来完成解释，其次才是图像。例如，在线上教学中教师需要解释“遇到”这个词，于是把动图“行走的人”、静图“猫”以及以线条表示的“街道”制成合成图像，引导出目标句“他今天在路上遇到了一只猫”。这样的教学设计对重点词语或语法点进行恰当的演绎，一步步引导学生跟随图像理解语言点，既能减少理解障碍，还能有效减少课堂无法真实呈现语境从而导致出现理解偏误的现象。而同样的知识点，线下课堂更倾向于创造真实语境进行教学，创造一个老师与学生教学楼前相遇的情境引导学生说出目标句“老师在教学楼前遇到了某同学”。

其次，线上教学课件图像比线下教学精准。线上课堂使用的图像比线下的表意更准确，更完整，更偏向于将知识可视化。如，在线下教学中讲解语法点“了”，目标句子是“老师写了四个字”。而在其 PPT 中只用了静图“一位老师站在黑板前，指着黑板上的字”，没有体现出“写了四个字”这个状态和相关动作。相对而言，线上课堂对图像的要求更高，更强调图像要贴近语境和完整表达语义，故教学效率得到了大大提高。又如在教师练习语法点“变+adj+了”，目标句子是“他的头发变多了”和“他变高了”。PPT 中，教师对两张人物静图进行加工：用红笔圈画头发，用蓝笔圈画身高，用绿箭头表示变化方向，以提示学生观察图片和发现变化，学生可以更准确地理解“了”在句末表示变化的意义。

2. 线上教学课件文字密度大于线下教学

线上教学 PPT 的文字密度大于线下，这在生词教学部分尤其突出。线上课堂中，PPT 汉字在生词教学部分多是以“生词+例句”的形式呈现，再配合

图片展示和教师解释进行整体介绍，便完成了该环节的教学任务。在线下汉语课堂，因学生身处其中能清楚地听见教师的讲解内容，PPT 一般起提示和引导作用，没有过多的文字。因此，文字密度较小，课堂以听觉模态输入为主。

但线上教学由于网络延迟和声音传输等问题，教师的语音作用相对减弱，知识的输入会偏向更为稳定的视觉模态。线上汉语教学 PPT 对语境塑造的要求更高，故而会借助更多的文字来描述语境，使之介绍得更加具体和详细。例如，在教师对“贵”这一生词进行讲解时，不仅需要放图片(两件 T 恤)和例句：这件衣服 200 元，这件衣服很贵；那件衣服 30 元，那件衣服很便宜，还需要在图片旁边标注两种代表价钱的数字，以及提示汉字“多少钱”。

3. 从板书量看，线上教学的即时书写文字量仅为线下板书量的四分之一

即时书写文字指的是教师在课堂上临时写出的文字。从即时书写文字的数据上看，在 500 分钟的教学过程中，线上教师即时书写的文字量仅为 41 字，线下教师即时书写(即黑板字)的文字量为 168 字，线上汉语课教师即时输入汉字明显少于线下课堂。

虽然现在许多汉语课堂都以 PPT 为主要视觉模态输入，但黑板字在线下课堂教学中仍占据一定地位。即时添加的黑板字不仅可以向学生说明相关知识点，还能够加深学生对汉字结构、笔画书写顺序的理解。教师在写黑板字时还可以一边说着笔画名称，一边请学生一起用手比画，这样的笔画书写运动可以给学习者带来一定的刺激并从各个方面集中学习者的学习注意力，调动学生全身感官来体验汉字书写，从而帮助他们更好地沉浸到汉语课堂中。

线上教学主要依赖 PPT 课件，这是板书量减少的主要原因。来静青(2019)认为，课件的使用会在很大程度上忽略汉字教学的过程。学生看着屏幕输出句子、段落和篇章，完全不用做笔记。由于种种原因，相比于线下，线上课堂的教师往往很少在课上书写汉字，学生难以跟着教师了解汉字的书写过程，这对于汉字教学不利。

4. 从教学符号的使用上看，线上教学更具有多样性

我们将箭头、运算符号、时间轴等有引导性的符号、框架与文字的结合方式统称为公式符号，如“把+名词+动词”“几 VS 多少”“sb./ sth. 在 sb./ sth. 的上边”等等。

在首次呈现公式符号的方式上，由于线下教学中教师可以用教具或是用手势提示学生注意 PPT 上的某些信息，所以线下呈现公式符号的方式多为一次

性整体呈现或是板书呈现。而且教师针对这一个公式还有很大的发挥空间，比如在黑板上再写一次这个公式，并把相应的例子写在下方，还能针对这一个公式延伸拓展，让学生写出之前学过的类似表达，或是让学生根据公式造句、与学生互动等等。学生会随着教师的肢体动作、语言自然地注意到公式，在教师面对面授课讲解中掌握公式的具体用法和搭配等。

线上公式符号的呈现方式则更为多样。由于线上教学所有内容都呈现在PPT上，学生在面对整版的信息刺激时容易忽视教学重点。为了使公式符号在整页汉字中更加突出，教师采取了圈出、指出、加粗或是使公式分部分动画呈现等多种方式。来静青(2019)认为，将组成公式结构的每个部分以动画效果和时间先后来展示，而不是一下将一个完整的公式结构展现出来，能更好地符合学生的认知特点，便于学生理清知识内部结构。

例如“把”字句的教学，先根据语境引出例句“我把书打开了”，对应在例句下方逐步出现句子结构公式“S+把+O+V+others”，再以箭头把公式与例句一一上下对应。如：“我”对应“主语”，“书”对应“宾语”等等，使得整个结构清晰明确，一目了然。

线上教学中，公式多样化呈现有一定的必要性，但由于在课件制作时多样化呈现公式必然要花费更多的时间和精力，教师们主动寻求公式多样化呈现的自主意识仍有待提高。为了更好地适应线上教学的需要，建议教师在PPT上多次完整重现公式可以作为一种复现手段，还可以适当在表现形式上做出一些改变，如圈出、动画、分部分展示公式等。此外，还可以让学生填公式中的挖空、做选择题或是根据例句回忆公式结构，以加深学生记忆。

(三)从教学互动上看，线上教学互动少于线下教学

1.从提问上看，线上教学中，教师更多地提出回应性问题，但更少地提出参考性问题

出现这一现象的原因可能是课堂时间不足、网络环境的不确定性以及教师对线上教学熟练程度、准备程度的不足。除此之外，线上和线下教师的提问在问题分配方面也有不同，大部分的线上教学教师比较少使用齐答的方式，反而更多地使用点名、自愿和自问自答的方式。线上教学过程中，教师提问后的等待时间平均值为2.53秒，较线下等待时间延长34.57%，特别是一次等待时间的延长更明显。

2. 从肢体动作上看，线上教师比线下教师更充分地利用了头部动作，线下教学动作结合的实物受限比线上少

不管是线上还是线下，多数汉语教师在上课时都会结合肢体动作解释，加强视觉冲击，帮助学生学习和记忆新知识。但碍于线上课堂镜头可视范围小且教师一般坐着进行教学，一些复杂且需要多个身体部位配合表达的动作难以施展与实现，故线上教师一般使用手部、头部动作或是课件图像来代替。

线下课堂教学的限制少，具有教学双方可以近距离接触、面对面交流等优势，往往可以直接用语言或者肢体语言、面部表情实现即时交流互动。教师动作幅度越大，能展示的动作种类就越多。

参考线下课堂动作方面的优势，建议线上汉语教师提前录制好对解释语义有帮助的包含大范围复杂动作的视频，以小视频的方式导入，增强线上教学的视觉效果。

（四）从教具的使用上看，线上教学限制较大

线下教学利用的实物可大可小，而线上教学利用的实物则以小件为主。在线上课堂中，教师能利用的实物一般为小件的、随手可拿的，例如：笔、书本、水杯等。而在线下课堂中，教师则可利用教室现有的一切条件进行互动，例如：窗户、门、黑板等。

线下课堂所结合的实物，无论是大件还是小件都比线上课堂多，由此可见，线下教学可用的实物受限较线上教学少。将真实存在于自然生活中的有形、有色、有质的实物融入课堂，不仅能够使学生的学习与生活紧密相连，还遵循了教学要从生活中来，再回到生活中去的原则。为此，镜头可视范围较小的线上课堂，可以通过结合图像、视频的方式来呈现大件的实物，如“开门”“搬桌子”等，减少因不能面对面授课而表达受限的情况。

二、国际中文教育线上教学优缺点

（一）线上教学的优点

1. 课堂内外产生衔接，优化交际环境

通常，在语言课堂教学过程中，比较常用的教学方法是模拟真实语言情景进行情景设置教学，教师需要努力地构建贴近真实交际环境的语言场景。线上

网络教学开始之后，在网络技术的支持作用下，在线教育技术的发展也日趋成熟，教师有着愈来愈多的机会做出更贴近于真实形象的 PPT 文本或是动画形象，也能够找到更加优质的视频素材资源，使语言学习者在学习过程中感受更贴近于现实中的交际场景。学习者即使缺乏真实的中文语言环境，也能够切实感受到汉语学习环境的氛围。教师借助网络技术建构虚拟但是逼真的汉语学习环境，既能够使学习者快速学习，也能够有效习得。

传统的线下教学模式中，汉语教师需要更多地借助语言描述，面对面地帮助学习者理解学习内容。涉及文化类课程时，由于中国文化博大精深，教师仅仅依靠单一的语言描述无法将丰富的文化呈现给学生，且学生的想象力也是教师不可控制的，最后可能会造成教师文化介绍多，但是学生理解不够透彻的现象。

而线上教学恰好可以弥补这一点。线上教学借助更加丰富的资源、更加多元的形式，将课堂内外的衔接建立起来，使学生的文化知识能够进一步扩大、丰富，让学生在课堂上体验到真实文化环境所带来的冲击感，使学生学到的知识更加生活化、真实化、立体化和细节化。

2. 教学视频可以反复回看，便于知识复习巩固

在线课程，特别是直播课程，网络质量好坏与教学效果、学习效果呈正相关。汉语教师的教学对象可能来自不同国家，每个国家网络发展情况也不尽相同。为减少由于各国网络差异带来的不利影响，课堂可以采用“直播+录播”的方式。网络状态较好的学生可以跟随教师进入直播课堂；而网络状况较差的学生可以无限制地观看回放课程。此外，录播课程也能满足理解力较差的学生的需求，他们可以随时随地反复回看，便于对知识点的消化理解和持续学习。

3. 能促使教师信息化教学能力提升

新冠疫情期间，国际中文教育主要依靠网络作为教学媒介，教学过程中对技术方面的要求非常高，师生之间需要构建双向网络连接，才能开展教学。另外，教学的实施过程中，对教师的网络知识、网络工具使用也具有一定的要求。无论是选定教学课程、建立教室链接，还是开展汉语教学与学习活动，都需要借助网络技术。在这种情况下，教师需要做好充足的心理建设，培养自己运用多媒体技术的能力、后台网络维护的能力，以及具备必要的网络突发性事件的应急处理能力，只有这样才能够有效避免教学时语音信号延迟、掉线、设备故障等导致的教学无法开展的情况。可以说，线上教学的发展促进了汉语教师积

极提升自己的信息化教学能力。

4. 主体学习更具自主性

受新冠疫情影响，世界各地学习汉语的学生多数只能选择网络教学模式进行学习，这些学习者大多具有明确的个人学习需求和目标。在线上学习开始之前，学生可以向学校及教师说明个人的学习动机及需求。在线上学习过程中，学生更加具有主导、核心地位，在选定课程、确定学习内容时，学生往往更有主动权。他们可以较容易地出入各个教学平台，试听课程，选择适合自己需求的课程，如倾向商业交流的学生更加侧重商务汉语的学习，对中国文化感兴趣的学生可以选择“中国概况”之类的慕课。

学生学习目标明确了，自主性增强了，才能提升学习的积极性，才能够更加高效地完成学习任务。从目前情况来看，无论是官方网络学习平台还是非官方网络学习平台，都更加侧重结合学生学习背景以及汉语学习需求构建学生的电子档案，并根据学生意愿为学生制定有针对性的学习计划，实现因人施教，变被动为主动。

5. 教学过程直观形象

在国际中文教育的课堂教学过程中，特别是在初级阶段的汉语课堂教学中，教师通常借助大量的讲解和练习帮助学生理解和记忆知识点，因此，教师将教学内容形象、直观地展现出来是非常重要的。

我们以汉语课堂上“量词”的使用为例。量词知识既是汉语教学的一个重点，同时也是一个难点。因为现代汉语中量词十分丰富，这是它与印欧语系诸语言一个重要的区别性特征。“数词+量词+名词”这一结构在现代汉语中广泛运用，而印欧语系诸语言因缺少丰富的量词，多使用“数词+名词”的结构，导致很多外国学生在学习汉语的过程中很容易误用量词。比如“张”作为量词的使用主要有三种情况：一是用于家用类等：一张桌子、两张床；二是用于对脸部位的描述：一张脸、三张嘴；三是用于文具类等：一张画、四张纸。

在对“张”的教学中，教师在线下教学中可以使用这几个常见的搭配来进行授课，带领学生做大量的搭配练习，从而形成固定搭配的记忆。而在线上教学模式中，师生虽然无法面对面进行交流，但是教师仍然可以将这一知识点利用PPT或动画技术制作微课，在量词的周围加入名词的图片，使名词和量词能够合理搭配起来，让学生对于量词的搭配形成更加深刻的印象，通过线上教学的方式将知识传递给学生。

（二）线上教学的不足

1. 学生方面

（1）第二语言学习者缺少目的语环境。

不论是学习母语还是目的语，与环境都密不可分。语言环境是影响第二语言习得的重要外部条件，它是客观存在的。语言环境包括视觉环境，如：报纸、杂志、书籍、电脑、广告各种标志等；听觉（或视听结合）环境，如：广播、电视、电影、戏剧、录像、录音带等。特别是在该社会中广泛使用的鲜活的目的语口语是最重要的语言环境（刘珣，2000）。语言环境为学习者提供了自然生动、丰富多彩、无穷无尽的语言输入和学习模仿的语言资源。因此，目的语环境对第二语言习得者有极其重要的意义。如今，各国留学生只有在线上课堂里才能感受到语言环境。课后，学生又回到自己的母语世界，缺少了目的语环境的熏陶。

（2）学生在学习中的主体地位未能凸显、互动性不足。

学生在教学活动中占主体地位，是教学的出发点和落脚点，学生获得知识要通过自己的思维活动，教师在教学过程中要启发学生学习的自觉性、积极性、主动性，并且需要加强师生之间、学生之间的互动性，但线上汉语教学在这方面还存在不足。

首先，很多教师的教学观念和教学方法受限于传统的教授式学习模式，加之一时之间无法适应线上教学的模式，在进行线上汉语教学时无法凸显学生的主体地位。其次，线上教学的方式使教师与学生被屏幕隔开，学生的学习具有随意性和开放性，有些时候是浮于表面的学习。最后，虽然各种线上教学平台和工具也可以进行实时的提问、交流、讨论等互动活动，但学生在表达过程中的肢体语言、表情等无法通过屏幕准确传递出来，教师无法准确判断学生是否已经掌握了课堂教学的内容。另外，有些学生还会抱有侥幸心理，认为无法被教师监督，不参与讨论或教师的提问。

2. 教师方面

（1）教师难以控制教学整体成效。

在国际中文教育的线上教学过程中，处于前端的教师在管理远端学习者的学习成效方面存在一定的困难。

对于学习者来说，部分学生由于没有养成良好的学习习惯，无法做到学习的高度自律。部分学习者由于缺乏教师的直接反馈和鞭策，容易产生怠惰心理，从而直接影响到学习成效。同时，由于线上授课教师一般采取录播与直播结合的方式进行讲课，以讲授法为主的课堂给学生自主学习以及交流和展示的机会比较少。除此之外，长时间使用电子设备容易造成视觉疲劳，部分学生就会选择不进行课前预习和课后复习。这些原因汇集在一起，教学效果大打折扣。

对于教师来说，汉语线上教学的方式多元化，其中包括聊天式的娱乐授课教学方式、多媒体技术教学方式以及多种模块结合的社区式教学方式等等。它们都是区别于线下教学方式的地方，但这些区别也使相当一部分教师无法适应线上汉语的教学模式，进而致使这些多样化的教学方式成了教学过程中的负担，并在一定程度上影响了学习者的学习效果。

(2)增加成绩考核的难度。

传统的笔试方式在线上教学中难以实现。目前的考试大多是教师将试题发到微信群或网络平台上，学生无须手写，只需在电脑上打字，完成后发到老师的邮箱或者上传到网络平台。整个考试难以考核学生的汉字书写能力，无形中弱化了学生对汉字书写能力的训练。另外，考试过程无法做到与线下考试同样的监督力度，有的学生自律性不够，成绩的真实性和有效性受到影响。

3. 线上教学平台方面

现阶段各个教学平台各有优缺点，所设立的开课流程服务也不尽一致，一部分教学平台教学统一且模式单一，个别国家和地区甚至禁止我国现行使用的某些平台为其提供服务。线上教学平台的功能和使用受限，导致教师无法采用单一教学平台实现与线下教学一致的效果。

另外，线上汉语教学需要稳定的网络技术为其提供支持，例如，顺畅的宽带网络、稳定的线上教学工具等。但在线上汉语的教学中，师生经常会因为网络技术的限制而遇到音频或视频卡顿、掉线、延迟、音画不同步、无法打开视频、分辨率偏低等问题，这些状况主要都是网速或上课平台系统不稳定造成的。

线上汉语教学中遇到的普遍问题就是卡顿，这主要是因为网课平台人数过多，学生们都在同一时间进入线上课堂，网络连接不够顺畅，教学中断。卡顿这种现象会扰乱教师的教学节奏，同时也会影响学生听课效果，降低教学质量和效率。

第三节　国际中文教育线上教学活动示例

一、笔画涂色

【活动介绍】教师通过让学生给空心汉字的不同笔画涂上不同的颜色，培养学生对汉字笔画和笔顺的熟练掌握。

【适用学生水平】HSK 1—4 级。

【活动时长】15 分钟。

【活动准备】

(1)教师准备课堂上学生需要练习的汉字，将其做成空心状。

(2)教师将这些汉字做在同一页 PPT 上。

【活动步骤】

(1)教师在平台上给学生展示 PPT，并向学生说明活动规则。

(2)学生根据教师发出指令，一步一步将汉字涂满。比如：教师说第一笔用蓝色的，学生就在工具栏找蓝色的画笔去填第一个笔画的颜色，第二个笔画为黄色，第三个笔画为绿色……学生按照教师的指令依次填涂汉字。

(3)同一个字的笔画可由一个学生独自完成，也可以将学生分组接力完成。

(4)最后进行评比，看谁涂得又快又好。

(5)涂错了的同学需要在课后将这个汉字多写几遍作为惩罚。

【活动说明】此活动需要教学平台具备手写、涂色功能。

二、声母迷宫

【活动介绍】教师通过让学生"走迷宫"的方式，帮助学生巩固和训练固定声母、韵母或声调。

【适用学生水平】HSK 1—2 级。

【活动时长】10 分钟。

【活动准备】教师课前准备一个由 36 个汉字方格组成的迷宫，这些汉字的声母分别是"zh"和"j"。(如要练习韵母，也可以韵母为线索)

【活动步骤】

(1)教师在屏幕上向学生展示迷宫，并向学生说明活动规则。

(2)学生操作鼠标，由入口进入迷宫，所经过的汉字必须声母为“j”，最后走出迷宫。学生可用鼠标画出所经过的路线。

(3)教师限定时间，在规定时间内操作鼠标最快走到出口的学生获胜。

【活动说明】通过富有趣味性、挑战性、竞争性的游戏复习拼音，提高了学生的拼读能力，同时，学生也能复习所学过的汉字，更好地将汉字的音和形相对应。

【注意事项】这个活动可以根据学生识字情况更换用字，也可以改为“zh”“h”“ch”“c”等学生拼读容易出错的生母以及相应的韵母识别练习。

三、听我说

【活动介绍】这是一个双人小组活动，教师通过让学生一人读、一人听，并作出反应的形式，训练学生的汉语听读能力，以及提高学生对汉语词汇的掌握程度。

【适用学生水平】HSK 2—4 级。

【活动时长】10 分钟。

【活动准备】

(1)教师准备一些表示脸部器官的词语。

(2)准备一张人脸的图片(如图 7-1 所示)。

【活动步骤】

(1)两人一组展开活动。

(2)甲同学从左边的词语中挑选一个圈出来，并将它读出来。

(3)乙同学相应地从人脸图片中圈出相应的部位。

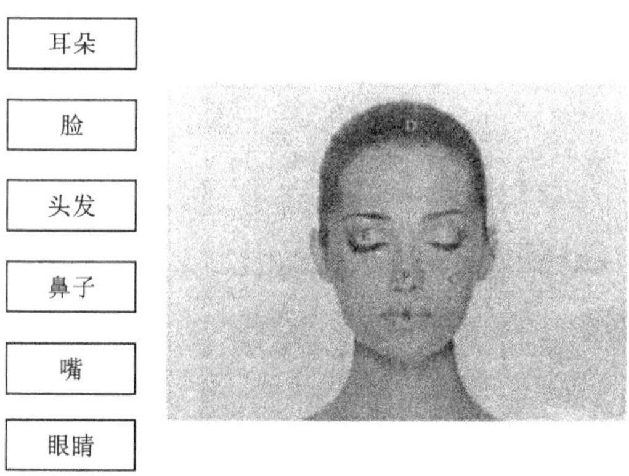

图 7-1　人脸图片示例

(4)教师检查学生的发音和所圈部位是否正确。

【活动说明】在双人活动中，学生需要对同伴行为更为关注，注意力比在师生互动中更为集中，这避免了单一师生互动下其他学生的游离状态。

【注意事项】此活动需要平台具有分组功能。

四、我说你画

【活动介绍】这是一个双人活动，通过双人间听、说、画的合作，训练学生的汉语听说能力。

【适用学生水平】HSK 3—4 级。

【活动时长】10 分钟。

【活动准备】

(1)学生在学习“adj+的”来表示东西的特征或者教师想调动课堂气氛时可以用到这个游戏。

(2)教师可以在课前找一些形象新奇、有特点的图片。

【活动步骤】

(1)学生两人一组开展活动。

(2)教师进行活动示范。比如教师描述一个小女孩(如图 7-2 所示)：她的脸圆圆的、她的鼻子小小的、她的眼睛大大的、她的嘴巴小小的、她的头发长长的、她的个子高高的。则学生需要将教师的描述画成一幅画。

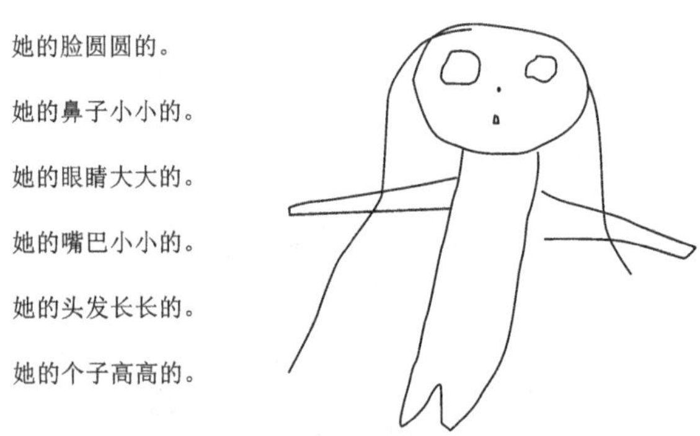

图 7-2　小女孩描述示例

(3)教师示范后，学生进行活动。一个学生在心里想着某个人或物的样子，用“adj+的”进行描述，另一个学生则需要将自己听到的特征画下来。整个过程由学生自由发挥，最后的作品饱含学生想象力。

【活动说明】描述的学生不仅练习了“adj+的”这个语法项目，同时也锻炼了“说”的能力，画画的学生也锻炼了听力和创造力。

【注意事项】

（1）学生描述的事物可以是教师展示的图片，也可以是学生自己脑海中的东西，教师要给学生发挥的空间。

（2）此活动需要平台具有画笔和分组功能。

五、是非问

【活动介绍】线上分组，进行组内成员一般疑问句的是非问答活动，以此训练学生的汉语听说能力。

【适用学生水平】HSK 2—3 级。

【活动时长】10 分钟。

【活动准备】教师提前在 PPT 页面上为学生提供目标句式和可以替换的词语。如：目标句式为“你是不是学生”，“你”和“学生”都是可以替换的词。

【活动步骤】

（1）教师利用线上平台的分组功能，将学生进行分组。

（2）教师展示 PPT，说明活动规则，并可邀请一位学生进行示范。

（3）组内每一个学生轮流询问自己的小组成员。比如：“你的爸爸是不是老师？”“你喜不喜欢运动？”等。

（4）教师可点击进入不同组别的讨论房间，检查学生的表达是否正确。

【注意事项】此活动需要平台具有分组功能。

六、Bingo 造句

【活动介绍】教师通过让学生自主选择词语完成造句，训练学生的汉语遣词造句能力。

【适用学生水平】HSK 3—6 级。

【活动时长】10 分钟。

【活动准备】

(1)教师制作一个九宫格，上面写上需要练习的词语。词语可以包括实词、虚词和连接词，如图 7-3 所示。

(2)教师用不同的图片将词语盖住。

【活动步骤】

(1)教师向学生展示九宫格图片，并说明游戏规则。

(2)学生自主选择九宫格中的一排或一列词语进行造句。

(3)教师注意学生的表达中是否有不对的地方。

【活动说明】九宫格中的词语选择具有随机性，有时三个词语连起来正好可以组成一个复杂的长句，有时三个词语需要造三个句子才能连成有意义的长句。因此，有助于拓宽学生的思维，锻炼学生的口语表达能力。

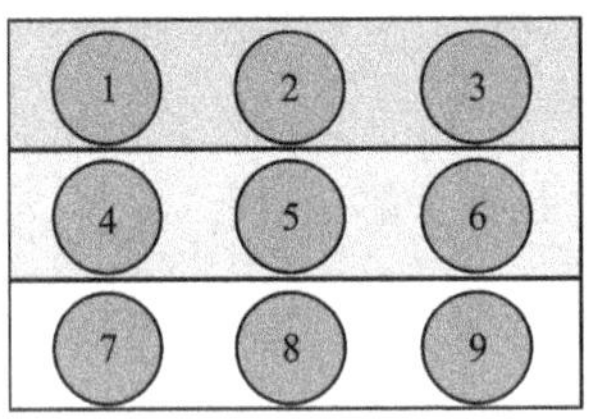

有意见	办法	V+成
V+上	要是……就……	V+上
糟糕	念熟	看见

图 7-3　词语九宫格

七、新闻聚焦

【活动介绍】教师通过让学生了解相关新闻报道，让他们了解汉语书面语的使用规范，同时对中国的社会文化有更深层次的认识。

【适用学生水平】HSK 5—6 级。

【活动时长】30 分钟。

【活动准备】教师在课前需要多搜集新闻资料，不仅包括新闻文本，还应包括和新闻文本符合的新闻视频。

【活动步骤】

(1)教师通过编辑新闻，聚焦某个片段，在课堂上让学生观看，如图 7-4 所示。

(2)学生通过填空练习掌握整个新闻大体意思。

(3)教师针对新闻内容设计一些问题供学生讨论。

(4)学生对教师设计的问题进行讨论，最后根据自己的理解就某一个话题自由发表观点。

【注意事项】教师选择的新闻片段可以和本节课学习的内容相关，也可以拓宽思维，选择和中国文化有关的视频、纪录片。

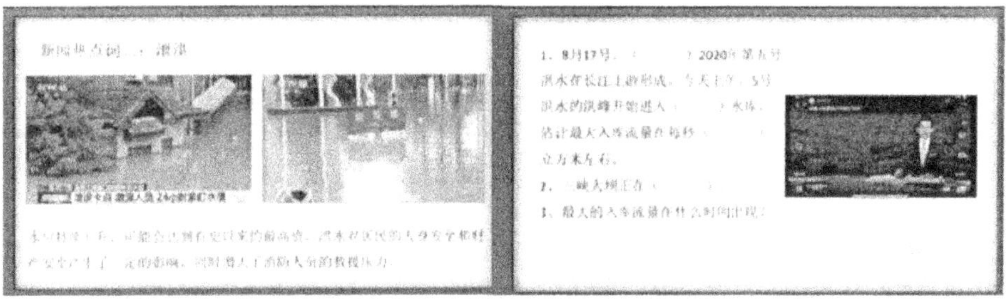

图 7-4 新闻图片资料

八、期末报告

【活动介绍】教师采用口头报告的形式，让学生对一段时间的学习内容作综合性的运用，培养学生汉语口头表达能力。

【适用学生水平】HSK 1—6 级。

【活动时长】45 分钟。

【活动准备】

(1)教师提前告知学生口头报告可以包含的内容，如姓名、年龄、家庭、工作、爱好、最近在做的事情等。

(2)每位同学限定在 2~3 分钟做完口头报告。

【活动步骤】

(1)教师将学生进行分组。

(2)一位学生口头报告结束后，由组内的其他成员对他的口头报告进行评论。

(3)教师对该生的口头报告进行点评，应包括优点和不足。

【注意事项】口头报告实施前需要在课下给学生一定的时间进行准备。

九、连词成句

【活动介绍】教师通过让学生对打乱顺序的词语进行正确排序，加强学生对汉语词汇和词法的掌握。

【适用学生水平】HSK 2—6 级。

【活动时长】10 分钟。

【活动准备】教师提前准备需要练习的句子，将其按词语块打乱顺序，做成课件。

【活动步骤】

(1) 教师向学生展示课件，并说明活动规则。

(2) 学生开始活动，教师利用软件进行计时。

(3) 学生每完成一个句子，就会获得相应的分值，当学生在短时间内连续操作正确时会有加分奖励。如图 7-5 所示：连续答对前后两个分句，屏幕上会跳出“perfect”等鼓励性话语，并有额外加分，最后谁的总分高谁就获胜。

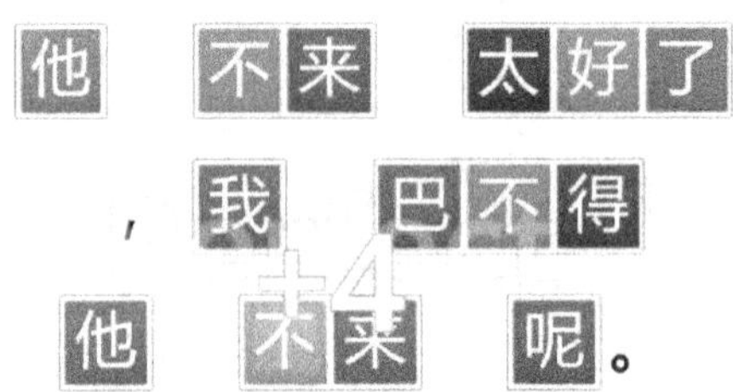

图 7-5 词语块连词成句

十、你追我赶

【活动介绍】此活动为词语配对练习，通过游戏形式加强学生对汉语词语和词义的掌握。

【适用学生水平】HSK 2—5 级。

【活动时长】10 分钟。

【活动准备】教师提前准备课堂要练习的词语和配对的图片。

【活动步骤】

(1) 教师向学生展示活动页面，并说明活动规则。

(2)学生根据图片所代表的含义找出对应的词语，并控制红色小人走进正确词语的方格内，同时要躲避不断追逐自己的蓝色方块。如图 7-6 所示：学生根据图片中挑水的人判断要找的词语是"勤劳"，然后操控红色小人以最快、最短的路线走进"勤劳"所在的格子内。

(3)教师可一次准备多张图片，用时最短、正确率最高的学生获胜。

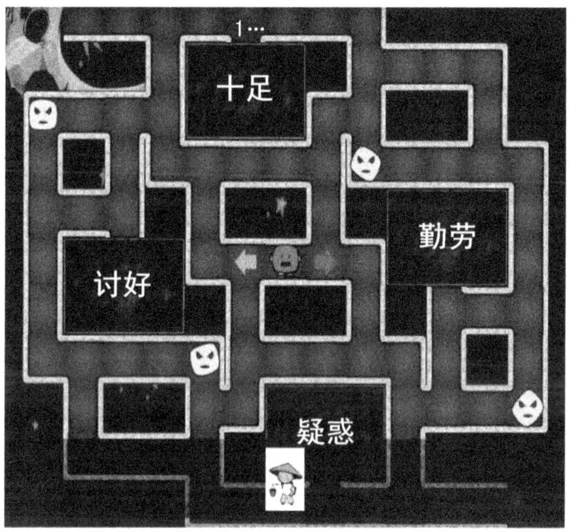

图 7-6　"你追我赶"活动页面

【注意事项】活动所需软硬件设备及对平台功能要求：平台应可以播放 PowerPoint 展示图片。

思考题

1. 你认为网络时代的国际汉语教学有哪些新理念？教师运用与开发网络教学资源需要注意哪些问题？

2. 用一个在线工具或在线教学平台设计一个线上汉语课堂活动，并说说在设计线上活动时需要注意哪些方面？

第八章

资源开发与工具运用

第一节　素材运用与开发

在国际中文教育实践中，我们发现对学习资源进行开发能有效补充教材内容，丰富学生的学习经历，开阔学生的视野。好的学习资源内容生动有趣，语言鲜活，能极大地激发学生的学习热情。开发学习资源，也能助力教师的专业发展。教师应在研读各项国际中文教育标准并结合教材内容以及认识与了解学生特点的基础上，针对学生需求、学生学习水平，以团队合作的方式开发优秀的课堂活动资源。

课堂活动资源的素材要以贴近学生学习与生活、真实有趣为前提，题材要丰富多样，课堂活动任务形式要多样化。

一、图片资源运用

使用直观性教学材料是以学生为中心的教学理念的一种体现。直观性教学材料包括颜色卡片、图形卡片、照片、实物、模型、数字或拼音模板、组字板、图画、漫画、连环画、简笔画等。在国际中文教育中，由于教学对象的多样性，图画在各种直观性材料中显得更加突出和方便，它可以利用学生对直观形象的感知帮助他们加深对语言的理解，提高学习效率。同时，图片作为一种“任务”，可以让学生在任务学习中获得语言能力。

在语言教学课程中图片有无法替代的优势。图片能够更清晰、更明确地展示语法点，如动词谓语句，形容词谓语句，“是”字句，“有”字句，趋向补语，能愿动词，动态助词，连动句，等等。同样，在听力教学课程中也可以使用看图片、听录音的方法进行练习，锻炼学生边听边观察的能力。

（一）图片素材在语言要素学习中的运用

1. 在语音教学中的作用

语音是汉语学习的基础。在语音教学中常用的图表有声母表、韵母表、发音部位图、舌位图、声调示意图等。发音部位的可见部分，学生可以观察教师的口形变化进行模仿；但是大部分的发音部位是看不见的，如舌位的前后、高低，气流的方向、强弱、畅通与阻塞等等，这时就可以利用图表生动形象地说明发音部位。还有一些较难的发音，如“r”“l”，或者容易混淆的音，如“zh、ch、sh”“z、c、s”，使用口腔、舌位图能在教学中起到事半功倍的作用。教授元音时，教师可以使用简单的图画来展示口腔的形状。教声调的时候，可以利用声调示意图。

2. 在词汇教学中的作用

词汇是构成句子的建筑材料，交际的前提是有足够的词汇储备，储存在大脑中的词语可以通过强烈刺激而具有可感应性。使用图画解释词义就是一种强烈刺激的方法，教师可以把词语直接跟图画建立起联系，以培养学生直接用汉语思维。特别是初级阶段的实词教学，应该尽量使用直观手段。教学实践证明，通过图示而学习的生词，留学生记忆更深刻。

可以将词汇教学和语音教学结合，例如：

看图发音：学习辅音“b”，用水波、拔草、布料、抱小孩的妇女等图片，可以学习到“波”“拔”“布”“抱”等词语；学习韵母“ong”，用水桶、龙、弓、彩虹、空杯子等图片学习“桶”“龙”“虹”“空”等词语。这样可以在语音教学的同时增加词汇量，并用词语来纠正发音。图片讲解词语的范围很广，可以用在名词、形容词、动词等大多数实词中。

也可以将词汇教学和句型教学结合，例如：

教师把 10 张水果图片放在黑板前，任意指其中一张画，学生马上说出那个词。然后教师问：“你喜不喜欢吃……?”学生回答：“我喜欢(不喜欢)吃……”接着教师再问另一个学生：“他(刚才回答的学生)喜不喜欢吃……?”这个学生根据前一个学生的回答再重复一遍。用这样的方式既复习了关于水果的名词，还可以学习人称的转化及正反问句。

图片也可以用来教学内涵意义丰富的成语。如在进行成语“立竿见影”的教学时，就可使用动态图片：一根竹竿立在地上，天上太阳升起，竹竿的影子随即出现在地面上。比喻做一件事马上就能看到效果或付出马上就有收获。

3. 在汉字教学中的作用

中国汉字有很多是象形字或者会意字，因此可以使用一定的图片向学生展示汉字。比如简单的“日”“目”“羊”等汉字。从教学实践中的经验，可以看出利用图片展示的汉字，学生记得更牢，这也是图片作为教学的一种视觉刺激物的重要作用的体现。

4. 在语法教学中的作用

图片在语法教学中的作用也不容忽视。教师在一些语法点的展示上适当应用图片，可以更清晰明了地讲解语法点，学生也比较容易掌握。

例如，对“了”作语气助词表示动作已发生或情况已出现这一知识点的讲解，教师可以用两幅图分别表示一个动作发生前和发生后的不同情境，并加以对话“你要买什么”“我要买香蕉”和“你买什么了”“我买香蕉了”，突出“了”字的作用。“了”作动态助词表示动作的完成，这一知识点也可以用图片加深记忆，也可以运用动态图代替两幅静态的图片。如用一张小树苗长成大树的动态图、小婴儿长成少年的动态图、卡通人物在吃饭，肚子慢慢变大了的动态图来进行“了”的操练。

再如，简单趋向补语的表达，用图示法可以使教学过程更有效。因为趋向补语涉及两个相对的位置，用图片显示“上边、下边”“里边、外边”“这边、那边”可以更明了地教授“上去/来”“出去/来”“过去/来”“回去/来”等趋向补语。

5. 在句型教学中的作用

汉语中有很多特殊句型，直观材料可以形象表达出教学内容。以学习“一……就……”句型为例。教师展现图片，图片上只出现人物和动作，要求学生自己造句。这比在课本上出现两个动词，要求学生用“一……就……”把它们连缀起来当然要难得多。由于图片教学调动了学生眼、脑、口等多种器官参与学习，掌握的效果当然也要好得多。

在“把”字句的教学中，图片素材也是很好的选择。教师可在 PPT 上展示事先画好的一个房间，然后在房间里添加各种物品的图片。两个学生一组，商量应该如何整理房间。老师选一组学生当堂演示，一个学生用“把”字句描述，另一个学生在教师电脑上操作。

如生 1：“把书架放到门的旁边。”生 2 用鼠标把书架图片拖到门图片的旁边。

生 1：“把画挂到门上。”生 2 用鼠标把画的图片拖到门的图片上。

6. 在句段表达教学中的作用

交际法教学的特点之一就是以话语为教学的基本单位，因此语段、篇章的表达是必不可少的。这里使用的图片常常是连环画，或者是和课文相关的几幅图，教师可以让学生看图讲故事或者看图复述课文内容。这种练习适用于中、高等级的学生。教师可以通过学生的篇章表达，检查学生对课文的理解、语法点的掌握以及词汇的积累。这样可以把知识具体化、形象化、深刻化。

(二) 国际中文教育中常用的图片类型

1. 单幅图说话

单幅图画一般是将人物和动植物浓缩在一幅图画中，让学生仔细观察，说出它们的方位和状态。这项练习适用于初、中等学生。例如，学生用“动词+着”句型描述他看到的单幅图片：

屋子里挂着很多彩灯，墙上贴着一个红喜字，桌上摆着很多酒和菜。新娘和新郎穿着漂亮的衣服，笑着对我们说“欢迎，欢迎”，新娘忙着请客人吃糖，新郎忙着给客人倒酒，孩子们不停地说着，笑着，气氛非常好。

2. 看连环画说话

与单幅图不同的是，连环画的每幅画之间有情节上的连续性，学生必须运用想象和联想将它们串联成一段有情节的叙述性话语。这项练习适用于中级阶段的学生。

3. 看地图讨论

一般可以用全国地图制定大的旅行计划，用省、市地图讨论制定短程旅行计划。旅行计划应包括旅行时间、路线、交通和住宿等项目，教师要将这些项目串联起来，并向大家说明旅行计划本身就是一种成段的表达。这种讨论方法也适用于中级阶段学生。

教师可以采用一对一的交际练习或者小组讨论的交际练习。一对一的交际练习，可以促使学生主动参与活动。学生通过交际项目的补充和练习，实现了从有意识的学习过渡到自然的习得。这种交际练习对学生来说，既可以在实践中提高自己的交际能力，又能让自己自然而然地掌握交际中的一些技巧和策略。

小组讨论在效果上与一对一式练习相似，但是小组讨论需要学生具备更高的交际能力和运用更复杂的交际策略，来对有差异的信息，通过提问、反问、辩论、说明等环节进行取舍，以完成交际任务。

（三）在图片教学中教师应该注意的问题

1. 课堂上应避免只有一个学生唱“独角戏”

在一个学生描述图片的时候，教师应该同时调动其他同学的积极性。比如让他们复述刚才同学的描述，再说说自己的描述，或者了解小组讨论的情况，保证所有人参与讨论。

2. 讨论或准备时使用母语而不是汉语

在学生的小组讨论中，学生常常只把最后的发言作为唯一的任务，为了更快地完成这个任务就用母语进行讨论，所以教师必须保证学生使用汉语讨论。

3. 学生遇到词语障碍教师应给予启发提示

有些学生在交际时，不知道该用什么词语或方法来准确恰当地表达，教师不要立刻给出合适的词，而应给予提示，帮助他们自己想出来。

4. 教师不应纠错过度

交际法要求教师对学习者出现的语言错误有一定的容忍度，要尽量鼓励学习者发挥言语交际活动的主动性和积极性，并且不影响交际的错误不用纠正。

因此，教师在运用图片的时候，要注意引导学生，从直观形象入手，激发学生的潜在记忆，启发学生通过观察、想象形成口语表达。教师要根据图画内容，为学生创设具体而明确的语境，帮助学生完成训练。另外，在教学中，教师要适应不同的学生，灵活控制活动的难度水平。在看图说话时，如果学生觉得较难，可先由教师复述。再让学生回答问题和模仿复述。遇到未曾学过的语法点，教师只需简单点破，让学生明白意思即可，不必作大量语法讲解。

（四）如何搜索利用图片教学资源

图片是制作课件的重要元素，智能化的图片搜索技术可以让教师在备课中挑选到中意的图片。

百度图片是百度推出的一项免费图片搜索服务。用户可以在百度图片中搜索全球各地的图片，包括艺术品、风景、人物等的图片。百度图片提供了多种搜索方式，用户可以根据关键词、网址、分类进行搜索。

谷歌图片可以按照图片大小(可以精确到具体长、宽、高范围)、是否要求面部、剪贴画、线条式图形、颜色等细化搜索。谷歌也有搜索相似图片功能，点击图片搜索框右侧的相机图标即可弹出粘贴网址和上传图片的选项。用户输入图片的网址，或者直接上传图片，或拖动图片到搜索框，谷歌就会找出与其相似的图片，这一功能对教学资源制作非常有帮助。例如，我们发现一张很好的长城照片但照片却被添加了水印和某些机构的名称等，这时通过这张照片的网址或上传搜索都可以找到无水印的照片。

其他图片搜索引擎还包括 Flickr、集图网、VCG 视觉中国等。

二、影视资源运用

如今，教育技术日益革新、教学方法不断发展，传统的“黑板化教学”越来越无法满足国际中文教育教学的需要。随着近几十年来国际中文教育教学对象日益幼龄化，受众群体趋于年轻化的倾向也成为学界不可忽视的一大现象。影视行业涵盖范围十分广泛，接触群体十分多元，以及互联网的普及为影视资源的运用提供更便捷的渠道，如何在课堂教学中融入影视素材已经成为新时代具有研究价值的新方向。

(一)影视素材应用于国际中文教育的优势

汉语课堂教学的传统模式一般只停留在教材提供的课文词汇、语法，而这些词汇、语法没有生动的语境作为支撑，很难调动学习者的感官，他们的记忆也只停留在短时记忆，无法在现实的语境中灵活使用。影视素材能够充分发挥视听感触，在课堂教学中，它能够调动学习者多重感官，刺激大脑皮层，加深印象，便于记忆停留。除此之外，丰富的影视素材中有一定数量的新词汇，能够帮助扩大学习者的口语词汇量。

1. 有利于操练形式的多样化

影视素材不仅能高效利用课堂时间进行知识巩固训练，而且有助于开展配套的课外活动，将课堂延伸到课后，提升教学效率。一段影视素材同时具备声音、画面两大要素，教师只需要借助简单的多媒体教学设备和软件，对视频做一些简单的剪辑处理就可以实现教学资源效益最大化。教师可以根据影视素材设计多种形式的练习，例如对影视作品中的情景进行模拟、接续故事情节、利用关键词语重组对话等。

2. 提供真实的交际环境，使课堂活动更加生动

影视素材将学习者带入了现实生活中的语言交际环境，当中出现的人物和场景直接、准确、全面地展示了当代中国人的日常生活场景。它将纸质材料的内容动态地展示了出来，弥补传统教学方法对抽象化概念教学的困难，其逼真的环境为学习者提供了良好的锻炼平台。其中，日常化的台本和对话弥补了学生获得第一手信息的不足，通过多媒体这一媒介传达的"替代经验"增强了知识点的直观性和可感性。词汇和语法学习方面，日常生活中常用的词汇和语法表达是基础阶段教学的重要内容，教师选取适应学生当前汉语水平的素材能够鲜活生动地教授各种词语的意义和用法，在解释含义抽象的词或有丰富联想意义的词时具有优势。

比如我们要给学生讲解语气副词"就"，例句"我就买""我就不去"等等，如何能让学生直观而形象地了解这个语气副词的使用语境及方法，教师用影视素材教学就是一个很好的方法。又比如，我们要给学生讲解时间副词"刚"和"刚才"的区别，"刚"是副词，最常用的用法是放在动词前，表示完成的动作和发生的事情刚过去不久，而且往往有强调的作用。"刚才"是时间名词，指说话前不久的时间，跟"现在"相对，同样用在动词或者动词短语前的时候并没有太多强调作用，只是客观描述不久之前发生了什么。两者的区别可以用影视素材来展示。比如可利用电视剧《我的博士老公》中的对话：

情景：男士正在急切地敲女士的房门。

男：邹琴，邹琴。

女：干什么呢？我刚起来，你等会儿。

男：刚才田衡来电话了，说郝雨生病了。你把门打开。

女：（打开门）什么？什么病啊？

男：长了个肿瘤。

当女主说"我刚起来"的时候，是一种不耐烦不情愿的语气，强调的是起床不久；而"刚才田衡来电话了"只是阐明"来电话"这个事实而已。

3. 扩充教学内容，提升学生非语言交际能力

影视素材通过科学技术产生的画面和声音等，让学习者能够直接观察到人物的面部神态、体态、衣着打扮等非言语内容，可以听到烘托主题的背景音乐以及人物交流时的语调、轻重音、语气等。这些内容能够很好地展示视频中人物的形象特点以及他所要表达的思想感情，从而渲染中心主题。

4. 文化传播特质优越

视频素材具有显著的多维特性，“多维”是什么意思？比如，如果我们现在用一张图片来讲解生词，这张图片只能帮助我们讲练一个或几个词语，它是“一维”的。但视频素材不同，一个视频片段首先是一个场景的再现，这是它的情景功能，这是第一个维度；此外，这个视频中的对话势必会包含大量汉语词汇、语法及句式，可以用于汉语语言要素的教学，这是第二个维度；另外，这个视频也一定包含着相应的口语话题，这是它的第三个维度；甚至有的视频还包含文化元素，那么它的维度就更多元化了。

可见，影视资料运用汉字、语音、图像、文化背景等手段，充分调动学生的视觉、听觉等多种感官，让他们多角度来接受语言信息，同时还能够观察非语言交际模式，如肢体动作、面部表情、声音暗示等。影视素材为教学创造了较为真实的语言环境，这个过程不是生硬的灌输，而是交流、对话、引导、启发和互动。

(二)影视素材应用于课堂活动的原则与要求

目前，市场上的影视素材丰富、品类繁多，但是并非所有的影视素材都能用于汉语教学。影视素材不同于传统的教学素材，其本身所包含的丰富信息需要多加筛选。以下将从选片原则、课堂实施具体要求以及视频素材应用这三个方面，并结合初级汉语词汇课教学进行阐述。

1. 选片原则

选片原则能够帮助教师从浩如烟海的影视作品中挑选出符合课堂活动设计和实施要求且有助于提升学习者汉语交际能力的影视素材。下面主要从语言表达、主题选择、阶段性、时长和情节方面阐述选片原则。

(1)语言表达规范、通俗易懂。

所选取影视素材的语言要为现代汉语普通话。现代汉语普通话是我国通用的官方语言，代表当代中国的国家面貌，国际中文教育选取普通话进行教学符

合我国国情。此外，为了满足初级汉语词汇课的教学需要，普通话的教学难度应较小，符合该课型需求。因此，选择影视素材时应避免其中包含方言、文言文、熟语和专业术语。

再者，素材中的语言组织要通俗易懂，引进视频素材本身就是为了减轻传统教学方法的压力，充分发挥出影视素材生动灵活的优势。区别于小众的、网络的表达，运用于教学的语言要通用且成熟。

(2)主题选择符合当代性。

中国在当今世界始终扮演着一个负责任大国的角色，致力于世界各国和平共处，共同发展。国际中文教学作为向外输出的文化交流，教学中采用的资源应该符合积极向上、轻松明快的主题，教师要优先考虑从国内优秀的影视作品中选取合适的素材。时代色彩过重的影视素材也不适宜选为教学资源，因为其中必然包含着大量的时代词汇，包含极为丰富的背景信息，会令初级阶段的学习者难以理解和消化。此外，带有强烈民族、政治色彩的影视素材会带来难以预计的文化冲突，极易造成理解误区，甚至引起负面情绪。

(3)素材选取符合阶段性。

除了主题契合当今社会以外，影视素材中台词的难易度也是筛选的重要指标。出于追求某些特定艺术效果的目的，影视作品中会出现口语的“变体”，对于初级阶段的外国学生而言，可能会对基础口语表达产生负面效果。对于初级阶段的口语词汇教学，教师在选择影视素材时应尽可能挑选语速较慢，对白、情节较为简单的部分，避免出现过多的长句台词，所教授的词汇以简单实用为主。

(4)情节选取兼顾文化差异。

国际中文教育作为一种跨越国别的教学，在教学过程中可能会出现产生文化障碍或者文化冲突的情况。因此，教师在选取影视素材时要保持高度敏感，但同时也要对文化差异保持理解、尊重的态度。教师如果不注意这种文化差异，可能会错误判断学生对所学知识的接收能力，进而影响学习效率。一旦触及宗教信仰，甚至会造成更严重的教学事故。

(5) 视频素材时长合理。

一节课的时长和进行课堂活动的时长有限，且视频素材运用的本质是为教师教学服务，所以教师要严格控制视频素材的时长。视频素材过长极其容易让学习者产生倦怠心理，课堂上精力集中度下降，教学效果大打折扣。如若视频素材过短，学习者还未进入所展示的场景素材就已经播放完毕，这样不仅没有达到播放视频的效果，而且耽误了课堂时间。所以，教师应该根据实际需求对视频素材进行适当删减、整理，运用于课堂活动的视频素材时长一般以 2~3 分钟为宜。

(6)素材音、画质清晰。

影视素材可划分为视频和音频两部分，选取原则需兼顾这两方面。视频要求画质清晰、色彩搭配适宜，色彩饱和度、亮度适宜，画面稳定，不会为视觉带来压力。声音方面要求音质清晰、响度适宜，杂音不宜过多，台词最好是对白或者独白。

(7)素材故事情节简单明了。

所选取的视频素材故事情节要简单清晰，最好能用一句话概括清楚；且人物关系需要清楚明确，初级阶段以 2~3 人为佳，高级阶段人物可适当增加。人物性别要有差异，方便学生辨识和教师讲解；人物换场次数不宜过多，确保不会给学生增加课文内容以外的学习压力；所截取视频素材的背景应简单明了，最好能用一两句话交代清楚，或者能够在视频中展现。

2. 课堂实施具体要求

(1)播放前。

教师需要对视频的内容、人物进行简单介绍。虽然影视素材能展示一定的语言知识，但毕竟是截取的片段，无法全方位将学生代入场景，其中出现的一些语法知识点甚至可能会给学习者带来困扰。因此，进行播放前，教师需要进行一定的解释引导，让学习者对视频素材中呈现的内容有更清晰的认识。

其次，教师在视频播放前应设计相应的问题，让学生带着问题看视频。问题结合教学实际需要，可以是关于语言的、人物的、情节的。问题提出者可以是老师，也可以是学生通过讨论交流自己提出。

(2)播放中。

对于视频中出现的重要节点，如语速相对较快的地方、发生语音流变的地方、出现重点生词的地方，与播放前所提问题有关的地方、台词文本中出现了省略的地方等，教师此时有必要暂停进行解释说明。此节点可能是学生理解会有潜在困难的。

(3)播放后。

播放完后，教师应该及时对视频中情节的大致内容以及台词文本中出现的重要句子和词语进行总结，这一环节教师可以让学生个人或者分组自行找出，然后教师再结合板书或者课件进行讲解。并且教师应及时布置练习任务，采取多样化、交际性的练习来帮助学生巩固、复习所学内容，比如角色扮演、配音、台词挖空等。

(三)影视素材应用于课堂活动的形式

1. 话题讨论

利用影视素材进行相关话题的讨论适用于中、高级水平的汉语学习者。对他们来说，在完成课文学习后，生词和语法点复习至关重要。为加强生词和语法点的复习课的生动性和实用性，教师可结合课文内容或当下中国社会热点话题，将其引入课堂进行讨论，实现复习课的教学目标。

在使用影视素材进行话题讨论时，教师应注意对影视素材的选取，尽量选择话题性强、能激发学生讨论欲望的话题，并引导学生对这一话题进行深入讨论。切忌堆砌过多花哨的材料，但给学生开口的机会却很少，也要防止视频时长，占用大量宝贵的课堂时间。建议播放的影视素材时长不超过 5 分钟，2~3 分钟为佳。

比如“相亲”这个话题，是国际中文教育尤其是高级阶段教学中，汉语口语或听力课中一个常见的话题，而很多外国学生也对这个话题特别感兴趣。

中国式相亲是什么样子的？在真实的相亲过程中，双方会怎么聊天？哪些问题是可以在相亲过程中问的，又有什么禁忌？通过相亲可以找到真爱吗？教师要教好这个话题，使用视频素材辅助教学是一个非常好的选择。比如电视剧《女大当婚》，它的主要内容是一对正在相亲的年轻人讲述自己“落单”的原因。这就适合作为高级阶段的听力材料，而且在此过程中可以顺便帮助学生学习“剩男”“剩女”这些社会热点词。

教师要在观看视频前的话题导入环节及观看视频后的话题讨论环节进行充分调动和准备，在学生讨论时注意激发他们对其他同学发表的观点进行批判和思考，并需要引导学生运用需复习的生词和语法点，从而达到更好的复习效果。

2. 接续故事

在放映一些情节性比较强或有戏剧性转折的影视片段时，教师可在情节转折处暂停，进行接续故事的课堂活动。该活动的实施步骤如下：

首先，教师需要在课前确定好目标影视素材。选择时需要注意结合学生年龄、汉语水平、文化背景等因素。确定好目标视频后，再确定要接续情节的视频片段。教师需要为学生介绍视频片段中的主要人物和前段情节，并在视频播放前做好适当的导入，引导学生对于与情节相关的问题发表看法。播放的视频片段时长建议控制在 2~3 分钟。

其次，视频片段播放完毕后，可先引导同学对接下来的剧情走向发表观点。活动可采用分组的方式进行，教师可根据视频片段出现的人物，要求学生进行角色扮演并接续故事。在学生进行准备时，教师可视情况为学生解答一些相关问题。在学生准备完毕后，可根据课堂安排和实际情况选择一些小组进行展示。

最后，在小组展示完后，可组织全班学生选出接续内容最好的小组，然后由教师对情节接续、语言表达、语言组织进行总结。

3. 复述故事

复述，是指在理解和记忆的基础上，根据一定的要求，把听到的话语或看到、读到的语言材料进行整理、加工，然后有重点地用自己的话叙述出来。复述的对象既可以是文章的精彩段落，也可以是整篇文章。复述既可以帮助学生建构良好的语言结构，培养他们的成段表达能力，也有助于学生积累词语，增强语感，增加知识储备。

国际中文教育的对象以汉语为第二语言，他们要从无到有地重新建立一套话语习惯，而且囿于学习时间和学习环境，他们的学习效果和以汉语为母语的学习者是无法相比的，在教学中运用“复述法”能极大地提高汉语学习者汉语学习的效率。

“复述法”按方式分为详细复述、简要复述和创造性复述三类。按内容分包括：结构复述法、情节复述法、线索复述法、提纲复述法、词语复述法、问题复述法、画图复述法、想象复述法。其中适用于视频复述的包括情节复述、词语复述、问题复述、画图复述。

“情节复述”针对剧情清晰的影视视频，要求复述者把握事件发生、发展的过程；“词语复述”区分视频性质，要求复述者根据写人、状物、叙述、绘景等不同类型把握相应的关键词，据关键词把握视频脉络从而达到复述的目的；

“问题复述”要求复述者根据视频内容设计一套连贯性问题进行复述；“画图复述”要求复述者根据视频内容画出图，据图复述。

视频复述相比较文本材料复述调动了眼、耳、感多重感官渠道，学生能对要复述的目标材料得到更完整的认知，进而实现对已有语言知识的积极调动和运用。

视频复述的操作方法如下：

(1)教师根据复述目的节选影视中的片段作为复述活动的材料。作为复述活动的视频片段时长一般为1~2分钟。随着学习者汉语水平提高，时长可酌情增长。在观看视频前应有导入环节，教师组织学生对将要观看的视频内容进行预先讨论。

(2)教师在学生观看视频过程中可在情节衔接或转折处、记叙的不同环节处暂停，将复述需要用到的提示词写在黑板上，或用课件展示。教师也可对复述时需要用到的句型进行提示。视频可重复多次观看。

(3)视频观看结束后，可给学生一定的准备时间，教师在此过程中进行相应的引导和帮助。准备时间结束后，教师请一些学生进行自主复述。最后可由学生互评，并由教师进行总结，从复述内容的完整程度、关键词语和句型的使用率等方面进行评判。

在使用视频复述这一教学方式时，教师需要注意：

(1)要正确引导。复述前要帮助学生概括视频大意，理清视频脉络，使学生从整体上认识视频内容，帮助学生写outline。在刚学复述的阶段，教师还要给学生示范如何进行复述，让学生由使用关键词、图表、outline等提示复述过渡到独立复述。

(2)灵活使用形式多样的复述方法。教师要针对不同的教学和学习内容采用不同的复述方法，确保形式多样，气氛活跃。另外，还要根据学生自身的知识水平给出一定程度的提示。对于基础较好的学生，可叫他们独立复述或根据文章内容进行创造性复述等；对于基础较差的学生，教师可给出重点词或重点句等提示，确保学生的学习自信心和学习兴趣。

(3)注意使用新词汇和新句型进行复述。如果学生在复述时太随意使用语言，很有可能用不上所学的新词汇和新句型，达不到学习和巩固的作用。长此以往，学生学不到新的知识，语言表达能力没法得到充分发展。因此，教师要注意向学生强调使用自己的语言外，还要引导学生尽可能用课文中出现的新词汇和新句型进行复述，以达到巩固所学语言知识的目的。

(4)注意鼓励。只要学生能开口复述，无论复述出多少内容，有无错误，教师都要给予肯定的评价和鼓励。另外，教师在学生复述过程中出现错误时，不要中途打断，等学生复述完毕后，再给予更正。并且教师在纠正错误时注意不要挫伤他们的积极性，尽可能使每个学生都有信心参与复述活动。

4. 情景剧表演

根据视频内容进行角色扮演和情景剧表演是一种体验式的教学方式。主要包括：教师引导、学生参与实践、师生感悟交流这样三个方面，即通过以“行动”为中心的学习方式促进学生知识、能力、情感的发展，这是一种以学习者为中心的人性化的教学方式。它是以促进学生以发现学习为主的一种教学方式，体验的本质是实践，是引导学生在经历中体验生活、感悟人生，通过对爱憎苦乐、成败得失、是非善恶的经历和体验，实现知、情、意、行的和谐发展。

在国际中文教育中，应用情景剧表演是寓教于乐教学形式的体现。这主要体现在以下几点：第一，学生在排练、表演情景剧的过程中体会到了学习汉语的乐趣，激发了继续学习汉语的兴趣，调动了学习汉语的积极性。第二，学生们排练情景剧且交换意见的过程能够提高说汉语技巧，培养其使用汉语的能力。第三，以组为单位的情景剧表演能够提高学生们合作学习汉语的能力，使其意识到合作的重要性，切身领悟中华文化中自古以来包含的合作精神。第四，情景剧表演的应用改变了学生在传统教育模式中的被动学习状态，改变了课堂上以教师为主体的传统教学形式，开展培养学生能力的新型教学方法，使学生学会主动学习，增强了学生的学习热情。第五，情景剧表演创造了真实的交际场景，提高了学生无法从书本知识中获取的实践应用能力。与情景剧表演活动效果类似的还有影视配音。

情景剧表演应本着“张弛有度”的方针，遵循以下教学原则：

(1)突出教学目标。

情景剧表演的首要目的是锻炼学生的语言应用能力，帮助学生巩固和提高需要掌握的语言技能。情景剧表演与教学内容紧密结合，作为辅助教学形式，它可以融入娱乐性、流行性等元素，但是不能本末倒置，更不能与教学目标背道而驰。

(2)开展“阶梯式”表演。

教师根据学生汉语水平的差异，进行“模仿表演”“既定表演”“创造表演”

等有针对性的表演形式。针对初级汉语水平的学生，可采用“模仿表演”的形式。学生通过模仿和表演视频片段，使汉语不断地输入、输出，并在此过程中释放自己的情感，激发学习汉语的热情。针对中级汉语水平的学生，可采用“既定表演”的形式。学生在限定范围内完成表演的同时，体验使用汉语交流所产生的乐趣。针对高级汉语水平的学生，可采用“创造表演”的形式。学生按照教师给出的视频片段内容发挥自己的想象空间，接续创造，或者添加现代元素以新的视角进行重新演绎，使其汉语交流能力上升到一个新的高度。

(3)体验中华传统文化。

在排练的过程中，不断丰富其中华文化知识，使学生们学习中华才艺、领悟华夏文明。

(4)恰当分配角色。

教师要根据学生们的汉语水平、特长等综合因素调动每一名学生的积极性，使内敛的学生获得表现的机会、活跃的学生拥有更大的发挥空间。

(5)重视表演考核。

情景剧表演的目的是提高学生的汉语水平，因此，教师要从语音、词汇、语法、文化内涵、主题意义等多方面进行考核。对于高级汉语水平的学生，可根据其表演情况颁发最佳编剧、最佳表达等奖项。

(6)控制表演次数。

情景剧表演需要学生们的排练及教师的辅导，占用了较多的课余时间。因此，一学期安排情景剧表演的次数不能超过 2 次，一般可作为期中、期末的汉语学习展示比赛。

以初级阶段为例，情景剧表演的操作步骤如下：

首先，教师选择适合进行表演的影视素材，素材需要人物性格鲜明，语言生动活泼，中国文化元素明朗。教师在选择目标素材时可结合学生兴趣，还要确定表演素材中需了解、掌握的词语和主要句型。正式开始前，教师导入目标视频，阐述什么是“模仿表演”，并确定主要句型教学目标。观看视频前，教师需对视频中出现的生词、语法、句型进行讲解，并对视频主题内容进行阐释。接下来学生观看目标视频，并分享观后感。

观看后，教师根据视频人物角色进行分组，组内进行角色分配。学生再次观看视频，并进行交流讨论。情景剧排练在课后进行，教师可进行协助。正式表演结束后，学生互评，教师进行点评总结，并听取学生的反馈。

5. 语言要素操练活动

(1)词语操练。

视频素材也可以用来复习已经学习过的词语，例如，汉语教师刘志刚在他的公众号“麻辣汉语”中分享过用视频素材设计的听力练习，这个活动深受学生欢迎，活动名叫作“What I hear”(我听到了什么)。

活动实施前，教师需要给学生每人一块小白板和一支马克笔，如果没有小白板，可以让学生自己拿出白纸代替。

然后给班里的学生播放一段小视频，要求学生看完后写下他们听到的已经学过的词语。比如，今天班里的学生刚学习完了“数字”单元，学完了一到十，或者是一到一百，就可以给学生播放一段包含有数字的视频，然后让学生在白板上写下他们听到的数字。

学生写完之后可以做“宾果”游戏。即由教师或一个学生轮流说出一个自己记录下的数字，班里的学生的白板上如果也有这个数字，就一边喊“Bingo”一边把自己的答案擦去，这个环节是学生最有成就感和最喜欢的环节。因为学到“数字”单元的学生几乎都是初级水平，所以当他们听到来自中国影视作品中的数字并能够准确写下来的时候会非常有成就感。

这个课堂活动也可以衍生变化出很多种不同的内容和形式，可以让学生听数字，也可以让学生听诸如“谢谢”“你好”“对不起”“再见”等之类比较简单的词语。

依据视频素材设计的课堂活动，视频素材本身的水平不一定要与学生水平相符。比如听数字的课堂活动，视频素材的整体难度可以高于初级水平。教师可根据活动设计的教学目标和内容灵活把握。

(2)语法操练。

在学习表位移和表处置的“把”字句时，教师也可以选择动作意味强烈的短视频，请学生用“把”字句来描述视频中人物的动作。需要注意的是，运用视频进行语法句型练习时，视频本身不宜过长，以免学生分散注意力，单个视频时长建议在1~2分钟。教师可先带领学生从头至尾预览一遍视频，再和学生一起将表达该句型需用到的生词写在黑板上或用课件展示，接下来再请学生运用目标句型进行表达，形式可以是接续式，也可以是两组竞争式。

比如，练习“把”字句时，一个比较好的视频资源是憨豆先生的《装不下的旅行箱》。视频主要内容是憨豆先生将要出门旅行，正在收拾行李箱，在描述这件事时需要用到“把”字句。比如“他把裤子放进箱子里”“他把鞋子放进箱子里”“他把裤子剪短了”“他把瓶子拿出来了”等。

(3)汉字操练。

同理，视频素材也可以用来复习汉字。比如水墨动画《三十六个汉字》当中出现的都是简单的象形字，这三十六个象形字前后连贯成了一个完整的故事，可以帮助学生形象地理解“象形字”这个概念。在观看这个视频的时候，教师可以给学生布置这样一个活动“不许做笔记，在视频观看结束后一人说一个或写一个片中的象形字”，此活动可以迅速调动课堂气氛，学生参与的积极性和观看视频的专注度也会很高。

(四)如何搜索利用视频资源

视频网站大致分为两种：一种是以视频资料的上传和分享为主的网站，如优酷、爱奇艺等；一种是采用 P2P 等将传统媒体或是影视节目制作单位所提供的内容进行直播或点播，如 PPTV 等。

常用的视频搜索引擎有百度视频搜索(vedio. baidu. com)、搜狗视频搜索(v. sougou. com)、搜酷(www. soku. com)等。百度应用中的 PPTV 可以在线实时播放中国各地电视节目并能显示节目单，是指导外国学生体验感、受中国文化的一个窗口。

此外，一些资源站点也有不少视频资源可供国际中文教育课堂教学使用，以“汉语拼音”搜索为例，各大引擎都可以搜到丰富的教学资源，教师可以根据视频长短、发布时间、来源等进一步筛选以满足不同课型的需求。同样，还可以在专门的国际中文教育网站浏览和搜索高质量的教学和学习资源。以中文联盟(chineseplus. net)为例，主页“课程中心”有慕课和微课两种课型可供选择，慕课中有“HSK 标准教程”、YCT 标准课程、当代中文等多种课程；微课按照学习者年龄进行了课程分类，包括儿童、少年、成人课程。

教师也可以把视频网站作为作业和考核的方式，比如让学生分组自制口语会话，谈论新闻等话题，上传到 YouTube 等视频网站作为考核项目，这种方式不仅激发学生学习兴趣，还可以促进学生互动式、探究式的学习。

第二节　网络教学资源的使用

网络资源，是利用计算机系统通过通信设备传播和网络软件管理的信息资源，包括网络教学资源和网络学习资源。网络教学资源指在网络层面的支持系统、教学材料和人员、教育的环境。网络教学资源包含了网络题库、试卷、网络课程、教学案例、网络媒体素材、常见问题解答等。而网络学习资源，是指通过互联网的平台及计算机传播传递给学习者的相应的学习内容。

“互联网+”时代，移动学习成为当前流行的新型学习方式。智能手机等移动通信设备使我们获取教育信息、教育资源和教育服务变得更加快捷。网络教学资源提供丰富的讯息，具有便捷性、交互性等特点。学生只要打开网络就可以获取海量资源，就可以做到“时时可学、处处能学”。

结合网络教学资源开发设计国际中文教育课堂活动甚至课后作业，不仅顺应了网络化互动式教学发展趋势，同时也在一定程度上丰富了国际中文教育的教学内容，是实现教学与技术相结合的理想选择。

一、网络教学资源的优势

（一）丰富性

网络教学资源集科技与资讯于一体，涵盖日常生活的方方面面。这使学生能在有限的时间内体验购物、交通、健身等丰富场景，并能进行许多在课堂上无法操作的线上活动，使他们加深理解同主题内容，促进学生主动参与和表达。

（二）趣味性

网络教学资源能使教师在设计教学内容环节时，结合线上线下，做到跨空间、多渠道。同时，学生通过点击视频、动口模仿、纠错学习、展示作品等多种有趣生动的形式，真正做到将知识运用到实践中去，与生活实际相结合，体现学以致用的教学理念。

(三)交互性

网络教学资源如各类汉语学习App、汉语网络学习平台大多设有自己的互动交流渠道，供学习者交流自己的学习经验与问题，组建兴趣小组，互相督促、共同进步。

(四)文化性

世界上每一种语言都是各自文化的载体，独立于文化之外的语言是不存在的。要掌握汉语就必须注重汉语学习中蕴含的文化因素教学。汉语学习App及教学平台以其独特的优势将中国文化中的音乐、艺术、历史等知识以音频、图片、视频、微课等方式展现出来。这种直观的学习方法可以让学习者更加清晰地了解中国文化，激发他们的汉语学习兴趣。

二、网络教学资源在汉语习得过程中的运用

(一)网络教学资源在汉语习得过程中运用的理论基础

1. 非正式学习理论

学习包括正式学习和非正式学习两种基本形式。而非正式学习是指正规学校教育和继续教育之外，在工作、生活、社交等非正式学习时间和地点接受新知的学习形式。在网络资源的运用中，非正式学习不仅取消了教师的监督作用，而且符合学习本身的规律，它能让学习者持续不断地学习，且其效果更容易迁移到实践之中。

移动学习类的App具有学中玩、玩中学的特征，为人们的非正式学习提供了时间与空间的便利。学习者自我发起、自我管控、自我检查以攻克知识难点，极大地扩大了知识的传播面。

2. 游戏化学习理论

游戏化学习理论就是采用游戏化的方式进行学习，定位于目前比较流行的教学理论和教育实践，在课堂教学上使用较多。该理论将游戏与教学进行结合，使得学生能够在一种轻松愉悦的氛围下学习、探索知识。这种游戏理念符合人类本性，将有效且高效地提高学生的学习水平和效率。

游戏化学习的表现形式主要有线下和线上两种。以App和教学平台为中

心的设计和科学应用，将游戏化学习理论应用于线上教学中，促使教师作用明显降低，学生改变了其原有学习观念，能够以零压力的状态投入到学习中，这无疑将有益于学生学习的积极性。

(二)汉语学习网络资源简介

1. 汉语学习 App

王敏(2015) 认为，汉语移动学习 App 指的是移动智能终端中为汉语学习者提供服务的应用软件，它们针对汉语学习某一主题内容或综合内容提供服务，类似于英语学习工具中的有道词典、掌中英语等①。

刘华(2020)将满足不同学习要素需求，提供相对完整学习内容，并能帮助学生自主学习的 App 归纳为主题资源类，涉及拼音、词汇、句子、语法、会话、课文等单个或多个方面的内容；满足课外学习辅导的学习软件归纳为辅导资源类，包括课后练习、试卷、词卡等方面的内容；满足词语查询、词语翻译等多方面内容的归为查询工具类；满足汉语学习过程中的交流互助合作要求的归纳为交流互动类；最后一部分归为文化综合类，没有涉及具体主题，主要提供中文信息、新闻、中国文化等方面的内容②。并在苹果应用商店教育类应用中调查了 506 个汉语移动学习 App。在资源类型上，词汇、汉字类 App 最多，其次为通用课程类 App。除了专业的汉语学习 App 外，一些教师也尝试把非专业的网络工具用于汉语教学，如问卷星、微信等。

郭晶(2021)统计，根据 App 排行榜[七麦数据(https：//www.qimai.cn)是国内专业的移动推广数据分析平台，覆盖全球 155 个国家/地区的 App Store、Google Play 及国内八大主流安卓市场]的排名情况，在世界范围内用户数量较多的 App 有 Duolingo、Quzilet、HelloTalk、Drops、Tandem、lingodeer、Fluentu，也有一些总排名虽然靠后但上榜次数较多的汉语 App：综合类 App，如 HelloChinese、Chineseskill；汉字类 App，如 Chineasy；考试类 App，如 HSKOnline；阅读类 App，如 Du Chinese-Mandarin Reading③。

---

① 王敏. 面向智能终端的汉语移动学习软件调查与设计[D]. 广州：暨南大学，2015：25-40.

② 刘华，王敏. 汉语移动学习 App 现状与需求调查研究[J]. 海外华文教育，2020(2)：25-41.

③ 郭晶，吴应辉，谷陵，等. 国际中文教育数字资源建设现状与展望[J]. 国际汉语教学研究，2021(4)：86-96.

(1)查询工具类

查询工具类汉语学习 App，以词典与翻译助手为主，是汉语初学者的必备工具。词典工具类最有代表性的 App 是 Pleco，它是美国 Pleco 公司开发的一款适用于不同汉语水平学习者且功能丰富的 App。除词典功能、搜索功能等免费功能外，还提供付费词典、词语表、笔画表等付费服务。除 Pleco 外，普及率较高的词典类汉语学习软件还有 TrainChinese、Naver、Hanpin Chinese Dictionary 等。

翻译工具 App 中，百度翻译与谷歌翻译用户较多，且具有较强的地区性。由于网络等原因，中国境内汉语学习者使用百度翻译的人数较多，而国外的汉语学习者则更多使用谷歌翻译。两款翻译类 App 功能相似，以百度翻译为例，它提供免费在线翻译服务，支持 28 种语言，具有实物翻译、语音翻译、文言文翻译等特色功能，但并没有包括马来语、印尼语、老挝语在内的东南亚国家语言。除了上述两种 App，翻译工具类还有金山词霸、Itranslate、小尾巴翻译官等。

(2)主题资源类

主题资源类 App 主要特点为方式多样化，将语言学习过程融入游戏，学习形式灵活，可操作性强。Chinese Skill 目前在此类软件中用户人数较多。该 App 针对零基础汉语学习者，沿用 Duolingo 教学机制，将语言知识点设置为游戏关卡，帮助学习者反复练习，但学习内容缺乏挑战性，能够满足初级学习者的学习需求，但无法满足中、高级学习者的学习需求。练习听力的常见 App 有 All Set Pinyin、HSK 听力；练习口语的常见 App 有正音千里行、Nemo 中文等。

主题资源类 App 中，应考型 App 的功能最为完善与强大。此类软件从真实备考环节出发，依据学生水平制定学习计划，全面辅助考生有效备考。HSK online 是该类 App 的代表，其包含了 HSK 中国官方汉语水平等级考试 1~6 级全部考试内容，适合参加孔子学院标准普通话课程或其他汉语课程的学习者使用。考试类汉语学习 App 还包括 Hello HSK 等。

(3)文化综合类

文化综合类 App 将语言与文化相结合，帮助学习者通过中国文化来学习汉语。此类 App 大多数不直接提供汉语学习内容，而是发布国际汉语教育领域相关消息和活动。《孔子学院》在此类 App 中应用情况较好。它是一款多语种期刊杂志阅读平台，主要用户为全球孔子学院师生，以展示中国文化为主，用户可定期查看中国文化知识并进行线上学习咨询。此类 App 还包括《你好中国》

《说文解字》《讲故事说汉语》等。

2. 汉语学习网络平台介绍

现阶段，国内外一些高校、公司或个人在网络技术的支持下建立了各种形式的教学网站，开展远程汉语教学。郭晶(2021)统计，目前国内外中文教学网站共404个，包括机构类网站109个、素材类网站106个、课程类网站82个、工具类网站68个、教学类网站18个以及其他类网站21个。

其中较有影响力的有北京语言大学创办的“网上北语(http://www.eblcu.net/)”，华东师范大学创办的“汉语网（http://www.hanyuwang.com/)”，美国太平洋大学亚洲研究中心创办的“eChineseLearning（http://www.echineselearning.org/)”以及加拿大“我的中文网”网络公司创办的“MyMandarin（http://www.mymandarin.com/）”。这些网站都有“汉语学习”的功能。以“网上北语”为例，凡是由于各种原因不能进入正式课堂学习的人，都可以进入网站注册成为“网上北语”的学生。“网上北语”的课程内容与实体课相同，有学历课程和非学历课程两类，并设有中、英、日、韩四种语言版本。学生学习以后，在学校规定的时间和地点集中考试，取得学分。这是目前基于网络的远程汉语教学的一般模式，这种模式学习方式灵活、课件规范，并有教师答疑。

除此之外，短视频网站中文教学资源逐渐成为颇具活力的新资源类型。以YouTube为例，该平台上的中文教学视频资源生动有趣、方便获取而且成本低廉，它已成为世界范围内普通民众接触、了解、学习中文的重要渠道之一。这类视频资源将成为国际中文教育数字资源的重要组成部分。YouTube上的免费中文教学视频内容全面、丰富，全方位涵盖了中文语言要素、语言技能和文化教学等内容，还有专门针对HSK而推出的分版块的中文视频课，同时也表现出了侧重日常交际表达和跨文化交际内容的情况。

3. 常用汉语学习网络资源介绍

(1)Chinese Skill

Chinese Skill是一款面向外国人的中文学习软件。它的特色是将汉语学习内容按照主题分类，从“Hello”“My Family”到“Business”共75个主题，每个主题包含此场景下常用的句型，该句型包含需要掌握的汉字。它可满足零基础和中、高水平学习者的汉语学习需求，适用于日常生活。在学习完相应主题后，学习者在Review环节中可对已学习的主题进行复习，复习包括汉字、词汇和语法三个部分。学习按照关卡解锁的方式进行，前面的学习未完成将不能进行后续学习。

在这个软件中，学习者点击一个词语，界面就会出现其他链接，分别显示该词语的拼音注音、读音、英语释义、句子练习以及语法知识点，并且附带汉字的书写动画。它会一笔一画地教学，学习者反复练习，在练习过程中根据个人的掌握程度也可选择是否出现语音、笔画的提示等，加深学习者对该词语、句子和知识点的印象。

Chinese Skill 还对不同母语的学习者进行了语言划分，包括英语、日语、韩语等 14 种语言，可为全球大部分汉语学习者选用。

在学习的课程方面，Chinese Skill 包括四类课程，即 HSK 4 的备考课程、强化汉语技能的游戏课程、包含两百多种实用生活场景的口语对话课程以及拼音和发音课程。学习者也可根据自己的水平选择初级汉语课程或是中、高级汉语课程。

教师可利用 Chinese Skill 的游戏环节进行线上或线下的课堂活动操练。Chinese Skill 的游戏包括词汇、语法、短语和综合性四类。词汇游戏包括"Word Express 英汉词语配对""Memory Castle 听中文选择英文""Drifting Letters 从一组汉字中根据英文释义选择中文词语"。语法游戏包括"Grammar Tunes 句子判断对错""Space of Counters 选择正确的量词"。短语游戏包括"Phrasal Construction 根据中文释义选择正确的短语""Stream of Phrases 挖空选择短语中确实的汉字"。综合性游戏包括"Speed Reply 根据听到的问句选择合适的答句""Match to Advance 根据句子意思选择与之相符的答案""Dialogues 根据听到的对话选择正确的答案"。游戏种类比较丰富，可以适用于多种课程。

(2) HSK online

HSK online 是一款专为通过汉语水平考试而开发的，针对其他语种学习者的智能教育学习软件。学习者可针对自己的汉语水平选择相应的界面进入。应用包括全真题、模拟题、词汇训练和听力训练，并有专门相应水平等级打造的"轻松过"单元课程。以 HSK 4 级为例，包括 7 个单元的课程，每个单元课程包括相应等级的生词、语法、听力专项训练和综合训练。

以词汇练习为例，600 个 HSK 4 级新增词汇被分为了 56 个关卡，每个关卡 10 个生词左右。第 1 关的生词包括"使、够、减肥、可是、苦、辣、挺、效果、邀请、因此、质量、研究"12 个生词，每个生词包括拼音、汉字、词性、例句、汉字书写，可进行跟读。词汇学习完后可进行词汇练习，选择与汉语词义相应的中英文释义，或根据听到的句子选择画线处应填入的词语。听力训练包括四个部分，分别为判断对错、两句对话题、多句对话题、短文题。

（3）Super Chinese

Super Chinese 为汉语学习者提供汉语能力快速测试、学习计划定制、个性化汉语学习产品及服务等功能。以 Level1 为例，包括介绍自己、询问身份、国籍、家庭成员、数字、日期等 24 个课程，每个课程内包含生词、语法、课文和小测试。

以第一课“介绍自己”为例，包括“你、好、我、叫、是、学生、工程师”共 7 个生词。每个生词的学习内容包括拼音、汉字、朗读、词语搭配、图片搭配、复述句子。当所学词语可以成句时会同时学习相应的句子，比如在学习完“你”和“好”后，同时进入“你好”的学习；在学习完“是、学生”后，同时进入学习“你是学生”句子的学习。将字、词、句打通。在学习后面生词的同时会对前面已学生词进行复习，比如在学习最后一个生词“工程师”时，会用配对的练习对“学生、是、工程师”三个生词进行复习。所有生词学完后，将进入综合练习。

第一课“介绍”自己的语法句型为“S+V+O”句型，学生结合例句并排词成句，将词语放入句子中的正确位置对句型进行进一步熟悉。在全部课程内容学习完后将有针对本课内容的小测试。

（4）Quizlet

Quizlet（www. http：//quizlet. com）由 15 岁美国学生 Andrew Sutherland 创建，它是一款适用于所有语言和所有科目的记忆学习工具，于 2005 年推出。教师可利用该工具创建“学习集”或进行搜索，直接使用其他教师创建的“学习集”。“学习集”即带图、文、音的电子词卡合集。创建完成后，教师引导学生靠该工具的七种练习、学习模式实现学习。该工具分为免费版和教师升级版，教师升级版提供多项选择问题选项、自定义图片、跟踪学生学习进度、自定义音频等功能。Quizlet 除了网页版，也开发了手机应用 App，各大手机应用商城均可下载。Quizlet 在国际中文教育中，非常适用于词汇教学。教师以工具中的功能帮助学生预习、学习或复习词汇。

Quizlet 主页界面的主要导航包括“主页”“你的文件库”和“创建”，如图 8-1 所示。依次点开三个导航，其展示内容相同，依次为“学习集”“文件夹”“班级”三项。“学习集”是 Quizlet 的主要内容，是教师在该网站创建的电子版词卡合集。“文件夹”用作存放、整理“学习集”。“班级”为模拟班级，以供教师共享“学习集”给学生。

根据 Quizlet 的导航，将 Quizlet 的功能分为三项：创建词卡、学习词卡、反馈追踪。

图 8-1　Quizlet 主页界面

①创建词卡

创建词卡即创建“学习集”。在国际中文教育的传统课堂内，词卡是非常重要的学习工具，除了教师亲手制作实体词卡外，也可以使用该工具制作电子词卡，词卡包含中文、释义、拼音、图片、音频等多项内容，并且该网站支持导出、打印教师制作的词卡。

②学习词卡

教师打开自己创建或其他教师创建的“学习集”，学生可以选择喜欢的学习模式进行学习，学习模式主要包括学习、词卡、书写、拼写、测试、配对、重力、Live。学生完成这些练习后，教师端可以查看相关统计数据。本书对这些学习模式分别进行介绍。

a. 学习

学习模式帮助学生对“学习集”内容进行初步学习，系统给出学习集里的词汇拼音或释义，学生需要选择对应的中文。如果回答错误，程序会立即反馈正确答案，学生需再次答题，正确选择每个问题两次以上才算完成。学生打开学习模式后先点击右上角设置问题类型，包括词卡、多项选择和书写。并且还需设置相关参数，如是否自动播放音频、回答语言，是否需要更正选项。学生还可以输入测试日期，Quizlet 将提供自定义学习计划。每轮学习完成后会显示学习信息：哪些词是熟悉的，哪些是需要继续加强的，哪些是完全不认识的和整体完成进度，直到整体完成进度为 100% 方可结束学习。学习信息对于学生了解自己的学习状况有极大帮助。

b. 词卡

该模式是以词卡的形式呈现"学习集"内容，词卡都有正反面，分别为词语、定义、拼音或图画，学生可以自行设定正反面内容。操作十分简单，学生使用 Quizlet 手机应用，设定参数后开始学习词卡。点击词卡查看词语、定义或拼音，学生可根据自己的掌握程度滑动词卡，需要再次学习向左滑，该词卡便会再次出现，滑错点击左下角撤销，右下角为自动播放按钮。词卡带有音频，学生可选择是否需要播放音频，词卡非常适用于学生课后复习词汇。

c. 书写/拼写

网页版的书写功能无须学生输入汉字，可直接选择汉字，如图 8-2。拼写功能要求学生根据音频选择正确的汉字和拼音。手机应用 App 略有不同，只有书写模式，学生通过教师设计的图片和释义输入汉字或拼音，在此过程中，也训练了学生汉字拼音的输入能力。

d. 测试

采用测试模式时，系统会根据"学习集"的内容随机生成不同题型组合的试卷，主要包括判断对错、多项选择和书写三种。每完成一道题，系统会显示正确答案。学生提交试卷后，系统自动评分、讲解。学生端会收到分数、正确率以及错误的词汇，教师端可以收到所有学生的分数、排名、分数区间比例、错误率等相关情况报告。相比传统测试，利用 Quizlet 测试节省教师修改试卷时间，且数据更加准确完整。但该模式仅适用于学生已经非常熟悉"学习集"的内容后。

e. 配对

配对是类似于"消消乐"的游戏模式，该模式带有计时功能。学生需要将所有出现在页面的词语、定义或图片配对。配对正确，卡片消失；若配对错误，卡片不会消失，用时将会增加。完成后，界面将会显示学生的完成时长、分数排名，并自动为学生配对可进一步挑战的同学。这是一种帮助学生高度集中注意力进行学习的模式，在此过程中也培养了学生的竞争意识。

图 8-2　Quizlet 网页版书写模式

f. 重力

重力也是一种游戏模式，学生只能在网页版完成，该模式主要锻炼学生词汇的拼写能力。开始前，学生需先进行参数设置，可设置游戏难度。该游戏模拟星球场景，每颗行星上有一个词，行星会匀速向下掉落并撞击地球。学生则需要在行星撞击地球前正确拼写对应的词或英文，行星才会消失。回答错误或未作答，系统会自动显示正确答案。

如果学生同一个词语回答错误两次，红色的行星将会摧毁地球。这个模式难度较大，综合考查了学生对学习集内容的掌握程度，帮助学生提升拼写能力和反应能力。

g. Live

Live 是一种具有协作性和竞争性的游戏模式，只有教师发起，学生才能参与。开始前需分配小组，可随机划分或个人成组。教师设定问题和答案的组合方式。设定完成后，教师端的页面会显示进入游戏代码和二维码，学生可以用 Quizlet 手机应用扫二维码，或在网站中输入游戏代码进入游戏。进入游戏后需输入名字等待其他同学，在等待期间学生还可以在手机页面进行学习。如果是单人对决模式，则至少需要 3 名玩家才可以开始游戏，第一个正确回答所有问题的玩家获胜。答错则进度清零，该小组需重新开始答题。学生根据分组聚集在一起答题，在答题过程中学生们可以看到每个小组的完成进度。该模式伴随着紧张的音乐氛围和小组的激烈竞争，学生会更加积极投入汉语学习，同时也增强了同学间的合作学习。

在将 Quizlet 引入课堂时，教师需要注意以下方面：一是小组比赛的形式更适合在单元总结时使用，每课的词语复习仍推荐以 Quizlet 常规卡片认读、中英文对对碰、拼写通关、小测验等形式进行；二是比赛过程中教师可巡视教室，观察学生答题情况，杜绝答题时出现不规范行为。

③追踪反馈

当教师布置完 Quizlet 任务，学生完成任务后，系统将自动反馈排名、分数等数据给学生，让学生自主学习，为教师节省督促时间；同时，系统会实时对每项任务完成进度进行监测记录，生成统计数据，为教学评价提供数据支撑，以作为学生考核的依据。

(5)中文天下

中文天下(Yes! Chinese)，又名朗朗中文，该网站是集大量教材、课程和资源为一体的一个综合性网站。在教学资源中有大量中文学习教学辅助工具，主要包括六大类：写字练习、繁简转换、中文转拼音、快乐识字卡、多媒体阅读和互动练习题，后三类供中文教师根据教学内容自行设计制作使用，本节将主要介绍后三类功能。

①快乐识字卡

教师可以在线制作中文词卡，包括点读字词卡、个性字词卡、教学字词卡、功能卡、游戏卡、打印卡六种类型的卡片。生成的卡片包括朗读、解释、图片和例句等内容，并且均可打印使用。

②多媒体阅读

教师还可以在该平台制作多媒体阅读的段落文章，实现实时段落朗读以及在线词卡学习，并可以在段落文章中输入文字、图片和声音等内容。教师可制作讲解和说明、看图说话、图画故事、分段文章、韵文短语、对话这六种类型的段落文章。

③互动练习题

“中文天下”可制作互动游戏和练习工具，教师可以根据自己的教学内容配合丰富的题型和强大的功能制作出网络互动练习题。题型包括听力题、选择题、判断题、连线题、写字题、阅读题、写作题和游戏题这 8 种。每种题型包含不同的题目。

相比教学平台的练习功能，“中文天下”提供的练习方式丰富多样，符合练习多样性的要求，能够帮助国际中文教师达到“精讲多练”的教学目标。除此之外，“中文天下”的教学工具繁多，线上资源对国际中文教育更具针对性，练习形式也更适合中文学习者且游戏类练习带有趣味性，将其运用于线上中文教学可以构建“寓教于乐”的线上教学环境，使学生更加投入练习。

4. 汉语学习 App 在课堂活动中的应用

课堂教学的内容主要包括词汇教学、语法教学，将教学工具融入中文教学有多种方式。

(1) 词汇教学

Quizlet 可以贯穿整个线上词汇教学过程，在讲解生词前，使用 Quizlet 的词卡代替传统教学中的实体词卡和教师课件展示生词。展示词语的语音和词形，学生通过词卡自带语音来感知生词的声音。最后教师再展示生词的音和形，组织学生认读。在讲解生词环节，词语意义是词汇教学的重点，教师需要解释词义，在这个过程中教师仍可沿用词卡使用图片展示法解释词义。

词语操练环节，学生也可使用 Quizlet 的配对功能通过连线匹配词的译文和读音进行词形感知练习，如图 8-3 所示。在学生自行复习过程中，教师在线下课堂可以在教室巡视监督，对基础较弱的学生提供帮助。游戏结束后，教师可选择将分数排名公布在屏幕上。通过匹配进行复习的方式相对有趣，也能使学生的自主学习能力得到提高。学生在线上学习时也可以使用 Quizlet 的学习功能或匹配功能自行学习词汇。在使用学习功能时，学生可以查看学习进度，了解已掌握的词以及需要加强练习的词，从而自行监督学习。

Quizlet Live 也可运用于词语的复习和操练。教师进入 Quizlet Live，选择事先已经建好的词卡组，创建比赛。系统自动生成代码后，教师要求学生在自己的设备上进入活动页面，输入代码，加入比赛。系统会随机将全体学生分成若干组，并配置不同的组名。学生的电脑会显示自己所在小组的信息。教师可鼓励学生按小组重新就座，开始比赛。比赛过程中，各组每个组员需要对词语的音、形、义做出正确判断，整个小组才能得分。只要选错一个答案分数就会清零。教师电脑屏幕上只以进度条的形式显示各组答对题目的数量。

图 8-3　学生在 Quizlet 进行词语匹配练习

Quizlet 创建比赛的唯一门槛是出于分组考量，比赛参与者不得低于六人。每次比赛系统都会对参与者进行随机分组，如有必要，教师还可对分组结果进行调整。

教师也可通过“中文天下”的练习写作题功能，设计造句专项题。学生通过造句模仿练习掌握这一关联词的用法，如图 8-4 所示。

(2)语法教学

语法操练方式非常丰富，包括机械练习、有意义的练习、交际练习或通过游戏和课堂活动进行练习等。使用“中文天下”的互动练习功能，可以在写作题中找到扩展练习题，教师可以利用该题型设计词汇扩展和句子扩展，帮助学生通过模仿扩展，掌握语法结构。

教师课后布置作业或实施教学评估也可借助教学平台和工具，可借助 Chinese Skill、Super Chinese 的游戏和小测试，选择和本次课程相关的课文内容，帮助学生进行复习巩固。

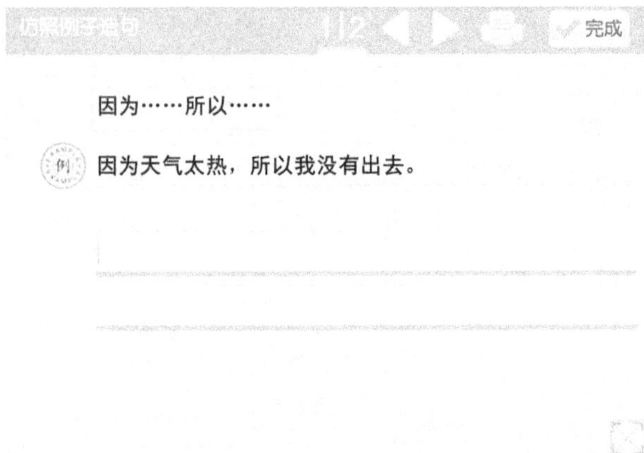

图 8-4 “中文天下”模仿造句练习

第三节 汉语数字教材的发展

一、汉语数字化教材研发机遇

数字教材也称为电子教材，是以信息技术为基础开发的、超越时空的多媒体教材，具有合成性、动态性及可再生性等特点。教材是最典型的教学资源，在数字化浪潮下，越来越多的纸质教材转向了数字化、电子化。虽然纸质教材还无法被替代，但汉语教材数字化是大势所趋。在现代信息化、数字化新时代，国家信息化的发展需求为教育领域的科研创新提供了机遇；国家综合实力的提升使得我国在全球的地位不容忽视；“汉语热”在全球急剧升温。在新时代的汉语国际推广进程中，数字化教材的研发既是加快汉语国际推广的重要途径之一，也是国际中文教育发展的内在需求。

(一) 内部动力：国家政策的支撑

科技引领时代发展，我国重视教育信息化、数字化的发展，密集出台各项相关政策，大力支持教育数字化发展。2016 年 6 月 7 日，教育部印发的《教育信息化“十三五”规划》明确指出：首先，于 2020 年，基本建成“人人皆学、处处能学、时时可学”教育信息化体系；其次，形成信息技术与教育融合、创新发展的中国特色教育信息化发展路子。2018 年，教育部发布《教育信息化 2.0 行动计划》，要求积极推进“互联网+教育”发展，以人工智能、大数据等新兴技术为基础，积极开展智慧教育创新研究和示范，推动新技术支持下教育的模式变革和生态重构。这些措施将深刻改变人才需求和教育形态，这也要求教学模式和教学方法进行变革与创新。2019 年 2 月 27 日，教育部办公厅在《2019 年教育信息化和网络安全工作要点》的通知中提出，要推进“互联网 + 教育”，以教育信息化为支撑、引领教育现代化。“就国际平台而言，优化网络孔子学院平台，以合作-共享的形式吸纳全球优质教学资源，为汉语学习者提供优质、便利的汉语学习资源”①。

（二）外部动力：汉语热潮的升温

随着中国综合国力的提升，“汉语热”不断“升温”，为对外汉语发展注入了强劲的动力。2019 年在长沙召开的国际中文教育大会显示，目前全球 162 个国家（地区）共设立了 550 所孔子学院、1172 个中小学孔子课堂。2018 年累计开设汉语班次 41 万个，各类面授学员、网络注册学员也由 2017 年的 170 万人、62.1 万人发展至 2018 年的 186 万人、81 万人。为满足各国各地区对汉语教师的需求，截至目前，孔子学院现已培养中外专、兼职教师近 5 万人。2018 年全年举办各类文化活动受众达 1 亿多人次。这些数据表明，汉语热潮不断升温，国际中文教育需求不断提升，发展规模也日益扩大，网络注册学员数量猛烈增长，这些都要求当下的国际中文教育教学做出改革创新。同时，为数字化教材的研发提供了新的契机。

（三）内在需求：汉语国际推广

“一带一路”倡议背景下，2017 年，孔子学院总部在“孔子学院与构建人类命运共同体”大会论坛上，对“一带一路”沿线各国进行深入调研后，起草了《孔子学院发展行动计划》并修订《孔子学院章程》，以优化孔子学院全球布局，扩大办学规模，提升办学质量，推动汉语国际推广，主动服务于“一带一路”建

---

① 教育部办公厅关于印发《2019 年教育信息化和网络安全工作要点》的通知［EB/OL］. http：//www.gov.cn/xinwen/2019-03/13/content_5373399.htm.

设。此外，在“互联网 +”大势之下，以数字媒介为核心，利用互联网、云计算和物联网进行“智慧”汉语教学，已成为当下国际汉语推广的新型模式之一，数字化资源的开发是扩大国际汉语推广规模的必经之路。2019 年 12 月，在湖南长沙隆重召开的国际中文教育大会也明确指出，数字时代下，传统书本教材已无法满足汉语学习者碎片化、移动化的学习需求。孔子学院总部指出，应顺应此教学趋势，根据数字时代汉语学习者的学习特点推出集慕课、微课、智能化管理平台、教学资源库为一体的数字资源平台，为不同院校量身定做国别化、地区化、个性化的学习方案和数字资源，以最大限度满足全球汉语学习者随时随地学习汉语的需求。在数字资源的研发中，数字教材是极为重要的部分，也是汉语国际推广不可或缺的媒介。

二、汉语数字教材发展概况

新冠疫情前，已有不少出版社推出了汉语数字教材，如高等教育出版社的《Cool Panda 少儿汉语教学资源》，外语教学与研究出版社的《七色龙汉语分级阅读》，创而新教育集团的《飞向中文》《小学华文》等。新冠疫情后，国内外各大出版社均加速推进了汉语教材的数字化转型，比如北京语言大学出版社的《HSK 标准教程》《新概念汉语》《轻松学中文》，北京大学出版社的《博雅汉语》《汉语口语》《汉语会话 301 句》等纸质教材均推出了数字版本。

据马箭飞（2021）统计，中文数字教材现有 3679 种，其中中国开发 1744 种，占比 47.40%，国外 18 个国家开发本土中文数字教材共 1935 种，占比 52.60%。中国开发的数字教材主要分布在四个出版社：北京语言大学出版社、华语教学出版社、外语教学与研究出版社和人民教育出版社。

海外本土数字中文教材研发的洲别和国别差异较大。从洲别来看，亚洲开发的数字中文教材有 2462 册，占 66.92%；美洲只有美国开发的中文数字教材，有 806 册，占 21.91%；欧洲的占 6.87%；大洋洲的占 4.27%；非洲的占 0.03%。从国别来看，亚洲国家开发的数字教材数量除中国的 1744 册之外，居前三的分别是：韩国（489 册）、泰国（106 册）和日本（73 册）；俄罗斯、爱尔兰、意大利和英国开发的中文数字教材数量分别为 85 册、66 册、49 册、44 册，在欧洲国家中排名前四位；澳大利亚开发的中文数字教材共 150 余册，居大洋洲第一；非洲只有喀麦隆开发了数字中文教材，且仅有 1 册。

从教材类型上看，由于海外多数国家缺乏中文教材，因此多使用“转换型”

中文数字教材，这些教材多为综合性中文教材。中国开发的数字教材，从内容上看，语言类教材占总量的 90% 以上，文化类教材不足 10%；从教学对象上看，适用于低龄学习者的数字教材占 80.70%，其余 19.30% 为成人教材。数字教材相较于纸质教材增加了一些交互功能，除了基础的注释、跟读功能外，还有视听、评价等功能，扩大了学习者自主学习的空间(吴应辉等，2021)。

在类型上，数字教材又可分为静态媒体教材、多媒体教材、富媒体教材等不同形式(胡畔，2014)。静态媒体教材指以 PC 作为主要的硬件载体，以文本、图形、图像等无交互特性的静态媒体作为主要的内容形式，强调纸质教材内容的数字化还原的数字教材。静态媒体数字教材具有可检索、易于传播、更新及时等特点，尤其适合于科研文献的数字化存储、检索与阅读学习。但由于媒体形式简单、缺乏交互性，静态媒体数字教材在知识呈现、使用体验及便携性等方面相对于纸质教材并无优势。

多媒体数字教材不是纸质教材的简单搬家，它能够根据教学需求将各种媒体资源有效整合，生动、形象地呈现知识内容和创设教学情境，实现传统纸质教材和教学手段难以实现的教学活动。然而，多媒体数字教材媒体内容的丰富性与交互性仍然有限。在多媒体资源创设的教学情境中，学习者只能对资源进行简单单向控制，并被动接受媒体资源信息，难以有效调动学习者的积极性与主动性、促进其参与并融入教学情境中。

“富媒体”这一概念最初源于互联网广告，它最为重要的特征不在于能提供文字、图片、视音频、动画等多种媒体类型的表现形式，而在于丰富多样的 UI 展现、深度的用户交互、动态驱动及实时响应、便捷的部署、融合桌面应用与网络应用等特性。富媒体与多媒体的本质区别在于，富媒体注重用户的交互体验，而多媒体注重资源的呈现形式(傅伟，2011)①。同时，富媒体数字教材媒体资源设计能够充分利用终端设备的功能特性，实现学习者与媒体资源之间自然丰富的人机交互，提升学习者的沉浸感、参与度和资源黏合度。

北语社是目前出版汉语数字教材最多的出版社，主要为静态媒体教材和多媒体教材，包括《新实用汉语课本》《轻松猫中文分级读物(幼儿版)》《中国微镜头：汉语视听说》《轻松学中文》《新概念汉语》《天天汉语——泰国中学汉语课本》等。智能化教材包括《汉语乐园》《一日一字》《长城汉语生存交际系

---

① 傅伟. 富媒体技术在数字化学习终端上的应用探索[J]. 远程教育杂志，2011(29)：95-102.

列》《基础汉语》《大学精华汉语》等。

创而新教育集团开发的汉语教材虽然不多，但以富媒体汉语数字教材为主，目前上市的主要有12种，包括5种主要的交互型数字教材：《飞向中文》（对外汉语教材）、《韵语课本》（新加坡校本教材）、《小学华文》（马来西亚版）、《双双中文教材》（面向海外华侨）和《先动儿歌识字》。

三、"互联网+"背景下数字教材编写出版的新特征

"互联网 +"背景下的数字教材编写出版，是在移动互联网、智能终端设备、云计算等技术背景下，有效整合课程内容、教学工具、网络平台与终端设备等要素的数字化操作。它和传统教材编写出版相比，呈现书网配套性、模态多样性、平台绑定性等新样态特征和互动化、情境化、便捷化等新功能特征。

（一）新样态特征

相较于传统的纸本教材，"互联网+"背景下的数字教材编写出版具有书网配套性、模态多样性、平台绑定性等新样态特征。

1. 书网配套性

书网配套性是数字教材编写出版区别于一般纸本教材编写出版的本质特征，这是由"互联网+"时代赋予的特点。由于数字教材编写出版的现实需要和"互联网+"进程的快速推进，教材建设与数字资源的联系更为紧密，书网配套使纸本教材编写出版的闭环性特征和数字教材编写出版的开放性优势得以各展所长、优势互补。数字教材编写出版是一体化同步设计，使得书网之间的配套性联系因此更为紧密，两者之间相互依存、互补共生，具有高度的依存性和互补性。与传统的纸本教材一样，"互联网+"背景下的数字教材同样充分利用和发挥了网络技术的优势，有利于将纸本教材的内容适当拆分、按需选择、重新组构，进而能以数字资源的形式呈现于线上课程平台。

2. 模态多样性

与文本型、图文型以及音视频型等表现形式不同，"互联网+"背景下的数字教材编写出版更加凸显模态多样性特征。它最为重要的体现是"深度的用户交互、丰富多样的 UI 呈现、动态驱动及实时响应、融合桌面应用与网络应用、便捷的部署"等特征，很好地实现了交互性与模态多样性的有机统一。

"互联网+"背景下，数字教材编写出版的模态多样性更多地融入了富媒体

技术和网络化的资源，使得数字教材不仅能够和传统纸本教材一样对文字、图片等内容进行平面展示，而且能够增添丰富多彩的动画、音视频等富媒体化的展示内容。这不仅使教材内容的呈现更加生动形象、立体多元，而且使教材更容易实现由多媒体技术资源的单向呈现向富媒体技术资源的交互体验方向发展。通过利用富媒体新兴技术，实现数字教材中多种媒体资源类型之间的有机整合、媒体资源数据之间的互动交换，从而获得比传统纸本教材更具现场感和个性化的阅读体验。

3. 平台绑定性

数字教材的样态是完全数字化的，需要借助一定的网络平台才能固定呈现，因此，“互联网+”背景下数字教材的编写出版带有平台绑定性的新样态特征。由于教材的样态是数字化的，因而书网融合起来更加便利，教材的编写出版、销售使用均与网络课程平台息息相关：教材的内容设计与平台的功能结构相配套，教材的呈现形式因平台的支撑而丰富多样；教材中练习自测、答疑辅导、个性化指导等模块互动学习功能的实现，也以平台作为支撑；教材的在线销售和下载也可有机嵌入平台的公共空间或平台课程的相应位置。

（二）新功能特征

“互联网+”背景下，数字教材的编写出版具有上述新样态特征，能够有效整合课程内容、教学工具软件、网络平台、终端设备等多维度、多层面的资源，从而具有互动化、情境化、便捷化的功能特征，能充分实现教材编写出版科学性、实用性、针对性、趣味性四个普遍性的新功能特征。

1. 互动化

基于新兴的互联网技术及富媒体技术，“互联网+”背景下的数字教材编写出版可以更好地实现交互性功能，能极大地丰富和优化人机互动体验和人际互动体验。从教材使用者与教材之间的人机交互上来说，富媒体技术能有效将交互性和媒体性有机统一，通过电脑、智能手机等终端设备让学习者能够自己操控媒体资源，实现与媒体资源之间能动的人机交互，大大丰富了人机互动的样态、功能与应用方式，使教材由多媒体技术资源的单向呈现转变为学习者与教材富媒体资源之间自由便捷的人机交互。从教材使用者之间的人际交互上来说,在线学习的特征使得学习者更加需要人际交互体验。“互联网+”背景下的数字教材可以充分利用互联网及富媒体技术的优势，在数字教材中嵌入网络社区模块，师生之间个性化指导、答疑辅导、测试批改以及学生之间的学习交流等交互功能均可在网络社区模块实现。

2. 情境化

富媒体技术的应用，使数字教材能更好地再现课堂情境以及创设目的语情境。在富媒体技术的加持下，“互联网+”背景下的数字教材能支持动画、音视频等多媒体形式和 3D 模型、SVG(可缩放矢量图形)等富媒体形式，并且能有效整合数字资源、教学工具软件、服务平台、终端设备等多层面、多维度的资源，具有强大的信息表现能力。因此，和传统纸本教材相比，数字教材能够支持构建课堂环境下互动教学和泛在情境下自主学习的“教—学”情境，使学习者能够在虚实融合的情境中学习。

例如，可用嵌入小视频的形式展示“狐假虎威”等成语故事以及“鸳鸯火锅”特色饮食等中国传统文化知识内容。比起文字描述和图片展示，上述通过小视频情境化的展示形式能起到事半功倍的教学效果。与传统的、平面化的纸本教材相比，数字教材为学生创设虚拟情境提供了更为丰富多样的可能性，能充分满足学习者的个性化学习需求。

3. 便捷化

在现代网络技术和富媒体技术的支撑下，“互联网+”背景下的数字教材具备有效整合教学工具软件、终端设备、数字平台等各种软硬件设施的功能，能满足学习者随时、随地、随需的泛在学习需求和个性化学习需求。便携的移动终端，如电脑、智能手机、平板电脑等，能够存储和呈现学习所需的全部数字教材内容，方便学习者随时、随地、随需地进行学习。此外，功能完备的阅读工具还能实现对阅读环境的个性化设置，如屏幕亮度、字体大小等，以满足学习者不同的阅读偏好。作为数字出版物，与传统的纸本教材再版周期较长、难以实现新知识、新内容的快速更新的这些特点不同，数字教材可以依靠数字排版的灵活性和网络传输的便捷性，使教材内容的更新更加快速，并能将更新的内容及时传送给教材使用者。

四、汉语数字教材的使用

国际中文教学资源建设如火如荼，纸质化与数字化资源在国际中文教学与推广中发挥的媒介作用日益突凸显。融合声、像、数据、存储等科技元素的数字资源在国际中文教育事业推进中有着十分重要的作用，然而对数字资源的实用性与有效性之争却是其应用与推介的桎梏。目前，国际中文教育在数字教材的使用上存在以下问题：

（一）教师对数字教材缺少认知

张会萍（2020）的调查显示，虽然被调查的教师对各种类型的汉语数字教材有不同程度的接触，但教师并不知道自己所使用的数字资源就是数字教材。这主要是由于汉语数字教材的推广力度有所欠缺。

在使用次数上，34%的教师使用汉语数字教材的次数较多，27%的教师很少使用。这说明汉语数字教材在教学中使用的次数不多，应用不够广泛。

（二）数字教材与教师需求之间存在不同程度的空白区

以《大学精华汉语》为例，该书配有各课二维码录音，录音分为慢速、正常语速和有节奏的朗诵三种，还有供学生练字的练习纸，另有“字卡”软件，可供学生课后进行汉字认读和测试练习，教材资源比较丰富。但不同教师确定的教学目标和教学内容会存在一定的差异，教师无法选择自己的教学内容，相关学习材料也只能另外下载，教材所提供的教学资源与教师需求有出入，无形中延长了教师备课时间。

汉语数字教材在实际使用中有如下优点：首先，教学方式形象、直观，富有趣味性。数字教材中的视频、音频、动画等带来的形象性、生动性、趣味性、真实性和情境性对汉语学习十分有利，能在教学时集中学生的注意力，并营造良好的教学氛围。其次，交互功能强大。教师和同行、学生之间的交流更加顺畅，方便教师进行教学管理，节约学生记笔记的时间，并方便查阅和携带。

从中我们可以发现，汉语数字教材虽然很受师生的欢迎，有很大的市场需求，但其在教学目标、内容、资源等方面的适用性还有所欠缺。

五、汉语数字化教材研发优化对策

（一）加强教材编研队伍合作

教材的编研队伍应包括教材编写队伍、出版编辑队伍、信息技术队伍三大骨干队伍。其中教材编写队伍是核心力量，是确保教材内容高质量的基础。因此，教材的编研队伍需要有更多的丰厚的科研成果、丰富的教学经验，并且最好有国外工作经历的专家和国外本土专家加入。只有三支队伍密切合作，才能真正满足电子设备的便利化、教材研发出版多语种化、教材配套设备综合化（包括电子书、App、学习网站等）等的教材发展要求。

（二）走多媒并举的研发道路

这里的“多媒”指的是数字化听说类汉语教材的呈现介质，要融合纸质、App、电子课本、在线课程（慕课）等多种媒介形式。丰富教材及配套资源媒介呈现形式，既可以扩大教材的关注度，也可以提升教材的好评度，从而提高教材受欢迎的程度。值得注意的是，随着时代的发展，新编辑出版的教材还应考虑上传至微信公众号、视频号、抖音等新媒体，以便更好地适应不同地区、不同层次、不同使用者的学习或教学风格。

（三）努力实现多语种并进

“多语种并进”指的是一套教材同时出版发行多个语种的版本。一套教材同时出版发行多个语种版本，不仅有助于扩大教材的关注度，也可以提高受众的好评度。这里要特别注意两点：

一是将教材多语种化与本土化紧密结合，而不是简单地翻译成某种语言；二是要向“一带一路”共建国家中汉语教学资源相对匮乏的语种倾斜。吴应辉等（2021）的统计结果显示：现有国际中文教材的注释语种共涉及 80 种，其中英语使用频率最高，占 82.42%；其他 79 种所用语种的使用频率仅占 17.58%，并且这些语种主要为韩语、法语、西班牙语、日语、德语、意大利语、泰语以及阿拉伯语①。“一带一路”沿线使用印尼语、马来语、波斯语、乌尔都语、缅甸语等语言的国家人口众多，但这些语种的数字化听说类汉语教材相当匮乏。为此，今后在教材研发时，除了使用通用的大语种之外，教材研发者应有意识地向这些使用人口众多但汉语教材匮乏的语种倾斜。

（四）进一步提高教材内容编写质量

影响教材好评度高低的因素主要是教材内容的优劣。为了更好地打造精品

---

① 吴应辉，梁宇，郭晶，等. 全球中文教学资源现状与展望[J]. 云南师范大学学报（对外汉语教学与研究版），2021（19）：1-6.

教材内容，除了前面提到的教材编写队伍宜有国外工作经历的专家和国外本土专家加入、走多媒并举的研发道路、同时出版发行多个语种的版本之外，研发教材时还需要重点注意如下几点：(1) 内容符合学习者的汉语水平；(2) 内容实用有趣；(3) 知识点呈现顺序要由易到难、循序渐进。

思考题

1. 假设某节汉语课的教学内容是“中国的家庭观念”，你会搜索什么素材进行教学？说说理由。(提示：可从图片、视频等角度思考)

2. 调查并使用一种汉语学习 App，并从汉语学习者的角度对其进行使用评价。

第九章

汉语国际教育教学技能竞赛的教学设计与范例

第一节　汉语国际教育教学技能竞赛及其价值

一、当前主要的汉语国际教育教学技能竞赛赛事

汉语国际教育专业是一个综合性、实践性很强的文科专业。在本科的人才培养期间，“以学助赛、以赛促学”成为检测汉语国际教育专业学生基础知识的一个窗口，也是增长和夯实其专业基础知识的重要途径。

根据不同的标准，学科竞赛可以划分为很多种类。结合汉语国际教育专业的特点，将与汉语国际教育相关的学科竞赛主要分为以下几类：①核心赛事（汉语国际教育综合技能竞赛）；②英语能力竞赛（大英赛、英语演讲、翻译、写作、配音大赛等）；③传统才艺竞赛（舞蹈、曲艺、书法、绘画、茶艺大赛等）；④演讲口才类竞赛（演讲比赛、辩论赛、朗诵比赛等）；⑤文史知识竞赛（各类征文大赛、国学知识竞赛、诗词大赛、汉字听写大赛等）；⑥其他各类竞赛（“互联网+”类创新创业大赛、挑战杯、电子商务营销大赛等）。

国际中文教育还是一个很年轻的学科，很多专业性的比赛还没有固定下来，作为核心赛事的汉语国际教育类学科竞赛都只有两三届的举办经验。2015 年，江浙沪高校联合举办“江浙沪汉语国际教育硕士汉语教学技能大赛”；2016 年，集美大学等四大高校举办“中学西渐杯”全国汉语国际教育综合技能

大赛；2017 年，国家汉办举办了第一届“汉教英雄会”；2019 年，举办了“和成育秀杯”全国汉语国际教育教学技能大赛、“益友杯” 江西省汉语国际教育技能大赛；2021 年，举办了“汉语+”国际中文教育教学技能大赛；还有逐渐兴起的中文微课大赛、教学案例大赛；等等。近些年汉语国际教育技能大赛越来越受重视。此前，此类比赛屈指可数，并且之前由于存在专业定性定位问题，很多高校会把汉语国际教育专业学生等同于中国语言文学类专业学生培养，对学生要求和定位不严格，出现了学生职业前途不明确、学科建设专业化不强等问题，导致大部分学生只重视文史知识类的比赛。

由于国家的大力支持和“汉语热”的兴起，一些高校纷纷对汉语国际教育专业进行改革，并将其运用在大类培养的模式中。相关的学科竞赛调动了学生的学习积极性和主动创新性。学生对专业人才培养的满意度不断提升，专业综合素养和创新素质能力日益提高。

二、汉语国际教育教学技能竞赛典型赛事——“中学西渐”杯

1. 赛事基本情况

“中学西渐杯”全国汉语国际教育综合技能大赛是由中国教育电视台等主办、地方高校协办、厦门中学西渐信息科技有限公司承办的一项国家级赛事。2016 年 5 月开始举办，至 2021 年 11 月已举办至第五届。首届大赛名称为“Chinlingo 杯”对外汉语教学技能大赛，第二届正式更名为“中学西渐杯”全国汉语国际教育综合技能大赛，其中 2019 年因故停办一届。大赛秉承“以赛代练，以赛促教，以赛促学”的宗旨，面向全国汉语国际教育专业的在校大学生，开展利用现代信息教育技术进行在线直播教学、汉语国际教育理论学习、考核的竞赛活动，提升汉语国际教育专业的学术交流、人才培养、校企合作、产业化运作。通过竞赛形式，综合考查教师和学生的汉语基础知识、教学理论水平、跨文化交际知识和技能、课堂教学实践能力、双语沟通能力、现代信息教育技术运用能力，激发本专业师生利用互联网教育技术传播汉语、中华文化的信心与勇气。

2. 竞赛基本规则

根据 2021 年最新的竞赛规则，此项赛事为团体赛，一个团队包含 3 名队员和 1 名指导老师，分初赛和决赛两个阶段。初赛阶段，首先由各参赛高校组织校内选拔赛，再推选最优队伍代表本校参加初赛。初赛内容包括教案撰写

(占总成绩 15%)、课件制作(占总成绩 25%)、在线直播教学录制(占总成绩 60%),并提交教案、课件、直播教学视频链接资料至大赛组委会邮箱进行评分选拔,各参赛队抽签分组,最后选拔出各小组前三参加全国总决赛。决赛阶段,教学参赛队指派队内 1 人参加理论考核,1 人参加演讲,1 人参加讲课和问答。成绩组成为在线理论考试 30%,演讲 20%,讲课 40%,问答 10%。

3. 高校参赛情况分析

2016 年首届教学技能大赛并未形成全国规模,只是赣南师范大学、厦门理工学院、集美大学、闽南师范大学 4 所高校和厦门中学西渐信息科技有限公司旗下的"Chinlingo"品牌联合承办的较小规模的竞赛(相当于邀请赛)。2017 年第二届教学技能比赛正式更名为"中学西渐杯",首次面向全国高校。同年,该项赛事吸引了来自全国 22 个省级行政区的共计 57 所高校参赛,其中有 30 所高校进入决赛。2018 年第三届大赛共有 64 所高校的代表队参赛,36 支队伍进入决赛。2020 年第四届大赛共计 76 所高校参赛,18 支队伍进入决赛。2021 年第五届"中学西渐杯"加入了研究生竞赛组,本科生与研究生分组竞赛,全国共计 111 所高校的 130 支队伍参赛,其中本科参赛队伍 103 支,进入决赛的本科队伍 24 支。具体情况见表 9-1,为确保数据分析的一致性,只统计自第二届起高校本科队伍参赛的情况。

表 9-1 第二届至第五届"中学西渐杯"高校本科队伍参赛数据统计表

大赛届数	进入初赛学校数量/所	进入决赛学校数量/所	进决赛率/%
第二届	57	30	52.63
第三届	64	36	56.25
第四届	76	18	23.68
第五届	103	24	23.30

由表 9-1 可知,第二届比赛只有 57 所院校参与,但经过三届持续举办,到第五届时已有 103 所院校参与,参赛学校数量增长近一倍。此外,参赛学校的数量虽在不断增加,但进入决赛的学校比例却并未增长。由此可知,"中学西渐杯"的规模正在逐渐扩大,影响力也在不断提升,吸引了越来越多的相关院校参与其中。随着赛制的不断成熟,竞争越来越激烈,淘汰率也随之升高,第

二届和第三届进入决赛的学校比例都在 50% 左右，第四届和第五届进入决赛的学校比例已稳定在约 23%，比赛的权威性逐步增强。

表 9-2　985/211 高校与双非高校参赛情况对比表

	985/211 高校			双非高校		
	进入初赛学校数量/所	进入决赛学校数量/所	进决赛率/%	进入初赛学校数量/所	进入决赛学校数量/所	进决赛率/%
第一届	4	3	75.00	53	27	50.94
第三届	4	3	75.00	60	33	55.00
第四届	6	4	66.67	70	14	20.00
第五届	7	3	42.86	96	21	21.88

由表 9-2 分析参赛院校的学校层次可知：双非高校的参与率高于 985、211 高校，但是后者进入决赛的比例却大于前者。究其原因，一方面，大赛的影响力还不够充分；另一方面，985、211 高校自身已有较多实践锻炼机会，学生时间较少。而在大多数双非高校，汉教学生的实践机会较为稀缺，参加全国性的专业竞赛对他们来说是难得的锻炼机会。

表 9-3　A 区与 B 区学校参赛情况对比表

	A 区学校			B 区学校		
	进入初赛学校数量/所	进入决赛学校数量/所	进决赛率/%	进入初赛学校数量/所	进入决赛学校数量/所	进决赛率/%
第二届	50	28	56.00	7	2	28.57
第三届	58	33	56.90	6	3	50.00
第四届	70	18	25.71	6	0	0.00
第五届	90	23	25.56	13	1	7.69

其次，以考研的 A、B 区为划分依据，由表 9-3 可知：A 区参赛的学校远远多于 B 区，其中 B 区的参赛学校也主要集中于广西壮族自治区。究其原因，“中学西渐杯”最早主要是由福建的三所学校和江西的一所学校及厦门中学西

渐信息科技有限公司承办，所以形成了以福建为中心的参赛辐射圈。在2017年第二届“中学西渐杯”中，来自福建邻省的江西省成为参赛队伍最多的省，在57所高校中占了6所。西部尤其是西北省份的B区高校，除西北民族大学有参加比赛外，截至第五届还未有其他高校参赛，由此可知，本项赛事在西部地区的影响还不足。

三、汉语国际教育教学技能竞赛的价值

教学技能大赛是对高校教学水平、课程体系建设、实习实训、人才培养质量等方面一次全方位、多角度检验。通过参与竞赛，高校可以反思其人才培养中存在的问题和不足，不断优化专业技能的课程体系，建立健全教学技能竞赛体系。

（一）有利于优化专业课程设置

教学技能竞赛的开展，有效改善了普通高校在培养学生时重学术轻实用、重理论轻实践、以理论教学代替实践教学的弊病，促进了学生专业能力的提高，对学生的全面发展起到了促进作用。以江西某理工高校汉语国际教育专业为例，该校自第二届“中学西渐杯”开始参赛，已连续四届进入“中学西渐杯”全国总决赛，获得全国一等奖两次，二等奖一次，优胜奖一次。该校专业负责人认为：通过积极参赛我们发现了本专业在人才培养中存在的一些不足，为此，我们积极调整人才培养方案，优化了课程体系和课程设置，很好地促进了专业发展，短短十年时间就获批了硕士点和省一流建设专业。考察该校专业人才培养方案可知：在专业技能方面，开设了教育学、教育心理学、对外汉语教学概论、对外汉语教学法、第二语言教学、汉语国际教育教学案例分析、词汇与词汇教学、语法与语法教学、华文教育概论、语文教育概论、中华传统才艺训练、专业见习等课程。这些课程大都分为前期理论教学和后期课内实验两个部分，理论与实践结合得较为充分。在信息素养方面，明确提出要培养学生选择与使用恰当的技术、资源，尤其是现代教育信息技术工具的能力，以此辅助开展线上线下的汉语教学活动。为此开设的相关课程有教师职业技能、现代教育技术、大学计算机基础、VF数据库等。

(二)有利于健全教学技能竞赛体系

一些高校每年会开展校级汉语国际教育教学技能竞赛，不仅为国赛储备选手，也扩大了竞赛的覆盖面，这样有利于构建完善的汉语国际教育教学技能竞赛体系，建立校级、国家级的竞赛模式。这些比赛在项目设置上与国家级教学技能大赛标准相结合，有效利用竞赛资源，增强学生参赛的积极性和实效性。相比于国赛，校赛解决了国赛名额少、平台高、学生参与范围小的问题。以江西某理工高校的汉语国际教育专业为例，2018 年开始举办第一届校级汉语国际教育综合技能竞赛，共有 11 支参赛队参加了校内选拔赛。2021 年举办第四届校赛，共有 30 支队伍参赛，参与人数 90 人，除去即将毕业的大四学生，本专业学生参赛率高达 60%。其中，由于大一新生还未深入学习理论课程因此参与率不高，大二、大三学生大多数都拥有参赛经历，覆盖面和受益面较为可观。

四、汉教技能大赛对学生个人发展的影响

汉语国际教育教学技能竞赛，让学生真正体验到要成为一名合格的国际汉语教师，需要扎实的专业理论知识、教育教学技能、良好的综合素养、顽强的拼搏精神和良好的竞争意识。在参赛过程中，学生通过亲自备赛、参赛的经历，纠正了竞赛就是“表演”的错误观念，认识到竞赛是切实提高自身教学能力和教学技巧的重要途径。

(一)有利于强化学生的专业基础

竞赛的过程是学生将所学的知识进行整合输出的过程。“中学西渐杯”综合技能大赛中的理论考核环节主要考察选手的理论知识。理论考核为上机笔试，大赛给出的参考书有《现代汉语》上下册(黄廖版，修订第六版)、《古代汉语》第 1~2 册(王力版，校定重排版)、《对外汉语教学语法释疑 201 例》、《汉语与汉语作为第二语言教学》、《对外汉语教育学引论》、《中国文化要略》、《跨文化交际》等共计 9 本。理论考察的范围十分广阔，不仅考察了选手对汉语本体知识的掌握情况，还考察了第二语言教学、跨文化交际和中国文化等方面的知识。第五届“中学西渐杯”参赛选手黄同学说：“理论考核的范围是比较广的，需要扎实的理论知识。有些书是我们专业课的书，虽然学过，但还是需要做大量的习题进行巩固，仅《中国文化要略》这一本书我就看了 5 遍。”“中学西

渐杯”参赛选手王同学参加了第五届“中学西渐杯”，选取了“连……都……”作为语言点，这一语言点是对外汉语教学的重点和难点。《现代汉语》中对这一句型的讲解较为简短，为搞清这一语言点，选手翻阅了大量的文献，观看了许多讲解视频，其中包含中国大学 MOOC 平台中由北京语言大学施家炜教授、杨玉玲教授、冯惟刚副教授等开设的汉语第二语言教学法(一)课程。除此之外，选手还聆听了由北京师范大学卢华岩副教授举办的线上汉语教学复盘讲座等。

(二)有利于提升学生信息素养

国际中文教育是一门新兴学科，也是一门交叉学科，在现代教育技术飞速发展的今天，利用现代教育技术和智能教学软件提高教学效率也是汉语国际教育知识体系的重要组成部分。相比于其他学科的教学，国际中文教学对教师现代教育技术素养和能力的要求更高。汉语国际教育教学技能竞赛需要选手掌握网络工具制作和剪辑视频技术，并具备利用线上工具制作游戏的能力以及网络制图的能力。

(三)有利于提升学生的教学基本功

汉语国际教育将汉语作为第二语言或外语教给母语非汉语的学习者，是一个语言教学学科，过硬的教学基本功是教师顺利实施教学的重要保障。“中学西渐杯”竞赛从教案撰写、课件制作、教学设计、设施教学等方面综合考查了学生的教学基本功。从教案撰写上来说，教案是教师实施教学的第一步，也是至关重要的一步，一份好的教案具备文字精练、框架清晰、课时分配合理等特点，这需要学生有扎实的理论知识作支撑。从课件制作来说，由于线上教学成为教学的新常态，课件变成了教师实施教学的重要手段，好的课件可以让学习者动起来，成为师生互动的桥梁。从教学设计上来说，选手想要在众多参赛队中脱颖而出，教学设计是关键。教学设计需要选手真正站在老师的角度，通过洞察学习者的真实需求，引入多种教学手段，寓教于乐，使学生充分感受到满足感和获得感，让学习变得有乐趣。从实施教学上来说，为了保证竞赛的效果，学生需要使用明确精练的教学语言，得体大方的教姿教态。

(四)有利于提升学生的综合竞争力

汉语国际教育是一个对专业技能要求很高的应用型学科，专业技能是学生在综合专业知识基础上的一种升华，是就业中的核心竞争力。江西某理工学校吴同学作为团队主讲参加了第四届"中学西渐杯"，并获得一等奖。她谈道：比赛从不同层面锻炼了我的语言表达能力和逻辑思维能力以及应对突发状况的应变能力。丰富的竞赛经验，让吴同学在毕业后就收到了来自学而思、新东方、掌门优课、猿辅导、高顿教育、央广、得物、字节跳动等公司的录用函。此外，不少高校拟定了相关文件来奖励竞赛获奖学生，不仅在物质上给予奖励，还可以为学生综合测评加分。综合成绩提高了，毕业生在评优评奖、保送研究生、就业方面机会都大大增加了。

第二节　汉语国际教育教学技能竞赛的教学设计

教学设计是一个系统工程，对教学实践产生重要影响。在国际中文教育领域，20 世纪 90 年代，吕必松(1992)提出对外汉语教学的四大环节，其中，第一个环节就是总体设计[①]。教学设计把整个教学活动视为一个系统工程，可以使汉语教学更加科学、规范、有效。有了好的教学设计和教学方案，还要付诸实施。成功的课堂教学，不仅需要教师去设计，也需要教师去实施。

一、课堂教学设计的原则

"课堂教学设计"是教师对整个课堂教学过程进行预先设计，是以课堂活动为中心展开的。它依据教学大纲所规定的目标和所选用的教材，分析特定教学对象的需求，运用教学设计的理论和系统的方法，对某一阶段、某一单元、某一指定教学内容的教学进行设计。它可以增强教学的针对性、提高教学效率、优化教学方案，使整个教学活动始终是在一个不断调整、优化的动态系统中运行。

教学设计是否适当，直接影响教学过程能否贯彻，以及学习者最终的教学效果优劣。我们认为，现代化的汉语国际教育课堂教学设计原则，应体现在教学过程中的教学目标、教学理念、教学步骤、课堂活动、课后作业以及教学评价六个方面。

---

① 吕必松. 对外汉语教学概论(讲义)[J]. 世界汉语教学，1992(2)：113-124.

(一)教学理念

随着科学技术的进步，教学理念也在不断更新。当今的外语学习课堂，对传统“填鸭式”“满堂灌式”的课堂提出了质疑，并要求课堂教学以学生为中心。现代化的教学理念具体包括：逆向设计原则、以学生为中心的课堂教学原则和因材施教原则。

逆向设计原则是以教学目标和学习者的学习效果为导向确立教学内容和开展教学活动的原则。按照逆向设计原则的要求，首先，教师在教学准备阶段应该确立教学目标与学习结果；其次，根据教学目标来确定教学内容，这样才能使得教学内容变得明确和具体；再次，教学内容的传授与练习需要一定的途径来实现，这便是教学活动，因为该途径能最终让学习者通过实践来证明他们已经达到了教学目标。

现代外语教学提倡以学习者为中心的课堂教学原则。这就要求教师选择好课程主题与课堂话题，这些主题和话题应与学习者的兴趣相结合。除此之外，学生亦可自主选择学习内容、学习方式、学习过程以及学习效果检测的方式。

因材施教是针对学习者的特点和个体差异而提出来的原则。由于各国文化差异巨大，甚至同一国家的不同地区有时也存在着较大的文化差异，因此，海外汉语教学存在着很大的挑战。因材施教原则的贯彻，需要使用多种教学策略以及运用教育学、心理学等学科的知识，使得教师在考虑学习者需要、能力以及兴趣的基础上确立和教授课程内容。除此之外，教师可让学生自主选择学习途径以及展示学习效果的方式。

(二)教学目标

教师应做到预期教学目标与学习者学习效果相统一。教师应在教学准备过程中首先确立预期的教学目标。授课类型不同，教师所需的教学目标也应当有所差异。预期学习目标的设定，不仅能够使课堂教学内容明确化，也对课堂活动的成功开展有着积极的作用。教师不仅需要从自身视角来确定学习者应该学习什么，还需要确定学习者能够用所学的语言知识来做什么，二者缺一不可。传统的第二语言教学强调教师单方面的知识传授，而忽略了学习者的学习结果，即外语的应用能力。在长期单一、沉闷的课堂教学中，教师的“教”与学习者的“学”逐渐分割开来：教师“教”得越来越辛苦，课堂气氛越来越沉闷；而学习者的学习兴趣越来越差，学习效果也由此降低，导致很多学生最终放弃汉语学习。可见，把教师的“教学要求”与学习者的“学习效果”统一在预期教学目标之中，能够积极促进教师的教学目标围绕学习者的学习结果来设定，从而开展多样化的课堂活动。

（三）教学步骤

教学步骤应该科学、合理、连贯，具体包括以下几种原则：课堂导入适度原则、适合学生身心发展规律原则以及多样化的课堂总结手段原则。

研究表明，学习者在课堂教学过程中存在着首因效应：即学习者对于学习内容的第一部分记忆效果最好；其次是最后一部分；再次是中间部分。该效应对于教师在备课过程中如何设计教学活动有着重要启发。由此，应该在课堂开始的时候凸显新知识、课堂中组织游戏和活动、课程结束时进行总结和复习。

课堂导入适度原则，其目的是在上课伊始就成功吸引学习者的注意力，这是成功进行课堂教学的第一步。在课堂教学刚开始时，学习者往往由于其他课程的压力或其他课程结束之后需要过渡的时间等因素，上课不容易集中精神。此时，教师应该以适当的方式把学习者带入课堂。课堂导入的方法包括以灵活多样的方式复习已学知识、询问学习者的状况、以生动有趣的方式来介绍新的话题等。

适合学生身心发展规律原则，强调的是在教学活动设计时，教师应该充分考虑到学习者的身心发展规律，从而有区别地设计教学活动或游戏。一般说来，中小学学习者好动、竞争心理强，以及注意力持续时间不长，教师可以设计一些形式活泼、经常让学习者参与竞赛的活动；而对于成年人的教学，由于他们具有很强的逻辑推理、分析和创新能力，教师在活动中应该突出语言使用的创新性和逻辑性。

多样化的课堂总结手段原则，既能够帮助学习者总结和回顾课堂教学的内容，也能够让他们在课程即将结束之时对下一次课充满期待。课程结束之时，教师应该总结该节课的学习目标以及学生所学的内容。该类信息经常以学生回答老师提问，以小组、口头或非口头的自身体会等方式来表明他们是否达到该节课的学习目标。

（四）课堂活动

以教学目标为导向，来带动学习者参与丰富的课堂活动，从而体现“以学习者为中心，以教师为主导”的教学原则。课堂活动的选择直接关系到课堂教学实施的具体效果。课堂活动的开展，需遵循适合学生身心发展规律原则、激励原则和布鲁姆分类法原则。

适合学生身心发展规律原则，是以学习者为中心的现代外语课堂的具体体现。关于人脑的研究表明，教学活动应该以人脑的生理机制特点为基础，学习者应该在低负荷的环境中学习，这样有助于增强大脑功能。

激励原则，是学习者长期保持学习兴趣的重要保证。学习动机与兴趣，是推动学生向目标努力的内在驱动力。教师在教学过程中，应该采用多种手段与方法激励学习者，从而使他们无论是在学习内容简单或者复杂的时候，都能够保持学习兴趣，由此过滤掉消极情绪，长期保持学习热情。

布鲁姆分类法原则表明，教师应根据学习者年龄差异而有区别地设计课堂活动与教学方式。这一原则由美国教育心理学家本杰明·布鲁姆（Benjamin Bloom）提出。他认为，教学对象的分类方法需从描述学习目标向描述学生问题及任务类型背后所需的思维水平转变。高层次思维任务需要学生分析、评估或者创新，低层次思维任务包括识记、理解和应用。这也从教学活动方面说明，教师在小学和初中课堂中，需要针对课堂教学的内容多开展强化记忆的活动；而在高中和成人汉语教学中，需要重视语言规律的总结，引导学习者在学习过程中举一反三，并结合他们的综合分析能力来创造性地使用语言。

（五）课后作业

课后作业是复习和巩固教学内容、保证教学质量以及为后续学习提供基础的重要保障。作业布置环节，是保证教学效果的辅助环节。课后作业的布置，需要体现多样化、科学性以及实践性的原则。

多样化原则，指作业布置的多样性。在学习者完成听力、口语、阅读、写作等技能训练或者文化背景介绍以后，让他们自主了解与汉语相关的文化背景等任务。

科学性原则，指的是教师应该根据语言习得规律来布置作业。无论是第一语言还是第二语言，学习者在学习过程中都是先接触语音，后接触文字。在初级汉语教学中，需要让学习者在课后以小组的方式多进行口语会话方面的基础练习，例如，让学习者就课堂中的“春节”“爱好”等话题自主编一段口语对话，在下一次课堂上进行展示；或让学习者根据自身掌握的课堂知识的情况谈论某一话题，与家长分享并在下一次课上进行口头展示，这也是外语学习中“听说为本、读写为精”原则的充分体现。

实践性原则，指的是教师要充分结合预期教学目标设定中学习者的学习结果，在作业布置的时候突出交际性与实用性。

(六)教学评价

在教学过程中，教师要积极合理地使用评估手段与方式来了解学习者的学习进度与效果。此外，学习者和学校的反馈也能够促使教师调整教学方法和进度，以及提升教师教学效果。教学评价原则包括评估方式的多视角原则和教学反馈原则。

评估方式的多视角原则，意味着教师的评估需要从多种角度来进行，以便完整地了解与教学效果有关的信息。评估方式包括诊断性评估、形成性评估和总结性评估。教师要灵活运用各种评估方式获得教学的反馈。

教学反馈原则指的是教师在教学完成之后亦应该从学习者的视角来了解教学效果。教学反馈能让学习者明白自身取得的进步与不足，以便于教师根据学习者的反馈来对下一次课进行调整。

二、汉语国际教育教学技能竞赛教学设计的构成要素及其实现

(一)选择参赛课文

1. 选择擅长的教学内容作为参赛课文

选手在选择教学主题时一定要选择自己擅长的教学内容，比如词汇或语法。只有讲自己擅长的、充分了解的东西，课堂教学才能具有感染力、冲击力，才能激发学生的兴趣，引起他们的共鸣。

2. 选择创作空间大的教学内容作为参赛课文

有的教学内容难度比较小，比如汉语比较句、形容词谓语句等，选手出于保险考虑会选择此类教学内容。这类教学内容虽然难度小，但给选手发挥的空间也较小，评委的期待值也相对较低。所以从理论上来说，教学内容难度越大

的知识点，其创作空间也越大。但也不建议选手为了追求大的创作空间而不考虑自己的实力去盲目选择难度大的知识点。选手应在充分考虑自身综合实力的情况下，选择既能在最大程度上展现自己教学能力又能较好完成教学目标的知识点。

3. 知识点教学应控制在限定时间内

在限定时间内完成教学内容是对教师把控课堂能力提出的基本要求，一个语言知识点可以从不同层面挖掘进行授课，这需要选手对所教授知识点有全面的认知，且能够结合授课对象水平和教学目标要求在限定时间内进行教学设计和完成教学任务。

知识点内容介绍过多，会增加选手对比赛时间把控的难度，从而增加紧张感。

（二）选择合适的切入点作为教学的开端

人们在认知世界时，心理上有所准备和没有准备，感知和接收信息的效果是不同的。为了缩短学习者适应新的教学内容的过程，教师要进行新内容的导入，激活学习者的知识结构和认知机制，让他们处于一种振奋状态，集中注意力虚位以待新的知识内容。

教学内容的导入，从导入的内容分，有文化导入、旧知导入、情景导入、图片导入、教具导入和随机导入。从导入方法分，有提问、回忆、复述、讲述、对比、游戏、练习等。内容和方法可以灵活搭配使用。

例如，在江西省第二届国际中文教育论坛暨教学技能大赛中，江西省某理工大学参赛选手李同学所选择的语言点为“把……叫作”，在导入环节该选手设计了一个小魔术，在变魔术的过程中把接下来要讲解的“圣女果、小番茄”顺势引出，既很好地吸引了学生的注意力，又很巧妙地开始了新的教学内容的学习。

（三）设计科学合理的教学主线

1. 提炼教学主线

参赛选手在比赛时，面对丰富的教学内容，一般会采取两种设计方式：第一种是将每个信息内容缩减，努力把要讲的重点都以摘要的形式呈现，虽然做到了面面俱到，但也导致了教学主题不突出、缺少穿透力，使教学流于表面，无法深入人内心，所以不可取；第二种是大胆舍弃，取舍的依据是要找到一个主线，将它作为贯穿整个比赛的主线。通过确定主线，筛除与主线无关联的内容，保留与主线联系密切的内容。

选手寻找主线要结合教学对象水平、教学大纲和教学目标。如在讲解“动词/形容词+起来”这一知识点时，根据教学对象水平为已掌握 1000~1500 个常用词的 HSK 4 级的学习者，以及教学大纲和教学目标，从而确定教学主线为该知识点的以下两个用法：表示动作开始并继续、表示从某方面进行估计和评价。

2. 围绕教学主线构建各教学模块间的逻辑关系

有关研究表明，人们对知识的理解是层层递进的，所以，无论是教学比赛还是课堂教学，在教学实施过程中都应遵循循序渐进的原则，要围绕主线，按照一定的教学逻辑建立起各教学模块间的联系。先把全部教学内容分解为一个个小的模块，一个模块的起点是源于观众、评委已经掌握或者接受的认知，终点可以是一个教学的结论，也可以是下一个模块的引言，后一个模块一定是建立在观众、评委已经理解的前一个模块的基础之上，各个模块的知识是有联系的、层层递进的。

（四）设计完善的教学文案

教学文案的设计应是教学语言、多媒体课件以及黑板板书三者之间有内在联系的设计。

1. 科学使用教学语言并注重逻辑关联

只有听者与说者之间具有共同的语言，语言才会产生神奇的力量。在课堂教学中，教师只有与学生产生共鸣，才能将教师的教学思想转移到学生的脑海中。所以教师要从学生的角度出发选择教学语言，利用学生已有的知识体系，用学生喜欢的语言方式，传授自己的教学观点。

2. PPT 的制作应注意细节

教学语言传递的是文字信息，PPT 和黑板板书传递的是视觉信息。相较于文字信息，视觉信息的呈现方式可以使课堂教学具有更大的吸引力和冲击力。视觉信息设计的关键是细节，例如，PPT 每一页的字体、颜色的选择最好不要超过 3 种；PPT 页面的设计不宜过于复杂，因为过于复杂的 PPT 会使主题不鲜明，达不到 PPT 教学的目的；PPT 的放映和切换应该是由教学内容引领，不能用 PPT 引领教学内容；此外，PPT 的播放时间、图片色彩的明暗以及清晰度等也是需要注意的细节。

3. 教学语言、PPT 和板书的运用比例要恰当

无论是课堂教学还是教学竞赛现场，教师的语言讲述、PPT 和黑板板书都是平行流动的认知输入流，教师需按照一定的比例加以科学的运用，才能达到各自应有的效果。教师应站在学生、观众、评委的角度，按照三者各自的特点和优势设计运用的比例，使语言的流动性、PPT 的丰富性和黑板板书的固定性有机结合，以达到最佳的教学效果。

(五) 教学展示的设计

教学技能竞赛跟所有竞赛一样，无论选手平时练习得如何完美，最后的成败却取决于在比赛规定时间内的展示结果。参赛选手如果想要在教学竞赛中有一个完美的展示，需要在三个方面进行认真准备：如何克服紧张情绪、如何有效利用肢体语言、如何保持稳定的心态。

1. 克服紧张情绪

克服紧张情绪可以从四个方面进行练习：一是调整心态；二是进行多次的试讲练习；三是进行参赛情景模拟；四是关注赛前细节。

(1) 调整心态。

要有一个较好的参赛心态，首先要接纳自己。一是要接纳自己的紧张情绪。紧张是一种情绪，情绪的处理不是压制，而是接纳，接纳才能减缓紧张。二是要接纳自己的教学风格。很多选手都会有这样的顾虑，觉得别的选手的参赛风格很有特点，而自己的却平淡无奇。实际上每个选手都有自己的特点，只有接纳自己才能使自己做得更好，才有可能取得最大的成功。

(2) 进行多次试讲练习。

就像演出需要彩排一样，参加教学竞赛同样需要多次试讲练习。可以先写出讲稿，然后通过多次练习来熟悉它，让它成为你的一部分。但讲稿不能仅仅以书面形式呈现，而是要大声讲出来，这个过程对于演讲者本人来说是一个找参赛感觉的过程。通过大声演讲，自己能够体会到哪部分阐述得比较清楚、哪部分还有欠缺、教学语言是否适合、还有哪些需要改正的地方等。选手对参赛内容越熟悉，就越能缓解紧张的情绪。

(3)进行参赛情景模拟练习。

为了克服紧张的情绪，选手在平日练习时可以进行大脑情景模拟，想象自己身处比赛现场，想象观众、评委已经坐在赛场的座位上，自己开始在台上进行教学展示。大脑中模拟的情景越逼真，练习的效果会越好。这样，当选手真的站在比赛现场时，他对环境已经有了一定的熟悉度，这样能有效减缓紧张情绪。

(4)关注赛前准备的细节。

在比赛开始前，选手一定要关注几个细节：①黑板是不是干净的，黑板的高度是否合适；②粉笔是否已放到黑板槽里，长度是否适合书写；③教鞭应该拿在哪只手里，跟遥控器、粉笔如何切换；④激光笔电池的电力是否充足，并要像真正比赛一样，先放映一下 PPT，确保可以正常翻页、能在大屏幕上显示。关注这些细节可以让选手熟悉赛场环境，产生一种细节都在自己掌控之中的感觉，不会有意外发生，在一定程度上也会减缓选手的紧张情绪。

2. 有效利用肢体语言

选手在现场进行教学展示时要充分利用肢体语言，恰当的肢体语言会帮助教学顺利地开展。肢体语言包括选手讲课的语气、语速、肢体动作、眼神等。在现场教学展示中，观众与评委对这些肢体语言的获得往往是无意识的，但它会在观众和评委的内心建立信任，引发共鸣。可以说肢体语言赋予了文字生命，从而形成一种力量，引导观众和评委更好地理解和把握选手想要传达的思想。因此，一个好的教学展示要善于利用肢体语言，用语速、语调、语气的变化来呈现比赛过程的节奏感，突出教学重点；用肢体动作和眼神来引导大家的注意力投向；最重要的是用自己的姿态说明展示就是一次交流，是用诚恳的态度在与观众和评委进行交谈。

3. 保持稳定的心态

选手在现场进行教学展示时，即使带有紧张的情绪，也要保持一个稳定的比赛心态。稳定的心态就是自信，这种自信源于对教育事业的热爱。有了稳定的心态，选手才会心灵纯净，没有杂念，不想结果，全身心投入比赛，享受比赛的过程，而这也是教学比赛的魅力之一。

第三节　汉语国际教育教学技能竞赛教案范例

一、“中学西渐杯”全国汉语国际教育技能竞赛

(一)《最好的医生是自己》

表 9-4　《最好的医生是自己》教案

教学对象	学习者年龄 20 岁、性别男、国别巴基斯坦、汉语水平 HSK 3 级、学习汉语八个月、学习兴趣高、动机强、性格活泼开朗、熟练掌握汉语课堂指令语。
课型	此课设计为综合课
教学目标	**(1)认知目标** ①通过课堂的学习，能够掌握生词：既、减肥、感情、辛苦；能够认读以下生词：烦恼、肚子、掉；能够掌握成语：远道而来。 ②通过语法点的学习，能够将所学语法点与熟悉的生活场景建立联系，掌握语法点：S＋既（不）＋adj1＋又（不）＋adj2，S＋既（不）＋VP1＋又（不）+VP2。 **(2)技能目标** ①听：学生能够通过课堂上大量的读和说，提高自己的听力。 ②说：能够通过生词、语法点的学习，锻炼语句表达能力。 ③读：通过练习部分的反复朗读，感知汉语的韵律特征，力求语音、语调清晰、自然。 ④写：能够使用本节课语法点、生词，完成相关写作。 **(3)情感目标** ①通过“既……又……”语法点的学习，感受、了解中国人待人接物的方式；通过文化拓展——太极和太极拳的学习，简单了解中国追求阴阳调和的哲学观，从而加深对中国文化的认同感。 ②能用学过的词语表达自己的兴趣、爱好等，并能够和教师、同学共同交流，彼此鼓励，更好地学习汉语。

续表 9-4

<table>
<tr><td>教学理念</td><td>1. 互动式学习理论，着重于在语言学习过程中学习者与语言输入及语言输出的互动关系，即除了听与读外，学习者还要通过口头和书面表达来练习语言。
2. 社会文化学理论，教育者设计社会性情景，使学习者参与社会性互动，共建语言知识。</td></tr>
<tr><td>教具</td><td>多媒体、盒子、苹果、香蕉、熊猫手偶、空白纸、马克笔</td></tr>
<tr><td>教学内容</td><td>1. 词汇：n. 肚子 belly, stomach
n. 感情 affection, love 他们之间有很深的感情。
v. 减肥 to lose weight 最好的减肥方式是运动。
掉 resultative complement used after certain verbs, showing the result of on action.
adj. 烦恼 worried, vexed
adj. 辛苦 hard, toilsome 减肥很辛苦。
conj. 既 both...and...(used together with"又")
2. 短语：远道而来
3. 句型/语法点：S+既+VP+又+VP
S+既+adj+又+adj
最好的……是……
4. 课堂活动：
①写一写，然后填一填，先让学生写出"既""又"两个字，再使用手中的汉字完成下面的填空练习。
②猜猜盒子里有什么，通过盒子引发学生好奇心，然后通过盒子里的实物来练习"既……又……"。
③跟着老师唱 rap，针对以上语法点，以唱 rap 的方式练习课堂上所学的语法点，富有节奏感，新颖有趣，又可以帮助学生记忆。</td></tr>
<tr><td>教学时长</td><td>45 分钟</td></tr>
<tr><td>教学重点、难点</td><td>教学重点：掌握句型的用法：
S+既(不)+adj1+又(不)+adj2
S+既(不)+VP1+又(不)+VP2
最好的……是……
教学难点：
掌握"既(不)……又(不)……"和动词连用的用法：
S+既(不)+VP1+又(不)+VP2</td></tr>
</table>

续表 9-4

<table>
<tr>
<td>教学实施步骤</td>
<td>
1. 导入(角色扮演法)2 分钟
复习上节课学习的成语
“远道而来”从远方赶来。
——出自《论语》：“有朋自远方来，不亦乐乎。”
今天我们的课堂请来了一位好朋友，他就是功夫熊猫——阿宝。
那我们的朋友阿宝从很远的地方来到我们的课堂，我们该怎么说呢？
阿宝，你远道而来，我们很开心。
2. 词汇教学(讲授法、直观法、提问法)10 分钟
词性分组教学：笔画、读音、词义、词性、基本用法、造句
①基本讲解
<table>
<tr><th>朗读正音、笔画展示</th><th>常用搭配</th></tr>
<tr><td>n. 肚子 dù zi</td><td>圆圆的肚子</td></tr>
<tr><td>n. 感情 gǎn qíng</td><td>真挚的感情(genuine affection) 深厚的感情(deep affection)</td></tr>
<tr><td>v. 减肥 jiǎn féi</td><td>减肥——运动减肥</td></tr>
<tr><td>resultative complement 掉 diào</td><td>撕掉、扔掉</td></tr>
<tr><td>adj. 烦恼 fán nǎo</td><td>很烦恼，烦恼的事情</td></tr>
<tr><td>adj. 辛苦 xīn kǔ</td><td>辛苦的工作</td></tr>
<tr><td>conj. 既 jì</td><td>既……又……</td></tr>
</table>
②句子操练(结合图片，设置情景完成句子)
<table>
<tr><th>教师</th><th>学生</th></tr>
<tr><td>你和你的男(女)朋友在一起很长时间了，你们之间感情怎么样呢？
你觉得你们之间的感情能不能用钱买到呢？</td><td>我们之间有很深的感情。
不能。
感情是不能用钱买到的。</td></tr>
<tr><td>如果你有一个朋友，他很胖，需要减肥，你能告诉他一些减肥的方式吗？</td><td>运动是最好的减肥方式。</td></tr>
<tr><td>我们平常会订外卖，你觉得送外卖这份工作辛苦吗？试着说出句子。</td><td>辛苦。
这是一份很辛苦的工作。</td></tr>
</table>
</td>
</tr>
</table>

续表 9-4

<table>
<tr><td>教学实施步骤</td><td>③用法讲解(结合常用搭配、例句和图片) | 掉(V+掉)	例句
撕掉	他撕掉了一张纸。
扔掉	他扔掉了自己的书包。
跑掉	看到警察,小偷吓得跑掉了。
忘掉	不开心的事情,我们都应该忘掉。 | 3. 语法讲解、操练(归纳法、直观法、情景法、角色扮演法)23 分钟 先通过介绍一位电影人物——阿宝的性格来导入句式结构“S+既+adj1+又+adj2”，接着进行专项练习。再通过介绍阿宝爱吃的食物来归纳句式结构“S+既+VP1+又+VP2”，讲解后进行专项练习。 ①句式“S+既(不)+adj1+又(不)+adj2”讲解(2 分钟)： 阿宝既可爱又活泼。 阿宝既认真又努力。 今天的天气既不冷又不热。 S+既不+adj1+又不+adj2 这家饭店既不干净又不卫生。 ②句式“S+既(不)+adj1+又(不)+adj2”加强操练(5 分钟)： 改写句子： 阿宝很勇敢。 阿宝很坚强。 改写句子：阿宝既________又________。 A. 善良、热情 B. 幽默、友好 C. 勇敢、坚强 ③句式“S+既(不)+VP1+又(不)+VP2”讲解(2 分钟)： 我既想吃火锅又想吃烤鸭。 我们既可以吃辣的，又可以吃不辣的。 我既不想吃苹果，又不想吃香蕉。</td></tr>
</table>

续表 9-4

<table>
<tr>
<td>教学实施步骤</td>
<td>
在地铁上，我们既不能吸烟，又不能拍照。
④句式“S+既(不)+VP1+又(不)+ VP2”加强操练(5分钟)：
改写句子：开车时不能看手机，开车时不能吃东西。
改写句子：开车时既不能看手机又不能吃东西。
⑤创设情景：通过图片以及教师声音、形态、动作，为学生创设具有连贯故事线、鲜活有趣的生活情景，引导学生在情景中自然灵活地使用所学语法点“既……又……”(5分钟)。
<table>
<tr><th>教师</th><th>学生</th></tr>
<tr><td>阿宝远道而来，我们请他吃个饭吧。</td><td>好呀！</td></tr>
<tr><td>这里有两家饭店，左边这家干净吗？</td><td>干净。</td></tr>
<tr><td>卫生吗？</td><td>卫生。</td></tr>
<tr><td>我们用“既……又……”怎么说呢？</td><td>左边这家饭店既干净又卫生。</td></tr>
<tr><td>右边这家呢？</td><td>右边这家饭店既不干净又不卫生。</td></tr>
<tr><td>这两家饭店你想去哪家呢？</td><td>左边。</td></tr>
<tr><td>嗯，最好的饭店是既干净又卫生的。</td><td></td></tr>
<tr><td>进去饭店，我们看到了什么呢？</td><td>火锅、烤鸭。</td></tr>
<tr><td>你想吃吗？</td><td>我都想吃。</td></tr>
<tr><td>用“既……又……”该怎么说呢？</td><td>我既想吃火锅又想吃烤鸭。</td></tr>
<tr><td>这里有好多菜，都是什么菜呀？</td><td>青菜、白菜、土豆、玉米。</td></tr>
<tr><td>你想吃什么菜呢？</td><td>土豆和青菜。</td></tr>
<tr><td>用“既……又……”该怎么说呢？</td><td>我既想吃土豆又想吃青菜。</td></tr>
<tr><td>吃完了，我们要付钱，我们可以用什么支付方式支付呢？</td><td>支付宝、微信。</td></tr>
<tr><td>用“既……又……”该怎么说呢？</td><td>我们既可以用支付宝也可以用微信。</td></tr>
<tr><td>×××，你喜欢用什么支付呢？
对×××来说，最好的支付方式是微信支付。</td><td>微信。</td></tr>
</table>
</td>
</tr>
</table>

续表 9–4

<table>
<tr><td rowspan="3">教学实施步骤</td><td>

教师	学生
吃饱了，阿宝想做运动来减肥，因为最好的减肥方式是运动。	
这是哪里呢？	体育馆。
那是哪里呢？	游泳馆。
阿宝既想去体育馆也想去游泳馆。	
你想去哪里呀？	体育馆。
那我们怎么去呢？	我们可以坐公交。
除了坐公交，还能坐什么呢？	还能坐地铁。
用“既……又……”该怎么说呢？	我们既可以坐公交又可以坐地铁。
×××，你喜欢坐公交还是坐地铁呀？	坐地铁。
为什么呢？	因为……
哦，对×××来说，最好的交通方式是地铁。	
你知道在地铁上有什么是不能做的吗？你看一下这个标志，你知道是什么意思吗？那个呢？	不能吸烟。 不能拍照。
用“既……又……”该怎么说呢？	在地铁上，我们既不能吸烟，又不能拍照。

</td></tr>
<tr><td>⑥总结（1 分钟）：通过表格形式从结构、意义、功能三方面对今天所学语法点进行系统总结，让学生对“既……又……”句式有更清晰的理解。</td></tr>
<tr><td>

结构 structure	既……又……	Both…and…
意义 meaning	表示并列关系，同时具备两方面的情况，都表示积极意义，或者都表示消极意义。	to indicate two situations, both positive or both negative at the same time
功能 function	S+既+adj1+又+adj2 S+既不+adj1+又不+adj2 S+既+VP1+又+VP2 S+既不+VP1+又不+VP2	to connect two verbal structures or adjectives (usually the same in structure)

</td></tr>
</table>

续表 9-4

<table>
<tr>
<td>教学实施步骤</td>
<td>
⑦思考活动题(3 分钟):综合练习“既……又……”句式的搭配,通过角色扮演、对话、选择填空、音乐教学等方式帮助学生巩固。
阿宝问你想学什么功夫?请你用“既……又……”回答。
<table>
<tr><td>想要练好太极拳和肚皮功,我们既要坚持,________。
既要保持身体健康,________。
我们才能既年轻,________。</td><td>A. 又漂亮
B. 又要努力
C. 又要保持心理健康</td></tr>
<tr><td colspan="2">趣味练习:针对以上语段,以唱 rap 的方式练习课堂上所学的语法点。这段 rap 富有节奏感,新颖有趣,又可以帮助学生记忆。</td></tr>
</table>
4. 文化拓展(直观法、讲授法)8 分钟
①播放 2 分钟左右讲解太极和太极拳的视频,然后针对同学们的问题进行解答。
②和同学们一起练习上节课所学的太极拳。在练习动作的同时,巩固复习本节课所学语法点。
<table>
<tr><th>教师</th><th>学生</th></tr>
<tr><td>我们练习太极拳的时候,应该收肚子,深呼吸。我们把这叫作“气沉丹田”。
练习太极拳,有什么好处吗?</td><td>减肥,还可以锻炼身体。</td></tr>
<tr><td>对,练习太极拳,不但可以减肥,还可以锻炼身体。既可以保持身体健康,又可以保持心理健康。
用今天学习的语法点“既……又……”该怎么说呢?</td><td>太极拳既可以减肥,又可以锻炼身体。</td></tr>
<tr><td>我们平时觉得很辛苦的时候,可以练习太极拳,来放松我们的心情。
我们在练习太极拳的时候可以忘掉烦恼。
怎样才能练好太极拳呢?</td><td>我们既要坚持,又要努力。</td></tr>
</table>
</td>
</tr>
</table>

续表 9-4

教学实施步骤	**5. 课后作业(2 分钟)** ①课下你向你的中国朋友们介绍一下我们的好朋友——阿宝，可以参考下面的语句。 阿宝是一个"功夫熊猫",他既善良又热情…… 他既喜欢吃面条,又喜欢吃包子…… 他既会说英语,又会说汉语…… 他特别厉害,既会教太极拳,又会教肚皮功…… 你们了解阿宝了吗? ②课下在你的中国朋友中做一个访谈，问问他爱吃的食物、喜欢做的运动、已掌握的语言、才艺等，然后尽量使用"既…又…"列举出来，发给老师，下次见面汇报一下。
课下拓展	尝试使用 App 拓展你的汉语学习。 课下拓展 App：Chin Lab/Simply Learn Chinese

点评：本课教学设计内容分析透彻翔实，有理有据、步骤紧凑、结构清晰，能有效帮助学生理解和运用老师所讲授语言点内容和用法，并在授课中加入了与生活紧密联系的实用信息以及中国传统文化内容，有利于增强学生对中国文化的理解。

在课堂活动设计上，形式丰富多样，包括情景式师生对话、唱 rap，并结合了太极拳练习所学语言点。在作业形式上，充分考虑到需要发展学习者自主运用语言点的能力，并结合 App 进行相应拓展，体现了教学设计中的社会文化语言学习理念。

(二)《桌子上放着很多饮料》

表 9-5　《桌子上放着很多饮料》教案

课文标题	《桌子上放着很多饮料》
教学主题	学习课文中的选择场景、位置场景，把其中重要的表示选择的句型"……还是……""……或者……"等进行精讲多练，让学生能够在交际场合中正确使用。

续表 9–5

教学对象	汉语水平：HSK 3 级 年龄：20 岁左右 性别：男 国别：巴基斯坦
课型	准中级国际汉语综合课
教学目标	**1. 认知领域：** (1)语音：学生能够准确掌握声母“sh”和“zh”的发音； (2)词语：能够准确理解和掌握生词的意义和用法； (3)语法：能够准确理解和掌握连词“还是”一般用来连接两种情况进行提问，以及能够从中选择一种情况进行回答；能够准确理解和掌握“……或者……”一般是用来表示选择的陈述句。 (4)汉字：能够正确书写本课生词“红茶、绿茶、花茶、还是、或者、饮料”，速度较快且全部正确； (5)课文：能够理解并记忆课文的内容，能够运用本课的词语和句式结构，基本完整地复述课文内容。 **2. 言语技能领域：** (1)听：能够听懂录音速度的课文； (2)说：能够以叙述体的形式复述课文，话语自然； (3)读：听完课文后，能够中速朗读课文，正确流利地读词语； (4)写：书写本课生词，速度较快且全部正确。 **3. 言语交际技能领域：** 使学生能够在交流上做到形式上的衔接，语义上的连贯，表达上的通畅。 **4. 情感领域：** 通过有意义的练习、交际活动等环节营造具体的情境，帮助学生快速进入课文内容，鼓励学生进行积极表达，使学生产生对表示选择的提问做出回答的欲望。 **5. 学习策略领域：** 帮助学生掌握运用比较、复述等策略，引导和培养学习的自主学习意识，形成良好的学习习惯。

续表 9–5

<table>
<tr><td>教学内容</td><td>1. 生词教学：
能够正确书写本课生词“红茶、绿茶、花茶、还是、或者、饮料”，并准确掌握它们的语义和语用。
2. 语音教学：
(1)声母 sh 的教学：发翘舌音“sh”时，舌尖上翘，接近硬腭前部。由于在舌头和牙床间会有气流通过，所以听起来伴有摩擦音。再进行相关的字、词、句的大量练习，让学生通过反复的练习来记住发音时的位置。
(2)声母 zh 的教学：发音时，舌尖上翘，抵住硬腭前部，有较弱的气流冲开舌尖阻碍。再进行相关的字、词、句的大量练习，让学生通过反复的练习来记住发音时的位置。
3. 语法教学：
(1)“……还是……”，一般用于表示选择的疑问句式；
(2)“……或者……”，一般用于表示选择的陈述句式。
4. 汉字教学：
红茶、绿茶、花茶、还是、或者、饮料
5. 语篇教学：
教师要注意课文内容的衔接、连贯和通畅，让学生在给出关键词、框架的基础上复述课文和进行角色扮演模拟交际。
6. 功能教学：
(1)能用“……还是……”询问对方，让对方做出选择，并能回答对方的询问。
(2)能用“……或者……”表达对人/物的选择。
7. 文化教学：
俗语：茶好客常来(着重跨文化交际)</td></tr>
<tr><td>教学时长</td><td>45 分钟</td></tr>
<tr><td>教具</td><td>茶具、汉服、硬币、卡纸(数字：6 或者 9)、杯子、丝巾(变魔术)、水果(香蕉、苹果、橘子、草莓、桃子)</td></tr>
<tr><td>教学
重难点</td><td>1. 教学重点：
(1)能够准确理解和书写本课的生词：红茶、绿茶、花茶、还是、或者、饮料；
(2)学生能够掌握“还是”和“或者”都是表示选择的句式。
2. 教学难点：
(1)准确掌握声母 sh、zh 的正确发音；
(2)区分“还是”“或者”：“还是”一般用于疑问句，“或者”一般用于陈述句。</td></tr>
</table>

续表 9–5

<table>
<tr><td>教学亮点</td><td>1. 创新性：
(1)复习学过的词语——闪卡游戏。
(2)变魔术带动课堂氛围，玩中带学。
(3)头脑风暴——给汉字“加一笔”猜新字，提升汉字教学效果。
(4)肢体语言——充分调动教师和学生的肢体语言，用“体演式”教学。
(5)教师拍摄的原创中国茶文化视频，生动形象。
2. 趣味性：
(1)猜硬币游戏。
(2)听声音、猜动物游戏。
(3)游戏环节“猜水果”。
3. 交际互动性：模拟真实生活情境，让学生在较真实的角色扮演语境中习得语言知识和文化观念。
4. 背景布置：把体现中国文化的生肖等剪纸装裱悬挂于墙上，作为教师的直播教学背景；把巴基斯坦地图悬挂起来作为学生的学习背景。
5. 文化渗入：在以汉语言为主体的基础上，将中国茶文化渗入教学。</td></tr>
<tr><td>教学方法</td><td>1. 语法翻译法：有的地方如“陈述句”“疑问句”借助英语媒介语翻译。
2. 听说法：重视句型结构，强化操练。
3. 视听法：通过展示自己拍摄的茶文化视频来进行导入。
4. 情景法：通过猜硬币、变魔术等创设情景来提高参与性、互动性。
5. 交际法：通过角色扮演来设置交际场合，训练学生交际能力。
6. 认知法：让学生自己通过观察发现要学习的新知识点。
7. 体演法：充分调动教师和学生的肢体语言，具有表演性，生动活泼。</td></tr>
<tr><td>教学实施步骤</td><td>(一)组织教学(1 分钟)
点名引导学生集中注意力，考勤
(二)复习旧课(3 分钟)
1. 轮流认读(使用生词卡)：老师拿出 10 张闪卡，和学生一起复习闪卡词汇后，让学生闭上眼睛。老师抽走 1 张闪卡，让学生猜哪一张不见了。如果学生讲出消失的词语，即可获得这张闪卡。每抽走一张闪卡再补充一张闪卡进去，保持闪卡的数量不变。这样既可以锻炼学生的记忆力，又有助于学生复习学过的词语，看看学生最后能得到多少张卡片。
2. 听写生词。</td></tr>
</table>

续表 9-5

教学实施步骤	**（三）学习新课**（25 分钟） ☞ **导入** 播放教师提前录制好的原创视频，问： • 老师在干什么？ • 你喝过茶吗？ • 你喜欢喝什么茶？ • 老师喝的是什么茶？ • 在中国，除了绿茶还有红茶。你喝过红茶吗？ • 你喜欢喝红茶还是绿茶？ ☞ **进入课文学习** **进入课文的第一部分（课文 1~课文 2）** （在学习新课文之前，我们先来学习一下本课生词） **1. 学习生词** （PPT 进行分组生词展示：①还是；②记得；③裤子、衬衫） 领读两遍生词（要求学生熟练发音并基本正确地朗读生词，学生齐读、个别读，并正音） （1）还是 用图片法、情景法 问：你喜欢喝红茶还是绿茶？ 学生回答完毕后，说明“还是”一般用于表示选择的疑问句。 （2）记得 用问答法、翻译法（remember） 问：你还记得昨天我们学习了哪些生词吗？ （3）裤子、衬衫 用图示法、情景法 （展示裤子和衬衫的图片，模拟在商场买衣服的情景） 问：你想买裤子还是衬衫？

续表 9-5

<table>
<tr><td>教学实施步骤</td><td>2. 听读课文
(1)第一遍学生听录音，能听懂录音速度的课文内容；
(2)第二遍学生自己朗读，要求发音顺畅、语调自然；
(3)第三遍教师和学生分角色朗读。
3. 讲解语言点(……还是……)
(1)猜一猜
• 上节课老师让你带硬币，你带了吗？
• 下面我来做，你来猜：硬币在左手还是右手？
(提示学生：请看我左手戴了手表，右手没有戴手表。)
• 现在请注意看：硬币在左手还是右手？
(学生猜是右手。老师说："不对，硬币在戴了手表的左手。")
• 下面，你来做，我来猜。
• 学生："老师，您猜一猜硬币在哪只手？"
• 我猜在右手！
• 学生："哈哈，老师猜错了！"
• 老师："你刚才问老师'硬币在哪只手'，我们还可以说成……对！还可以说成'硬币在左手还是右手？'"
• 老师：这是毛笔还是钢笔？(出示一根笔杆，下半部分先隐形)
【板书】还是
• 读句子：现在，请和我一起读刚才学习的两个句子。
• 纠音："还是"，请和我读"还是"。
【板书】sh
• 读声母：请看老师的手(手握拳，用手背模拟口腔环境，另一只手做"舌头"，往上翘起。(先侧面，再正面)
• 读声调：是，四声。(手势法)</td></tr>
</table>

续表 9-5

<table>
<tr><td>教学
实施
步骤</td><td>【总结】
● 老师：读完这两个句子，你发现了什么？
● 学生：都有“还是”。
● 老师：你还发现了什么？
● 学生：老师，没有发现什么了。
● 老师：请注意看，这两个句子是不是都有问号？所以，我们这节课学习的第一个句型就是：主语+A+还是+B，一般用于疑问句，表示选择。
(2)听一听，猜一猜
● 下面，请根据声音猜一猜这是猫叫还是狗叫？
● 下面，请根据声音猜一猜这是羊叫还是牛叫？
(3)魔术(magic time)
● 请看这是红色饮料还是黄色饮料？(红色)
● 现在再看，这是红色饮料还是黄色饮料？(黄色)
4. 理解课文
让学生根据课文内容回答问题：
(1)明天是晴天<u>还是</u>阴天？(电视上说明天是多云，所以是阴天)
(2)明天是小丽去爬山<u>还是</u>小刚去爬山？(小刚要去爬山，小丽有事去不了)
(3)周太太最后买了裤子<u>还是</u>衬衫？(周明说他的太太已经有两条这样的裤子了，所以周太太最后买了一件衬衫)
5. 角色扮演
(1)情景一：去饭馆吃饭
学生扮演服务员，老师扮演客人。请学生用“还是”问一问客人想吃什么？喝什么？怎么支付？
● “您是吃米饭还是吃面？”
● “您要喝果汁还是喝咖啡？”
● “您怎么支付？”
(老师：“请注意，用‘还是’该怎么问？”学生：“我想想，应该是你用手机支付还是现金支付？”老师：“对的。我用现金支付。”)</td></tr>
</table>

续表 9-5

教学实施步骤	(2)情景二：去商场买衣服 学生扮演售货员，老师扮演客人。请学生用“还是”问一问客人想买什么？买什么颜色的？ • “您买长袖还是短袖？” • “您买红色的还是黄色的？” **进入课文的第二部分(课文4)** 在学习新课文之前我们先来学习一下生词。 **1. 学习生词** (PPT进行分组生词展示：①茶、饮料；②或者；③花茶、绿茶、舒服) 领读两遍生词(要求学生熟练发音并基本正确地朗读生词，学生齐读、个别读，并正音) (1)茶、饮料 • 用视听法、实物演示法 • 1. 播放提前录制好的原创视频　2. 简单介绍中国的茶文化 • 老师：今天老师带来了一些喝的，你喜欢喝什么？(指着桌子上的饮料) • 学生：我喜欢喝…… • 老师：它们都有一个共同的名字，你知道叫什么吗？ • 学生：嗯……老师，我不知道。 • 老师：那老师来告诉你，它们都可以叫“饮料”。 (2)绿茶、舒服 用图片法、翻译法(comfort) • PPT展示喝茶的动图，问：他在喝什么茶？ • PPT出示动图——工作了一天后，躺在沙发上。问：他现在感觉怎么样？(很舒服) **2. 听读课文** (1)第一遍学生听录音，能听懂录音速度的课文内容； (2)第二遍学生自己朗读，要求发音顺畅、语调自然； (3)第三遍教师和学生分角色朗读。 **3. 讲解语言点(……或者……)** ☞ **导入** • 老师：前面老师说要买红色的衣服，那你买衣服喜欢网购还是去实体店？

续表 9-5

教学实施步骤	●（出示图片：万达广场、万象）老师：你去过这两个地方吗？ ● 老师：那你一般去哪买？还可以去哪买？ ● 老师：对，可以去万达买衣服，还可以去万象买衣服。合在一起我们可以说——我一般去万达或者万象买衣服。 【板书】地点，或者 ● 老师：你一般怎么去万达呢？ ● 学生：我走路去。 ● 老师：还可以怎么去呢？ ● 学生：还可以骑车去。 ● 老师：合在一起怎么说？ ● 学生：我一般走路或者骑车去。 【板书】出行，或者 ☞ **总结** ● 读句子：现在，请跟我一起读刚才学习的两个句子。 ● 纠音：读“或者”，请和我一起读，zh-e，三声，“者”，“或者”。 【板书】zh（请看右上方板书） ● 读声母：发音时，舌尖上翘，抵住硬腭前部，有较弱的气流冲开舌尖阻碍。仔细看老师的口型：zh。 ● 读声调：者，三声。（手势法） 【总结】 ● 老师：读完这两个句子，你发现了什么？ ● 学生：都有“或者”。 ● 老师：你还发现了什么？ ● 学生：老师，没有发现什么了。 ● 老师：请注意看，这两个句子是不是都是句号？所以，我们这节课学习的第二个句型是：主语+A+或者+B，一般用于陈述句，表示选择。 ☞ **练习** （1）练一练 （PPT 展示一个小女孩的名片） ● 老师：小女孩的中文名是张丽，英文名是 Lily，用“或者”可以怎么说？ ● 学生：我们可以叫她张丽或者 Lily。

续表 9-5

教学实施步骤	（PPT 展示社交 App：微信、QQ） • 老师：你经常用哪个软件和朋友聊天？ • 学生：我用微信聊天。 • 老师：我们还可以用 QQ 聊天，用“或者”可以怎么说？ • 学生：我们可以用 QQ 或者微信聊天。 （PPT 展示一双筷子和一个勺子） • 老师：吃饭的时候，我们可以用筷子也可以用勺子，用“或者”可以怎么说？ • 学生：我们可以用筷子或者勺子吃饭。 （2）玩一玩 （下面我们玩个小游戏，想一想给字加一笔可以变成什么字？） **1.“一”** • 老师：给“一”字加一笔可以变成什么字？ • 学生：老师，让我想想……可以变成二，还可以变成十。 • 老师：对！用“或者”可以怎么说？ • 学生：“一”加一笔可以变成二或者十。 **2.“人”** • 老师：给“人”字加一笔可以变成什么字？ • 学生：老师，让我想想……可以变成大……老师，我想不出来了。 • 老师：请跟我一起写，（屏幕前用手比画“个”）这是什么字？ • 学生：这是“个”！ • 老师：用“或者”可以怎么说？ • 学生：“人”加一笔可以变成大或者个。 **3.“大”** • 老师：下面请看，给“大”字加一笔可以变成什么字？ • 学生：老师，让我想想……老师，这个太难了，我想不出来。 • 老师：好，请拿出手和我一起写，（屏幕前用手比画“太”）这是什么字？ • 学生：哦，这是“太”！ • 老师：（屏幕前用手比画“天”）这是什么字？ • 学生：这是“天”！ • 老师：用“或者”可以怎么说？ • 学生：“大”加一笔可以变成天或者太。

续表 9-5

教学实施步骤	**4. 理解课文** 让学生根据课文内容回答问题： 小刚想喝什么饮料？（茶或者咖啡） 小丽为什么最爱喝茶？（因为天冷了或者工作累了的时候，喝杯热茶会很舒服） **5. 综合练习【还是、或者】** ☞ **总结** • 老师：这节课我们学习了两个句子，"您想吃米饭还是面？"和"我一般走路或者骑车去"，你发现有什么不同？ • 学生：一个有"还是"，一个有"或者"。 • 老师：对，你还发现了什么？ • 学生：老师，没有了。 • 老师：请注意，一个有问号，一个有句号。所以，"还是"一般用于疑问句，"或者"一般用于陈述句。 ☞ **练习** （1）猜数字：6/9 • 老师：请看，我手里拿的是 6 还是 9？ • 学生：它可以是 6，也可以是 9。 • 老师：对，那用"或者"怎么说？ • 学生：这是 6 或者 9。 （2）选词填空 ①你喜欢画画（　　　　）唱歌？——选"还是" ②我不喜欢苦的（　　　　）辣的。——选"或者" ③你喜欢春天（　　　　）秋天？——选"还是" ④小张（　　　　）小李去都可以。——选"或者" （假设学生选成了"还是"，老师纠正学生的偏误：再想想看，这里是句号，应该选什么？——"哦，应该选'或者'！"） （3）判断对错 ①他今天在家或者在学校？——错 （老师："正确的应该是？"学生："应该用'还是'。"）

续表 9-5

<table>
<tr>
<td>教学
实施
步骤</td>
<td>②王丽明天还是后天过生日？——对
③我可以去超市还是网上买衣服。——错
（老师：“正确的应该是？”学生：“应该用‘或者’。”）
④午饭吃包子或者吃面条都行。——对
（4）看图走路
①小男孩从家到公园走蓝色的路还是绿色的路？
（老师提示学生：“用‘或者’可以怎么说？”学生：“他可以走蓝色的路或者绿色的路。”）
②小男孩从学校回家可以走黄色的路还是紫色的路？
（学生：“他可以走黄色的路或者紫色的路。”）
（四）归纳总结（2 分钟）
1. 现在请看板书，今天我们学习了“还是”和“或者”，都表选择。但两者的区别是，“还是”用于疑问句，“或者”用于陈述句。
2. 请注意声母 sh、zh 的正确读法，记住舌头的位置，课下要多多练习。
（五）汉字教学（4 分钟）
仔细观察每个汉字的笔顺，在写字本上写三遍。

（六）文化教学（2 分钟）
俗语“茶好客常来”：口头向学生解释其意义以及比喻义：如果茶很好喝，客人就会经常来。这句话常用来比喻东西好，顾客就会喜欢。设置情景让学生表述应用。</td>
</tr>
</table>

续表 9-5

<table>
<tr><td>教学
实施
步骤</td><td>(七)游戏活动(5分钟)
猜水果：老师提前准备好几种平时经常吃的水果，请学生用“还是”从水果的颜色、形状、味道等方面问老师自己猜得对不对。(猜对三个及其以上可以获得小奖品：中国剪纸、扇子等)
例如：
• 学生：它是黄色还是红色？
• 老师：黄色。
• 学生：它是圆的还是长的？
• 老师：长的。
• 学生：它是甜的还是酸的？
• 老师：甜的。
• 学生：是不是香蕉？
• 老师：恭喜你，答对啦！
(八)布置作业(3分钟)
1. 背诵生词，下节课听写；
2. 完成课后的练习题。
【结语】
• 老师：“马上就要下课啦，你希望作业多一点还是少一点？”
• 学生：“老师，少一点吧！”
• 老师：“好，请认真完成今天的作业，下节课有奖励哦！好，下节课见！”(挥手)
• 学生：“老师再见！”(挥手)</td></tr>
<tr><td>作业
设计</td><td>一、朗读下面的句子，注意区分声母 sh 和 zh 的发音
(1)硬币在左<u>手</u>还<u>是</u>右<u>手</u>？
(2)明天<u>是</u>晴天还<u>是</u>阴天？
(3)您要喝果汁还<u>是</u>喝咖啡？
(4)您<u>是</u>吃米饭还<u>是</u>面？
(5)我一般去万达或<u>者</u>万象买衣服。
(6)我一般走路或<u>者</u>骑车去。
(7)我可以去超市或<u>者</u>网上买衣服。
(8)天冷了或<u>者</u>工作累了的时候，喝杯热茶会很舒服。</td></tr>
</table>

续表 9–5

<table>
<tr><td>作业
设计</td><td>
二、选词填空
还是　或者
(1)你喜欢画画(　　　　)唱歌？(还是)
(2)我不喜欢苦的(　　　　)辣的。(或者)
(3)你喜欢春天(　　　　)秋天？(还是)
(4)小张(　　　　)小李去都可以。(或者)
三、根据拼音写出汉字
jì　　　　chá　　yǐn　　　lǜ
□得　喝□　□料　□色
四、用“……还是……”“……或者……”完成句子
1. 你喜欢看书________？
2. 放学回家后，是先________呢？
3. 今天晚上吃________都行。
4. 我还没想好穿蓝色的衬衫________。
五、用“还是”和你的朋友聊聊购物
例如：
• “你想买衬衫还是裤子？”
• “我想买衬衫。”
六、写一篇小短文(要求：不少于80字)，用到以下词语：
• 连词：还是、或者；
• 地点名词：北京、上海、广州、深圳；
• 交通工具：汽车、火车、飞机、高铁；
• 饮料：绿茶、咖啡、果汁、牛奶；
• 食物：米饭、面条、面包、饺子。
</td></tr>
</table>

续表 9-5

学生反馈意见	1. 教师讲课内容的例子可以更加符合学生的个人特点，如：兴趣爱好等； 2. 教师音色甜美，普通话标准，为学生的语音学习做了良好的示范； 3. 教师在教学过程中的魔术环节极其吸引学生注意力，激发了学生的学习兴趣和积极性； 4. 教师在学习中运用到了有趣的游戏环节，如：猜硬币，头脑风暴——给汉字“加一笔”猜新字等，提高了学生的学习兴趣。 5. 课件精美，图片视频案例丰富，易于理解掌握。 6. 学生在学习汉语言的同时，还接触到了中国茶文化。
教学反思	本次综合课的教学主题是《桌子上放着很多饮料》，教学对象为汉语水平为中级的巴基斯坦留学生。根据这一要求，我们对教材和学生进行了深入的分析，制定了以下教学目标，确定了教学重点、难点和亮点。整个教学过程中，涉及语音、词语、汉字、课文、语法以及俗语的教学。 教学过程的第一个环节是生词教学。首先，我将生词进行归类，从易到难教学。我运用了图示法、翻译法、问答法、情景法对生词进行讲解，再结合一些实物让学生理解并加深印象。同时，对个别生词的发音用演绎法进行教学，并用手势让学生理解。对课文的讲解，则侧重加强学生对课文的理解能力。我先读课文，读完课文再写出几个问题，让学生带着问题进行分角色朗读课文。最后提问学生，让他们给出以上问题的答案。 至于本堂课语法的教学，第一个语法点“还是”表示选择，一般用于疑问句。我主要运用了归纳法、演绎法和句型法，通过视频和贴近生活的小游戏让学生从具体的语言材料出发，向学生讲解“还是”在哪些情况下表示选择。第二个语法点“或者”也同样通过演绎法、归纳法、句型法进行讲解，并且用大量的练习帮助学生区别“还是”和“或者”这两种用法的不同，从而进行巩固。考虑到对外汉语教学的文化功能，我在教学过程中设置了跨文化内容的教学，向学生展示了“茶好客常来”这个俗语，并对其意义和用法进行讲解，让学生了解我国传统文化中的茶文化和俗语文化。 其次，在教学过程中加入了趣味教学，通过猜硬币、听声辨物、变魔术等环节，让学生积极参与到课堂的学习与互动中来，提高他们的学习积极性和学习新知识的兴趣。整个教学过程我们严格遵循了结构、功能和文化相结合的原则、由易到难、循序渐进的原则，考虑到教学方法的多样性、互动性和趣味性，根据学生的实际情况进行教学设计。

续表 9-5

教学反思	整个教学环节，学生整体的氛围还是不错的，课堂效果也大体符合我的预想。学生对课堂内容显现出极大的兴趣和热情，在互动环节也都非常积极踊跃。但由于学生个人偏好以及性格差异，出现了教学中的部分语言材料不符合学生的实际认知等情况。在下次教学过程中我会针对这一情况改善教学方法，考虑到学生的真实兴趣点和需求，让学生更加融入课堂的互动与学习中来，从而使学生学习与教师教学得到同步提高。 此外，线上教学，教师能够利用的网络资源非常丰富，教学设计也因此能多样化呈现，从而可以给学生创造一个轻松的学习氛围。但是由于距离较远，学生容易出现注意力不集中的情况。线下教学则师生可以面对面交流，教师也可以实时地掌握学生的学习进度和学习情况，及时作出调整，学生也更不容易分心，从而使学生能够及时地跟着老师的思维更加顺利地完成教学目标。 如何使线上教学更有效？我们的看法是：首先，PPT 要做得精彩，这样才能吸引学生的注意，不会使其感到枯燥而分心。然后，再利用视频、声音、游戏等活动来帮助学生更好地理解学习内容，提高学生的积极性和学习热情；再者，遵循由易到难的练习设置以及趣味练习，可以让学生在轻松愉快的氛围下掌握知识、理解知识并将其恰当地运用到交际当中去。总的来说，线上教学要极力避免“老师说，学生答”“满堂灌”等枯燥教学模式，以学生为主体，把更多的主动权交给学生，这样才有利于线上教学的有效开展。

点评：本课教学设计思路清晰，由讲到练，讲练结合。课堂活动形式也丰富多样，具有语言和文化多元维度，体现了国际汉语教学培养学习者综合语言运用能力的目标。授课者注意到了线上教学的特点和局限性，设计了富有趣味性的活动吸引学习者的注意，如汉字游戏、猜水果游戏、魔术等，避免学习者在线上学习中分心。但如果在作业设计中能兼顾交际性练习则更有利于学习者在课后达到自主运用语言点的要求。

(三)《这个工作是他帮我介绍的》

表 9-6 《这个工作是他帮我介绍的》教案

教学主题及教材	第四课《这个工作是他帮我介绍的》(选自孔子学院总部/国家汉办《HSK 标准教程》第二册，姜丽萍主编，北京语言大学出版社，2017 年 12 月)
教学对象	已通过 HSK 4 级的初级班留学生，掌握 1000 个汉字，能够完成简单的交际性任务
教学地点	南京晓庄学院行知组团 B 楼 306 室
课型	初级汉语综合课
教学目标	**1. 认知目标：** (1)字词：通过对词语的学习，能够准确掌握生词的意义和用法。 (2)语法：通过对语言点的学习，理解并掌握“是……的”句的语义特征、句式特点和准确用法，正确运用时间副词“已经”和“……的时候”。 **2. 技能目标：** (1)听：能够听懂课文，听辨生词。 (2)说：能够正确运用“是……的”句式结构进行表述或回答，话语自然流畅。 (3)读：能够准确读生词及课文，语音、语调基本正确，自然流畅。同时，能够读懂篇幅难度相等的语料，并准确理解其语义信息。 (4)写：能够书写课文生词，根据表达要求和表达需要，正确运用本课所学的句式结构。 **3. 学习策略目标：** (1)认知策略：将新知与旧知进行联结，能够对知识进行分类、比较。 (2)交际策略：增强互动意识，通过小组学习体会合作学习的长处。 **4. 情感目标：** (1)学生有了解中国礼仪文化的愿望。 (2)学生有了解中国传统节日文化的愿望。

续表 9-6

学情分析	**1. 已具备的知识基础：** ①学生已掌握主谓宾基本句型，陈述句、疑问句、否定句基本句式； ②学生已经掌握动词“是”的基本用法； ③学生已经掌握现在时的表达方式。 **2. “是……的”最主要的偏误类型及成因：** ①回避偏误，表现为该用而弃用，原因为学习者消极的学习策略； ②滥用偏误，表现为不该用而用，随意使用，原因是目的语规则的泛化； ③语序偏误，表现为“是”“的”与其他结构成分的线性顺序的错误； ④缺漏偏误，表现为“是”“的”的随意省略，结构语义不完整，后两种类型的主要原因是对语言规则理解和运用的准确性的问题。
教学 重点、难点	**教学重点：** 1. 掌握新生词的词义和用法； 2. 掌握“是……的”句的语义特征、句式特点和准确用法，正确运用“……的时候”表示时间、时间副词“已经”。 **教学难点：** 1. “已经”用于表达过去式的句式； 2. “是……的”句的强调方式； 3. 当定语为复杂形式时的“……时候”的用法。
教具	实物类：贺卡、小白板 图片类：照片、课文插图 媒体类：PPT 图片、图片、视频
教学方法	图示法 听说法 情境法 任务型教学法
教学活动	师生对话、小组活动

续表 9-6

<table>
<tr><td rowspan="4">教学
实施
步骤</td><td>组织教学</td><td>师生问好：教师以天气、时间、活动等话题与学生进行简短对话。</td><td rowspan="3">教学活动与方法：
师生对话法；
情境法</td></tr>
<tr><td>复习检查</td><td>1. 作业点评
2. 对已经学习过的语法点进行练习
3. 生词(使用生词卡)</td></tr>
<tr><td>导入</td><td>播放有关于“是……的”句的视频片段，引导学生注意强调方式、对象、行为发出者的“是……的”句型，并对视频中的对话进行简要提问。</td></tr>
<tr><td>学习
新知识</td><td>(一)生词(10 分钟)
工作、帮、非常、介绍、问、长
1. 感知生词，教师领读，纠正发音。
2. 理解生词。
<table>
<tr><th>生词</th><th>注意</th></tr>
<tr><td>(1)工作：从事体力或脑力劳动。
例：我在这里~了七年。</td><td>◇“工作”与“劳动”的区别：(展示 PPT 图片)</td></tr>
<tr><td>(2)帮：帮忙、帮助。
例句：我来~你。</td><td>◇“帮忙”与“帮助”的区别：
(1)词义侧重点：帮忙强调行动；帮助除了行动上还有精神上。
(2)帮……忙(√)；帮……助(×)</td></tr>
<tr><td>(3)非常：很。
例句：~高兴；~重要。</td><td>◇否定形式为“非常+不+adj.”“非常+不+心理动词(想、喜欢、愿意等)”</td></tr>
</table></td><td>图示法；
听说法；
看图说话</td></tr>
</table>

续表 9-6

<table>
<tr>
<td>教学
实施
步骤</td>
<td>学习
新知识</td>
<td>
<table>
<tr><th>生词</th><th>注意</th></tr>
<tr><td>(4)介绍：推荐，使了解。
例句：
~学习方法。</td><td>◇“介绍”与“推荐”的区别：“介绍”指使双方相识，或让对方了解某人、事物。
“推荐”指将好的人或物告诉别人，让别人接受。</td></tr>
<tr><td>(5)问：询问，向某人要东西。
例句：昨天晚上父亲~我的学习情况。</td><td>◇“询问”义与“向某人要东西”义的使用区别：
A 问 B+宾语(句中的“问”为“询问”)
A 问 B+要/借+宾语(句中的“问”为“向某人要东西”)</td></tr>
<tr><td>(6)长：cháng：表示跨度。
zhǎng：生长。
例句：年长的老爷爷胡子长长的。</td><td>◇对于“长”的多音字教学可以通过字形演变、字义引申的角度进行教学。</td></tr>
</table>
3. 操练生词，巩固生词。
(1)这是谁的钢笔？不知道，下课我(问)一下。
(2)你喜欢踢足球吗？(非常)喜欢。
(3)今天，我们请李华同学来给我们(介绍)学习方法。
(4)我找到了一份(工作)，是在学校里教汉语。
(5)你可以(帮)我拿一下书包吗？
(6)你是用多(长)时间学会太极拳的？一个月。
(二)语法(20 分钟)
1.“是……的”句
(1)导入
播放有关于“是……的”句的视频片段，引导学生注意强调方式、对象、行为发出者的“是……的”句，并对视频中的对话进行简要提问。
</td>
<td></td>
</tr>
</table>

续表 9-6

<table>
<tr>
<td>教学
实施
步骤</td>
<td>学习
新知识</td>
<td>
(2)肯定形式
<table>
<tr><td>S+是+方式+V+(+O)+的
S+是+行为发出者+V+(+O)+的
S+是+对象+V+(+O)+的</td><td>注意：
①说明句型结构。
②“是……的”句(1)需要在已经知道事情发生的情况下使用。
③注意“怎么(方式)、和谁(对象)、谁(行为发出者)”放置在 V 之前。</td></tr>
</table>
课堂练习：
(1)请学生运用“是……的”句型进行看图说话练习。
<table>
<tr><td>◇强调时间：
公交车是 4 点来的。</td><td>◇强调地点：
他是从银行走出来的。</td></tr>
<tr><td>◇强调方式：
他是骑自行车上学的。</td><td>◇强调对象：
他是给女孩儿送外卖的。</td></tr>
<tr><td colspan="2">◇强调行为发出者：
这个门是男人打开的。</td></tr>
</table>
(2)请学生根据“是……的”的句式特点进行变换练习。
①肯定形式、否定形式变换练习：
我和家人吃饭。
我是和家人一起吃饭的，不是和朋友一起吃饭的。
②组句练习：
“是……的”、去、飞机、我、美国、坐
答：我是坐飞机去美国的。
③连词成句
8 点，我是骑自行车去图书馆学习的。
12 点，我是和同学一起吃饭的。
</td>
<td>图示法；
看图说话</td>
</tr>
</table>

续表 9-6

<table>
<tr><td rowspan="2">教学实施步骤</td><td>学习新知识</td><td>(3)情景会话
教师告诉学生："我去了北京路买衣服。"
然后请学生向自己询问这件事的详细情况，必须使用"是……的"句型。
(三)课文(7 分钟)
1. 导入
如果我们想询问一件已经发生了的事情的情况，我们要怎么询问呢？通过课文，让我们来看看。
2. 讲解课文
(1)学生看 PPT 图片，教师播放课文录音，听 2 遍。
(在教室)
A. 生日快乐！这是送给你的。
B. 是什么？是一本书吗？
A. 对，这本书是我写的。
B. 太谢谢你了！
(2)根据课文回答问题，教师提问。
①这本书是谁写的？
②早上的电话是谁接的？
(3)看 PPT，齐读课文一遍。</td><td>情境法</td></tr>
<tr><td>总结巩固</td><td>**(四)总结本课内容**(2 分钟)
(五)布置作业(1 分钟)</td><td>任务型教学法</td></tr>
<tr><td>作业设计</td><td colspan="2">**1. 预习生词**：P27 的生词(第二课时)
2. 用"是……的"句型询问身边的同学国庆假期的经历，并记录下来。
3. 词汇、语法作业：
(请学生在作业本上完成以下练习)
(1)词汇作业，看拼音写出以下词语：
1. fēi cháng gāo xìng
2. shēng rì kuài lè
3. bāng máng
4. bāng zhù
5. jiè shào
6. wǎn shang</td><td></td></tr>
</table>

续表 9-6

作业设计	(2)语法作业，用“是……的”句型回答问题： 马克昨天和朋友一起去电影院看电影了。 eg. 问：马克是什么时候和朋友一起去电影院看电影的？ 答：马克是昨天和朋友一起去电影院看电影的。 问：马克是和谁一起去电影院看电影的？ 答：____________ 问：马克去电影院是做什么的？ 答：____________ (3)任务型作业： 下节课每人带一张照片来上课，向全班同学展示自己的照片。观看的同学用“是……的”句型进行关于照片的提问，展示照片的同学用“是……的”句型回答。	
教学后记	**教学后记** 1. 学生提问“帮忙”和“帮助”的区别，教师未做充足准备，后续应讲解。 2. 语法讲解环节稍显复杂，应寻求更高效、更有趣的表达形式。 **教学思路与心得** (一)对教学需要的分析 教学需要也叫学习需求，指从学习者学习的起点到要达到的教学目标之间的差距。具体到课，也就是本课的教学总体目标。《这个工作是他帮我介绍的》一课的总体目标是要求学生能熟练使用本课生词与重点语法，完整复述课文，并能表达相关话题，能用本课词语及句式描述自己的某种经历，继续培养成段表达能力，继续提高汉字的认读和书写能力，培养与发展学生在语言学习过程中的认知策略，同时通过教师的引导理解与认同本课文化方面的内涵。本课的重点语法是“是……的”句，学生在此之前已掌握了主谓宾结构的句子，需要掌握的是“是……的”句型使用的条件。	

续表 9-6

<table>
<tr>
<td>教学后记</td>
<td>(二)对教学内容的分析
在本课中，语言知识方面，我们确定了重点生词，分析了“是……的”句的特点以及教学的侧重点、切入点、导入的方法(以情境会话导入)；在语音和汉字教学上，我们针对教学对象的特点，决定以字形辨析和词语联想为主要方法，并希望通过课堂教学以及课后作业，潜移默化地帮助学生形成有效的认知策略，同时培养学生更加积极的学习动机，对其情感态度施加正面的、积极的影响。
(三)对学习者的分析
这一课的教学对象是已通过 HSK 3 级的初级班留学生。学生汉语水平参差不齐，但学习态度非常认真。基于以上分析，在设计教学时认为，应保持课堂的活跃度，提高学生的开口度。
(四)制定教学策略
教学策略是实现教学目标的途径，是教学设计的重点，在制定教学策略时主要沿用听说法。同时，在作业环节采用了任务型教学法—问身边的同学国庆假期的经历，要求用“是……的”句；具体的讲授过程中我们采用了讲授法、演示法、图示法、练习法、情境法等等。生词、语法、课文各环节的练习都按照“机械练习→有意义的练习→交际练习”的步骤层层深入地进行；从生词到课文采取“滚雪球”的办法，从生词扩展到短语再到课文中的句子。同时，教师的用例注重与学生实际情况的联系，尽量选用学生熟悉的切身相关的例子，包括课件中选用图片也是如此，以此加强教学过程的趣味性，发掘教学内容的趣味点，使教师的教学尽量贴近学生的生活，活跃课堂气氛，拉近师生间的距离，从而建立良好的学习氛围，培养学生积极的情感态度，也可以学以致用，将课堂上所学到的语言知识用于日常生活之中。在认知策略方面，我们试图通过教师有意识的引导，让学生通过比较、分类、归类等策略加深对所学知识的印象，从而更好地掌握所学知识。</td>
<td></td>
</tr>
</table>

点评：该教学设计首先用视频导入重点讲解的语法点“是……的”，能以直观的方式引入教学主题，同时调动视、听多重感官渠道，增强了学生的体验度。在课堂活动设计上，遵循由易到难，由机械到交际的原则，包括句式变换、看图说话、情景会话等形式，循序渐进引导学生掌握该语法点的用法。在作业设计上应着重对交际性练习在实际生活中的运用进行设计，这样整个设计由课内到课外才更完整、连贯。

二、2021 年江西省汉语国际教育教学技能竞赛

(一) 第十四课《你看过那个电影吗》

表 9-7　第十四课《你看过那个电影吗》教案

<table>
<tr><td>课型</td><td colspan="2">初级汉语综合课</td></tr>
<tr><td>使用教材</td><td colspan="2">《HSK 标准教程二》北京语言大学出版社</td></tr>
<tr><td>课程难度</td><td colspan="2">HSK 2 级</td></tr>
<tr><td>教学对象</td><td colspan="2">美国来华大学生，已有 400~600 字基础，语言背景为英语</td></tr>
<tr><td rowspan="4">教学内容</td><td>生词</td><td>有意思、但是、虽然、玩儿、晴、百</td></tr>
<tr><td>语言点</td><td>(1) 动态助词“过”
(2) 关联词“虽然……，但是……”
(3) 动量补语“次”</td></tr>
<tr><td>课文</td><td>第十四课《你看过那个电影吗》</td></tr>
<tr><td>功能</td><td>掌握询问经历的相关交际表达</td></tr>
<tr><td rowspan="4">教学
重点及难点</td><td>重点词</td><td>有意思、玩儿、晴、百</td></tr>
<tr><td>重点句</td><td>1. 听说你去过中国，还想去吗？
我虽然去过好几次，但是还想再去玩玩。
2. 明天天气怎么样？
虽然是晴天，但是很冷。
3. 你在这个商店买过东西吗？
买过一次，这里的东西还可以，就是不便宜。</td></tr>
<tr><td>语法难点</td><td>1. “过”的位置
2. “过”表示过去的经历，不能和“一直”等词共现。</td></tr>
<tr><td>课文难点</td><td>与询问经历相关的表达。</td></tr>
</table>

续表 9-7

<table>
<tr><td rowspan="4">教学目标</td><td>认知领域</td><td>学生能够正确地朗读并书写“有意思、玩儿、晴、百”掌握这些词语的词义和用法</td></tr>
<tr><td>技能领域</td><td>听：
第一层——能够捕捉关键信息
第二层——能够主动接收课堂内外的语言输入
说：
第一层——能够朗读并复述课文
第二层——围绕课文进行言语描述
第三层——超越课文，能用已学语言完成真实交际
读：
第一层——能正确读出儿化音
第二层——提高朗读速度
第三层——结合文本能够有感情朗读
写：能用规范字书写本课生字、生词及课文</td></tr>
<tr><td>情感领域</td><td>通过本课的学习使学生体验中华文化魅力，增强学习动力</td></tr>
<tr><td>学习策略领域</td><td>元认知策略
课前指导规划：提前下发课时安排表，学生根据表格自主安排学习。
课后总结复习：带领学生回忆生词、课文、语言点。</td></tr>
<tr><td rowspan="7">教学方法</td><td>语法翻译法</td><td>一些学生尚未接触的词语用英语表达，减小学生学习阻力</td></tr>
<tr><td>情景法</td><td>创造真实场景，主要用于语言点的讲解及操练</td></tr>
<tr><td>视听法</td><td>选取真实拍摄的视频、图片，让学生用真实语料学中文</td></tr>
<tr><td>听说法</td><td>主要用于语言点的机械操练，使学生能够更快速地掌握语言点，实现语言产出的自动化</td></tr>
<tr><td>交际法</td><td>通过模拟交际场景，培养学习者综合语言运用能力</td></tr>
<tr><td>直接法</td><td>运用中文教授中文，增加学生的语言输入</td></tr>
<tr><td>体演文化教学法</td><td>调动学生，通过“表演和演示”的行为活动达到学习目的</td></tr>
</table>

续表 9-7

<table>
<tr><td rowspan="2">教学时间及
教学安排</td><td>第一课时 40 分钟</td><td>组织教学(3 分钟)
复习动态助词“着”(5 分钟)
生词学习(15 分钟)
关联词及动态助词“过”(15 分钟)
课堂小结及布置作业(2 分钟)</td></tr>
<tr><td>第二课时 40 分钟</td><td>复习词汇及语言点(10 分钟)
动量补语“次”的讲解及操练(7 分钟)
课文讲解及课堂活动(20 分钟)
课堂小结及布置作业(3 分钟)</td></tr>
</table>

具体教学步骤如下：

第一课时

一、组织教学(3 分钟)

①稳定学生情绪，师生相互问好。

②检查出席情况。

③利用上一课动态助词“着”的语言点导入。教师行为“哦，教室的门还开着呢，马克请你关上门，我们开始上课吧”。

二、复习(5 分钟)

表 9-8　第一课时复习环节

<table>
<tr><th>教师行为</th><th>预期学生行为</th><th>教学目的</th><th>教学理论</th></tr>
<tr><td>刚才教室的门是开着的还是关着的?</td><td>开着的</td><td rowspan="5">运用动态助词“着”描述真实情景，并一起复习“不是……吗?”的句型。</td><td rowspan="5">情景教学法</td></tr>
<tr><td>现在门是开着的还是关着的?</td><td>关着的</td></tr>
<tr><td>很好，现在门是关着的。马克，你现在穿着什么颜色的衣服?</td><td>(学生根据实际情况回答)</td></tr>
<tr><td>我记得你不是不喜欢＊色吗?</td><td>(学生根据实际情况回答)</td></tr>
<tr><td>哦哦，这样啊
美丽，你呢，你正穿着什么颜色的衣服?(继续选择问四到五个同学)</td><td></td></tr>
</table>

三、生词学习(15分钟)

有意思、虽然、但是、次、玩儿、晴、百

1. 朗读

①播放生词音频。

②示范。老师领读，学生一起跟读。

③点读。叫一些学生读。

④监听纠音。

⑤老师最后领读一遍。

2. 生词讲解

①有意思。

搭配：很有意思、非常有意思、没意思、有意思的电影

——那个电影很有意思，我们一起去看看吧？

——你觉得做什么很有意思？做什么没有意思？(互动)

②玩。

搭配：好玩、玩手机、玩玩、玩一会

——晚上睡觉前不要玩手机。

——这个游戏很好玩，我还想再玩一会儿。

③晴(图片教学)。

搭配：晴天

——今天是晴天。

——我喜欢晴天。

④百。

搭配：一百、两百多

——我们学院有两百多个学生。

——这件衣服两百块钱，喜欢就买吧。

四、关联词及动态助词“过”(15 分钟)

(一)关联词(5 分钟)

1. 导入

表 9-9　关联词教学导入

教师行为	预期学生行为	教学目的	教学理论
“大家看今天的天气好吗?”	“不好，下雨了”	通过情景导入语言点	利用情景法，在真实语境中让学生学习“虽然……但是……”表示让步与转折关系。
“那大家想去操场玩儿吗?”	“想”		
“我们可以说，虽然今天天气不好，但是我们还想到操场上玩儿。”(教师根据当天实际情况提问)			

2. 讲解及操练

①讲解。

例句一：出示图片

问学生：“今天是晴天还是雨天”。

学生说：“晴天”。

继续问学生：“对，是晴天，大家今天都穿上了外套，大家是觉得今天冷吗?”

学生说：“是!”

教师顺势引导出：“虽然今天是晴天，但是很冷。”

例句二：虽然汉语很难，但是我很喜欢汉语。

先问同学们：“你们觉得汉语难吗?”

有的同学会说：“我觉得汉语很难。”

继续问学生：“那你喜欢汉语吗?”

一些同学会说：“我喜欢汉语。”

教师顺势引导出“虽然汉语很难，但是我很喜欢汉语。”

②领读例句。

③总结。

④操练。

虽然这件衣服很漂亮，但是________。

虽然那个饭馆很小，但是做的菜________。

虽然________，但是我没时间。

虽然________，但是天气不太冷。

(二)动态助词“过”(10 分钟)

1. 语言点的导入

表 9–10　动态助词“过”教学导入

教师行为	预期学生行为	教学目的	教学理论
请大家看一小段视频。看一看这是什么电影？ 你们知道这是什么电影吗？ 你怎么知道，你以前看过这个电影吗？ 那你知道他们两个在干什么吗？ 对了，他们在打斗，他们用中国功夫在打斗。你们学过中国功夫吗？ 你猜老师学过中国功夫吗？ 对了，老师学过中国功夫。跟我一起读。	(1)A：《哪吒》 B：我不知道 (2)我以前看过这个电影。 (3)打斗。 (4)我们没学过中国功夫。 (5)学过/没学过	通过视频提高学生的学习兴趣。引入中国元素，潜移默化中让学生爱上中国文化。	视听法 听说法 归纳法

2. 语言点的讲解

①领读句子。

②总结格式：S+V+过+O 表示过去的经历。

3. 语言点的操练

①简单的操练。

运用猜猜看的形式，教师给出三个关于自身经历的句子，让学生猜一猜哪个是真的哪个是假的。刚开始操练，难度要低，主要让学生通过不断朗读加深对语言点的理解，而且猜谜的游戏可以拉近与学生的关系，增进师生情感。

②有意义的操练。

先问学生们喜欢旅游吗？通过“游一游”这个场景操练“吃过、看过、去过”等句型。

③游戏活动操练。

因为已经到了课堂尾声，师生可能会出现疲惫的现象，为了有效应对这样的状况，采取幸运大转盘的游戏活动形式进行语言点的操练。老师播放音乐并开始转动转盘，学生拿着布偶玩具传，音乐停止，玩具落在谁手中谁就回答转盘上的问题，能用转盘上的提示词造出三个句子的同学可以获得小奖品。

五、语言点的总结及布置作业(2 分钟)

(1)总结“虽然……，但是……”的语言点及动态助词“过”的用法。

(2)作业：①根据提示词写一篇一百字的小短文。

“南昌、北京、上海”

“飞机、火车、公共汽车”

“北京烤鸭、臭豆腐、火锅”

②2~3 人一组，自己设计在商店购物的场景，进行角色扮演并拍摄。可以参考以下提示：

人物：两个人(朋友关系)

地点：商店

东西：衣服、书、水果……

句式：在……买过……没有？

……还可以

虽然……，但是……有点贵。

我喜欢……，你呢？

我也喜欢，因为……

喜欢就买吧。

第二课时

一、复习词汇及语言点(10 分钟)

通过听写的方式检验学生对生词的掌握情况。

听写过后，带学生快速回顾生词的含义。

复习语言点“虽然……，但是……”表示转折。

复习动态助词“过”：V+过 表示过去的经历。

二、动量补语“次”的讲解及操练(7 分钟)

1. 导入

公式法直接给出动量补语“次”的句型格式：S+V+过+Num+次+O。

2. 讲解

问学生“我们已经学过哪些动词了”，教师做写、听、看等动作提示。

学生会说出写、听、看等动词。

教师说：在这些动词后加上 Num 和“次”就是我们今天学习的语言点。

教师写下刚才学生所说的动词并领读“来过一次，去过一次，看过一次……”

例句一：提问学生：“你坐过飞机吗？”

学生说：“坐过。”

继续提问：“你坐过几次飞机呢？”

学生根据实际情况回答。

教师顺势引导出“我也坐过飞机，我坐过四次飞机”。

例句二：问学生去过北京吗？

学生说：“去过。”

继续提问：“你去过几次北京？”

学生根据实际情况回答。

教师顺势引导出“我去过一次北京”。学生也可以说“我去过北京一次”。

教师引导出：

S+V+过+Num+次+O(地点)；

S+V+过+O(地点)+Num+次。

三、课文讲解及课堂活动(20 分钟)

①播放课文录音。

②课文分四个小场景，遇到本课生词时点名让学生解释词语的意思，检验学生是否掌握，之后教师再进行讲解。

③每个小场景结束后让同学分角色扮演朗读。

④第四个小场景结束后，设计一个课堂活动，学生可以发挥想象模拟在商店的场景。

四、课堂小结及布置作业(3 分钟)

第二课时已对第一课时的生词及语言点做了总结，时间充足的情况下可以再做总结，时间紧张只对课时二的语言点进行总结。

点评：本课教学重点为语法点"动词+过"的用法，教师把握住了"过"的语法意义，即表示具有做某事的经历。围绕这个语法意义进行教学设计。教师首先用富含中国特色的动画片作为导入，引导学生思考相关经历，进而引出"过"的用法。接下来通过机械性操练、有意义的操练、游戏性操练循序渐进地练习"过"句式的形式及意义和功能。在作业设计上涵盖了听说和写的活动，视频拍摄的形式能调动学习者完成作业的积极性。

三、江西理工大学汉语国际教育教学技能竞赛

(一)《采访孔子》教案

1. 教学对象

本课的教学对象为已掌握 1000-1500 个常用词和基本语法点的中级水平的欧美学生。

2. 所用教材

课文选自李晓琪主编的《博雅汉语 · 准中级加速篇》(第Ⅱ版)第十四课《采访孔子》，北京大学出版社出版。

3. 课时分配

本课需要用四个课时完成，每课时 45 分钟。

4. 教学目标

(1)生词学习目标和要求。

①能够掌握并运用重要生词。

包括：治理、理论、构成、跨越、成长、背景、贫穷、放、仓库、射、箭、赞成、主张、宣传、请教、兄弟、骄傲、总之、整理、资料、关于、传播、清、体会、提倡、采用、虚心、建议、启发、接受

②能够理解并记住其他生词。

包括：广泛、技能、什么的、请教、具体、强调、道德、礼、仁、和谐、含义、私人、地位、教学、优点、缺点、实事求是、装、鲁国、泰山、曲阜

(2)语法学习目标和要求。

①能够掌握并运用重要语法。

包括:“(政治)上/在……上”“总之”“关于……”“首先……其次……”

②能够理解其他语法点。

(3)课文学习目标和要求。

①能理解课文主要内容。

②对孔子这一人物形象形成正确的认识。

5. 教学重点和难点

(1)重点。

①教学目标中所列的重要生词。

②教学目标中所列的重要语法。

(2)难点

“在……上”可填入名词性成分,还可以填入动词性成分。

6. 教学方法

(1)导入。

实物展示法、提问法、视频法。

(2)词汇教学。

图片演示法、直观法、定义法、翻译法、举例法等。

(3)语法教学。

实物演示法、演绎法、归纳法、情景模拟法等。

7. 教学环节

第一课时(略)

第二课时

(1)回顾(13 分钟)。

①生词游戏:让一个同学背向黑板,老师在黑板上写下上节课教过的生词,其他同学描述这个词,该同学来猜。(7 分钟)

②领读课文,重新熟悉课文。(6 分钟)

(2)新词汇导入和讲解(25 分钟)。

①导入环节(5 分钟)

设置情境——给出辩题(如何更有效提高汉语水平),让大家进行讨论,将会涉及词语:赞成、主张、整理、资料、放、采用、虚心、启发。

②生词串讲(20 分钟)

表 9-11　生词讲解方法及例句

词表序号	生词	讲解方法	举例
1	赞成	定义法、翻译法	我赞成他的观点。 同学们都赞成小刚的提议。
2	主张	定义法、翻译法	他从来没有自己的主张，只会随声附和。 老师采纳了同学们的主张。
3	整理	定义法、翻译法	整理资料。 我们需要整理我们的笔记。
4	资料	直观法(图示)	文献的资料、课本的资料。
5	放	直观法(动作)、定义法	老师把课本放在了讲台上。
6	采用	定义法、翻译法	我们可以采用＊＊的主张。 采用合理的时间分配，可以更加有效提高我们的汉语水平。
7	虚心	图示法、动作法	老师低着头，虚心向自己的学生请教关于提高汉语水平的方法。
8	启发	定义法、翻译法	在同学们的帮助下，老师受到了启发。 大家有没有在讨论中受到启发呢?

(3)语法点导入和讲解新内容(6 分钟)。

①导入环节(1 分钟)。

a. 提问和实物引入。提问：今天老师穿的旗袍好看吗?

b. 邀请一位穿着汉服的学生上台(上节课提及希望有汉服的同学下节课穿过来)，让其他同学观察旗袍和汉服同作为中国传统服饰有什么区别，引导出语法点“……上”。

②讲解环节(5 分钟)。

a. PPT 展示语法点“……上”，介绍该语法点的功能——表示某一方面，在前面可以加“在”，并且展示例子“表面上，这件旗袍看上去不便宜；实际上，它的价格很便宜”。

b. 通过图示法和视频法，引导学生“在版型设计上”和“在搭配上”，说出旗袍和汉服的差异。

c. 听音频对话，用“在……上”回答“旗袍和汉服产生的时期的差异”。

d. 总结前面的例子，让学生一起跟读例子，以巩固该语法点。

e. 游戏环节：猜一猜——在所提供的四个不同的小伞中，写着不同服饰的名称，抽一名学生随机选择，该学生通过描述抽到服饰名称，其他学生通过其描述和 PPT 展示的几个服饰图片猜出正确答案。

(4) 布置作业(1 分钟)。

①牢记今天新学的生词，下节课默写。

②用今天新学的“在……上”造 5 个句子。

第三课时(略)

第四课时(略)

点评：首先，教师根据所教授语言点“在……上”设计了有梯度的课堂教学活动。从半封闭性练习图示法、视频法和音频法，让学生熟悉语言点的构成形式和适用情境。在“猜一猜”游戏环节运用不同服饰的特点让学习者在游戏的竞争环境中自然运用语法点，达到了交际性的目的。其次，教师在最大程度上鼓励学生表达，教师和学生共同达成最近学习区目标。在作业设计环节，形式略显单一，层次性欠突出。

(二)《最好的医生是自己》教案

1. 教学对象

HSK 达到 4 级水平、具备一定的汉语语法知识、能够使用简单的汉语进行交际的外国留学生。

2. 课时安排

45 分钟

3. 教学内容

本节课以讲解教授汉语语言知识为主要教学任务。

(1)“要是……就……” “既……又/也/还……”的基本语法。“要是……就……”表示“假设”关系，相当于英语里的“If...will/can/should...”。“要是”后面的内容表示条件，是假设一个情景；“就”后面的内容表示结果。“既……又/也/还……”表示并列关系，可以包含两类相似的意义。

(2)“要是……就……”的偏误分析。“要是”既可以放在主语的前面，也可以放在主语的后面。“就”只能放在主语的后面。比如，可以说：“我们要是生病了，就不能来上课了。”但是不可以说：“要是明天不下雨，就我去爬山。”必须改成：“要是明天不下雨，我就去爬山。”即在“要是……就……”中，主语必须放在“就”的前面。

(3)“要是……就……”和“如果……就……”的辨析。

我们先来看例句：

①要是……就……

要是你能在这里就好了。(表示期望)

要是他再不赔偿，我就用法律手段来维护我的权利。(表示假设)

②如果……就……

如果你当时在这里，就不会有那么多麻烦了。(表示假设)

如果你同意，我就把这一切交给你管理。(表示假设或条件)

(4)综上，可以得出如下结论：

a. 要是……就，类似于英语中的虚拟语态，表示的是一种强烈的愿望，自己特别想得到的东西或想出现的情况。一般用于口语。

b. 如果……就，表示纯粹的假设，亦即纯理论上的假设。一般用于书面语。

c. 在基本用法上，两者一般可以互换，但“要是……就……”比“如果……就……”的语气更强烈。

4. 教学目标

(1)认知领域。

①理解并掌握关联词“要是……就……”，表示“假设”关系，相当于英语里的“If...will/can/should...”。“既……又/也/还……”表示并列的语法关系。

②能区分掌握“要是……就……”和“如果……就……”

(2)言语技能领域。

听：能够听懂含有“要是……就……”“既……又/也/还……”的语句。

说：能从会说简单的单句到稍微复杂的复句，能正确运用“要是……就……”“既……又/也/还……”造句。

读：能掌握并读出本节课的词语。

写：能运用“要是……就……”“既……又/也/还……”写作。

(3)言语交际领域。

能正确运用“要是……就……”“既……又/也/还……”进行汉语交际。

(4)情感态度领域。

①学生有用这种语法点来描述自己所见所得的想法。

②提升学生学习汉语的兴趣。

③通过课堂的小游戏、片段教学提升学生了解中国文化的兴趣。

④增强学生运用汉语进行抽象思维(假设)的能力。

(5)学习策略。

掌握汉语中假设关系的正确表达，掌握“要是……就……”“既……又/也/还……”的运用方法、情境。通过课堂的练习与操练，教师的适当引导，把简单的具有逻辑关联的两个句子联系起来，让学生尽量用复句表达，避免学生语言交际出现“简化”现象。

5. 教学重点和难点

(1)教学重点。

①掌握本课的生词，能够识记运用这些生词。

②掌握“要是”“如果”连词的结构特征，能够判定和提取汉语课文中的连词和关联词，并对所学连词、关联词进行正确运用、练习。感知连词、关联词在课文中的语用功能和语法意义，一般是对两个句子语义关系的整合，起到连接的作用。重视对于连词、关联词的句法结构、语法意义以及语用功能的讲解，判别学生能否准确地归纳汉语中的连词、关联词的结构特征是关键性步骤。灵活运用归纳法、演绎法、句型法，并将机械性的练习和无意识的练习相结合，让学生在情境中学会连词、关联词的用法。

③掌握连词和关联词的用法。汉语连词和关联词在连接前后语句时需要构成逻辑上的关联，不是随意搭配或不成逻辑的。使学生理解“要是”作为连词，表示“如果、如果是”的意思，常和“就”搭配，“要是”后面的句子提出一种假设，“就”后面的句子是在假设情况下采取的行动或出现的结果。还有关联词“既……又/也/还……”之间的并列关系，既要理解句子前后的逻辑关系，还要会熟练地运用连词、关联词进行造句。

(2)教学难点。

①掌握连词“要是”“如果”“如果是”的语法意义，并辨析两者的区别，在日常交际中熟练地使用“要是”、如果”“如果是”等句型。

②掌握关联词“既……又/也/还……”的意思，在日常交际中熟练地使用“既……又/也/还……”等句型。

③理解并感受本课的情感价值，建立与实际生活的联系。

6. 教学方法

(1)情境法：主要提供功能使用的典型语境。通过串联起学习、课堂、疫情、冬奥会，结合生活实际学习课文中出现的语言点。利用电影、小视频、PPT等现代传媒和教学工具，调动学生学习的主体地位，师生互动，身临其境地学习知识点。把看到的情景、听到的声音和本单元第四篇简短的人物对话自然地联系起来，强调通过情景互动、语言点对话操练理解掌握句型，推动课堂教学走入场景，走进语境。采用“场景驱动、功能呈现、法则匹配”的三一教学语法体系，以“实用”为导向，解决实际交流问题。

(2)听说法：主要练习句型结构。由教师引导，PPT 呈现句子结构，通过图片举例、句型操练、趣味游戏等方式让同学们连续性地使用相关句型，使语言点由有意识地理解变成无意识地表达交际，通过大量的对话和句型操练让同学们掌握知识点，最终达到“听”“说”的目的。

(3)认知法：主要帮助学生在理解规则的基础上进行有意义的学习和操练。注重句子结构的实用性、可操作性、可理解性。

(4)直接法：运用直观手段，用多媒体课件展示句式变化，让学生直观地感受到句式差异。

(5)交际法：在课堂上通过设置特定的社会语境让学生运用语言进行交际。

7. 教具

投影仪、图片。

8. 教学步骤

(1)课堂导入。

①先数同学的数量，“1、2、3……”发现有学生不在课堂上，问学生：“‘诶，××呢？’(生：老师，××生病了。)你看，要是我们生病了，就不能来上课。同学们要注意身体。那要是病好了，就可以来上课了吗？就可以来上课。”以此引出要讲的语法点。

②通过 PPT 展示两个句子，“同学们注意观察，这两个句子相同的成分是——(生：要是……就。)是的，我们今天学习的是‘要是……就’”。

（2）语法教学

①学一学：让同学们读刚才说的两个句子，“要是我们生病了，就不能来上课”“要是我们病好了，就可以来上课”这就是我们今天学习的“要是+主语+条件 A，就+结果”。同学们注意，“就”只能加结果，后面不能加主语。（让同学复述一遍），最后说明“要是……就”表示的是假设关系。

②说一说：展示北京冬奥会和冰墩墩、雪容融的图片。“同学们，你们看过北京冬奥会吗？”拿出冰墩墩和雪容融。“请跟我读，冰墩墩、雪容融。你们喜欢冰墩墩和雪容融吗？你们亲眼见过它们吗？”（生：没见过。）“老师也没见过。怎么样才能见到冰墩墩和雪容融呢？看这两幅图，一起说，要是我们去北京看冬奥会，就能见到冰墩墩和雪容融。”学生提出问题。（生：老师，可是现在是疫情期间，我们不能到处乱跑。）解决学生的问题，展示北京冬奥会和 5G 网络标志的图片。“是的，那我们怎么办呢？请同学们观察这两幅图。××你说，要是我们不能去北京看冬奥会，就在 5G 网络上看现场直播。”让同学们复述一遍。

③成段表达：让同学们回忆，展示与“说一说”内容相关的短文，挖空，并在空格处放图片进行提示，让同学来读短文，根据图片填空。（我们非常喜欢冰墩墩和雪容融，可是怎么才能见到它们呢？要是我们去北京看冬奥会，就能见到冰墩墩和雪容融。可是现在是疫情防控期间，我们不能到处乱跑，要是我们不能去北京看冬奥会，就在 5G 网络上看现场直播。）

（3）语法操练。

通过一个小游戏，展示西瓜、葡萄、香蕉，让同学们选择自己喜欢的一种水果。要是等下出现相应的水果，相应的同学就来回答问题。出现的是葡萄——“××你来，读句子并连线。”出现的是香蕉——“××你来，读句子，并判断正误。”引导学生判断并改正句子的错误。

（4）时事讨论。

在 2020 年新型冠状病毒疫情期间，我们有许多事情没有做，许多愿望还没实现，要是疫情结束，你会做什么？学生回答。老师希望你们的愿望早日实现，疫情快快结束。

（5）课堂小结。

同学们，这节课我们学习了什么？请看，这节课我们学习了“要是……就”，这是一种假设关系，“要是”加主语加条件，“就”加结果，就后面不能加主语。

(6)课后作业。

同学们看，我们的作业是写一篇关于梦想的作文，用“要是……就”造句，不少于200字。

9. 教学原则

(1)教师在教学中要贯彻交际性原则。要在课堂上尽量创造情景或话题让学生进行交际。让学生在情境中体会汉语重叠式的特点及用法，同时也应适时纠正学生的偏误，把同一类型的偏误整理出来，讨论后进行纠正。这样更便于学生的理解和掌握。

(2)以学生为中心，教师为主导的教学原则，充分发挥学生的主动性、积极性。学生在汉语学习中处于中心地位，应注重对学生的个体差异、心理因素等方面的研究，对学生在学习汉语重叠式时的困惑和偏误进行分类分析，找出问题根源。

(3)强化汉语学习环境，加大汉语输入，坚持自觉学习与自然习得相结合的原则。语言学习环境既包括课堂教学这个小环境，也包括中国社会这个大环境。学生学习汉语形容词重叠式时，只有融入课堂环境和社会环境，才能得到有效的理解和训练。

10. 课后评估

(1)回顾一下课堂中的教学情况：哪些问题没有讲清楚，哪些同学有疑问，以方便后面的复习以及更加有针对性的教学。

(2)根据课后作业的完成情况，评估学生的掌握程度。

点评：该教学设计利用激活–归纳–实践–再归纳的模式让学生从不同角度认知所学语言点，并利用不同的学习策略使学生关注意义、形式与表达，多次反复尝试强化，最终在课后作业中达到在新的情境中的迁移应用。在实践环节，采用了看图说话、小游戏操练、时事讨论等课堂活动形式，由半控制向自由表达过渡。设计中注意到了培养学习者运用语言点成段表达的重要性，但在内容上是看图说话的重复，如有新的情境则操练效果会更好。作业形式上以“写”为主，如能兼顾“听”和“说”，作业训练的层次就能更全面。

思考题

1. 你是否参加过汉语国际教育教学技能竞赛？如果参加过，请分享你的参赛经历和经验。

2. 假设教学内容为汉语“可能补语”，从竞赛视角为其进行一次教学设计。

参考文献

[1] 崔希亮.对外汉语教学与汉语国际教育的发展与展望[J].语言文字应用，2010(2)：2-11.

[2] 赵金铭.对外汉语教学理念管见[J].语言文字应用，2007(3)：13-18.

[3] 贾益民.华文教育学学科建设刍议——再论华文教育学是一门科学[J].暨南学报(哲学社会科学)，1998(10)：46-53.

[4] 吴勇毅.我们不再是为习得语言而学习语言：更广阔的视角[J].国际汉语教学研究，2021(2)：38-43.

[5] 张占一.汉语个别教学及其教材[J].语言教学与研究，1984(3)：57-67.

[6] 陈光磊.语言教学中的文化导入[J].语言教学与研究，1992(3)：19-30.

[7] 马箭飞，梁宇，吴应辉，等.国际中文教育教学资源建设70年：成就与展望[J].天津师范大学学报(社会科学版)，2021(6)：15-22.

[8] 李晓琪.新时代汉语国际教育学科建设与发展的新机遇[J].国际汉语教学研究，2019(4)：27-29.

[9] 崔永华.试说汉语国际教育的新局面、新课题[J].国际汉语教学研究，2020(4)：3-8.

[10] 罗艳伟.基于第三代活动理论的混合学习活动设计研究[J].科技风，2022(2)：36-38.

[11] 冯宝鑫，黄丽媛.社交媒体分享行为对移动端英语学习的促进作用——基于活动理论的实证研究[J].中国教育信息化(基础教育)，2021(16)：59-65.

[12] 王旭.浅谈活动教学在大学英语课堂中的实施[J].湖北函授大学学报，2015(28)：169-169.

[13] 彭小明，刘碧燕.论活动教学模式的构建[J].社会科学战线，2012(1)：270-272.

[14] 赵金铭.对外汉语教学法回视与再认识[J].世界汉语教学，2010(2)：243-254.

[15] 赵金铭.附丽于特定语言的语言教学法[J].世界汉语教学，2014(6)：554-565.

[16] 印京华.近五年美国汉语教学状况与发展趋势[J].国际汉语教学动态与研究，2005(1)：26-41.

[17] 陆俭明. 增强学科意识，发展对外汉语教学[J]. 世界汉语教学，2004(1)：5-10.
[18] 陆俭明. 汉语教员应有的意识[J]. 世界汉语教学，2005(1)：60-63.
[19] 吕必松. 汉语教学路子刍议[J]. 暨南大学华文学院学报，2003(1)：1-4.
[20] 王巍. 对外汉语教学中的课堂活动设计[J]. 教育理论与实践，2012(24)：55-57.
[21] 张凯. 对外汉语教学学科的基本问题和基本方法[J]. 世界汉语教学，2000(3)：7-15.
[22] 石定果. 汉字研究与对外汉语教学[J]. 语言教学与研究，1997(1)：29-41.
[23] 张舍茹，闫朝. 多模态教学与学习内化律相关性实证研究[J]. 中国外语，2014(2)：74-79.
[24] 谢竞贤，董剑桥. 论多媒体与多模态条件下的大学英语听力教学[J]. 外语电化教学，2010(6)：9-13.
[25] 刘华，王敏. 汉语移动学习 App 现状与需求调查研究[J]. 海外华文教育，2020(2)：25-41.
[26] 郭晶，吴应辉，谷陵等. 国际中文教育数字资源建设现状与展望[J]. 国际汉语教学研究，2021(4)：86-96.
[27] 傅伟. 富媒体技术在数字化学习终端上的应用探索[J]. 远程教育杂志，2011(29)：95-102.
[28] 吴应辉，梁宇，郭晶，等. 全球中文教学资源现状与展望[J]. 云南师范大学学报(对外汉语教学与研究版)，2021(19)：1-6.
[29] 吕必松. 对外汉语教学概论(讲义)[J]. 世界汉语教学，1992(2)：113-124.
[30] 钟舟海，谢琳鑫. 基于问卷调查的汉语国际教育专业学科竞赛现状分析[J]. 江西理工大学学报，2021(42)：71-76.
[31] 戴庆宁，吕晔. CBI 教学理念及其教学模式[J]. 国外外语教学，2004(4)：16-20.
[32] 吴剑锋，方寅. "互联网+"背景下数字教材编写出版研究[J]. 中国出版，2022(4)：42-46.
[33] 张梦帆，曾昭聪. 词源分析法在高级汉语词汇教学中的应用价值[J]. 汉语学习，2021(6)：94-102.
[34] 中华人民共和国教育部.《义务教育语文课程标准(2022 年版)》[M]. 北京：北京师范大学出版社，2022.
[35] 彭俊. 华文教学研究[M]. 广州：暨南大学出版社，2009：20-25.
[36] 姜丽萍，李俊芬. 课堂活动设计指南[M]. 北京：北京语言大学出版社，2014：3-4.
[37] 约翰·杜威. 经验与教育[M]. 盛群力，译. 北京：中国轻工业出版社，2016：55-60.
[38] L. A. 巴洛赫. 合作课堂让学习充满活力[M]. 曾守锤，刘华清译. 上海：华东师范大学出版社，2005.

[39] 杨步伟. 杂记赵家[M]. 沈阳：辽宁教育出版社，1998：340-341.

[40] 中国大百科全书. 语言文字[M]. 北京：中国大百科全书出版社，1988：60.

[41] 程棠. 对外汉语教学目的原则方法[M]. 北京：华语教学出版社，2000：53-56.

[42] 赵金铭. 对外汉语教学概论(修订本)[M]. 北京：商务印书馆，2019：133-134.

[43] 黄甫全，王本陆. 现代教学论学程(修订版)[M]. 北京：教育科学出版社，2003.

[44] 刘珣. 对外汉语教育学引论[M]. 北京：北京语言大学出版社，2000：94-96.

[45] 文秋芳. 二语习得重点研究问题[M]. 北京：外语教学与研究出版社，2010.

[46] 程裕祯. 新中国对外汉语教学发展史[M]. 北京：北京大学出版社，2005.

[47] 程晓堂. 任务型语言教学[M]. 北京：高等教育出版社，2004.

[48] 教育部中外语言交流合作中心. 国际中文教育中文水平等级标准[M]. 北京：北京语言大学出版社，2021.

[49] 教育部中外语言交流合作中心. 国际中文教育教学资源发展报告[M]. 北京：北京语言大学出版社，2021.

[50] 李平沤. 如歌的教育历程：卢梭《爱弥儿》如是说[M]. 济南：山东人民出版社，2008.

[51] 王佳佳. 和优秀教师一起读福禄培尔[M]. 北京：中国青年出版社，2011.

[52] 周健. 汉语课堂教学技巧325例[M]. 北京：商务印书馆，2009.

[53] 刘志刚. 多媒体辅助汉语教学案例集[M]. 北京：北京语言大学出版社，2020.

[54] 朱勇. 国际汉语教学案例与分析[M]. 北京：高等教育出版社，2013.

[55] 章欣. 基于任务的汉语作为第二语言语法教学研究[M]. 北京：北京语言大学出版社，2017.

[56] 张译心. 国际中文教育呈现新气象[N]. 中国社会科学报，2022-3-18(3).

[57] 张曦姗，王桂云，马筠慧. 21世纪教育新思维：翻转课堂——以新加坡文学教材《旅夜书怀》为例[C]. 第十届中文教学现代化国际研讨会. 首尔. 2016.

[58] 李培元. 五六十年代对外汉语教学的主要特点[C]. 第二届国际汉语教学讨论会论文选. 北京：世界汉语教学学会. 1987.

[59] 王敏. 面向智能终端的汉语移动学习软件调查与设计[D]. 广州：暨南大学，2015：25-40.

[60] 教育部办公厅关于印发《2019年教育信息化和网络安全工作要点》的通知[EB/OL]. http：//www.gov.cn/xinwen/2019-03/13/content_5373399.htm.

[61] Skehan，P.(1998). A Cognitive Approach to Language Learning[M]. 语言学习认知法. 上海：上海外语教育出版社. 2000：101-120.

[62] Krashen. S.(1985). The Input Hypothesis：Issues and Implications[M]. London：Longman：101-115.

[63] David Nunan. Second Language Teaching and Learning[M]. 北京：外语教学与研究出版社. 2001：200-205.

[64] Breen. M. P(1985). Authenticity in the Language Classroom[J]. Applied Linguistics. Vol. 6, NO. 1：61-70.

[65] Willis. J. A Framework for Task-based Learning[M]. London：Longman, 1996：22-40.

[66] Larsen-Freeman, D. &Long, M. (1991). An Introduction to Second Language Acquisition Research[M]. London：Longman：15-30.

[67] Sweller J. Cognitive load during problem sloving：effects on learning[J]. Cognitive Science, 1988(12)：257-285.

[68] Mayer, R. E&Moreno, R. Nine ways to reduce cognitive load in multimedia learning[J]. Educational Psychologist, 2003(38)：43-52.

[69] Stryker, S. B&Leaver, B. L. Content-Based Instruction in Foreign Language Education：Models and Methods[M]. Washington, DC：Georgetown University Press, 1997.

[70] Ellis, R. (1997). Second Language Acquisition[M]. Oxford：Oxford University Press. 上海：上海外语教育出版社, 2000.